बोले

तो मोदी जैसे

वीरेंदर कपूर एक विचारक, शिक्षाविद् और प्रेरणादायक गुरू हैं। आई. आई. टी. मुंबई के पूर्व छात्र और सिम्बायोसिस ग्रुप के एक प्रतिष्ठित मेनेजमेंट इंस्टीट्यूट के पूर्व निदेशक कपूर, ऑरेंज आई-वी प्ले-स्कूल पुणे के सह-संस्थापक हैं। इमोशनल-इंटेलिजेन्स, नेतृत्व और सेल्फ-हेल्प जैसे विषयों पर उनकी अनेक पुस्तकों का कई क्षेत्रीय और विदेशी भाषाओं में अनुवाद हो चुका है। उनके बारे में अधिक जानकारी के लिए www-virenderkapoor-com पर लॉग-ऑन करें या virenderkapoor21@yahoo-com पर संपर्क करें।

सेवक नैयर प्रसिद्ध कवि, कहानीकार व नाटककार हैं। मालेरकोटला, पंजाब में सात साल लेक्चरारशिप करने के बाद उन्होंने 1976 में आईएएस की एलाइड सर्विस भारतीय रक्षा संपदा सेवा में प्रवेश किया। उर्दू में उनकी गजलें, नज्में; हिन्दी व पंजाबी में कहानियाँ, अँग्रेजी में मिडल्स व फीचर्स देश के सभी प्रमुख पत्र-पत्रिकाओं में प्रकाशित होते रहे हैं। बीस से अधिक मौलिक एवं अनुवादित पुस्तकें प्रकाशित हो चुकी हैं। विश्व-प्रसिद्ध एकांकियों के अनुवाद के लिए उन्हें 2019 में महाराष्ट्र राज्य हिन्दी साहित्य अकादमी पुरस्कार से सम्मानित किया गया। अधिक जानकारी के लिए sewaknayyar@gmail-com पर संपर्क करें।

बोलें तो मोदी जैसे

वीरेंदर कपूर

अनुवाद सेवक नैयर

रूपा

प्रकाशित
रूपा पब्लिकेशंस इंडिया प्राइवेट लिमिटेड 2022
7/16, अंसारी रोड, दरियागंज
नई दिल्ली 110002

सेल्स सेन्टर :
इलाहाबाद बैंगलुरू चेन्नई
हैदराबाद जयपुर काठमाण्डू
कोलकाता मुम्बई

ISBN: 978-93-5520-844-6

प्रथम संस्करण 2022

10 9 8 7 6 5 4 3 2 1

भारत में मुद्रित

विषय सूची

प्रस्तावना

'He came, he spoke, he conquered'

—An adaptation of Julius Caesar's
immortal words 'Veni, vidi, vici.'
(I came, I saw, I conquered)

'वह आया, वह बोला, उसने जीत लिया'

-जूलियस सीजर के अमर शब्दों 'वेनी, विदि, विसी' का रूपांतरण।
(मैं आया, मैंने देखा, मैंने जीत लिया)

13 सितंबर 2013 को, नरेंद्र दामोदर दास मोदी भारतीय जनता पार्टी (भाजपा) के प्रधानमंत्री पद के उम्मीदवार के रूप में राष्ट्रीय-स्तर पर उभर कर सामने आए। पिछले बारह वर्ष से लगातार चार बार चुनाव जीतकर राज्य के मुख्यमंत्री का पद संभाल रहे इस व्यक्ति को गुजरात के बाहर ज्यादा लोग नहीं जानते थे। और अब जबकि अप्रैल 2014 में होने वाले चुनावों में मुश्किल से छः महीने का समय बचा था मोदी के सामने उन्तीस राज्यों और सात केंद्र शासित प्रदेशों में 125 करोड़ भारत-वासियों तक पहुँचने की बहुत बड़ी चुनौती थी।

प्रधानमंत्री पद के उम्मीदवार के रूप में उन्होंने देश भर में बड़े पैमाने पर भ्रमण किया और सैकड़ों रैलियों के माध्यम से लाखों लोगों को संबोधित किया। उनके वक्तव्यों और उनके विजन में बयानबाजी और ठोस तत्वों का ऐसा श्रेष्ठ मिश्रण पाया जाता था जो युवा एवं वृद्ध श्रोताओं को न केवल प्रेरित करता था बल्कि मंत्रमुग्ध कर देता था। इस दौरान मोदी ने न केवल शानदार भाषण दिए बल्कि हर बार पहले के भाषण पर सुधार भी किया।

मोदी का यह अभियान भारत के इतिहास में सबसे प्रभावी चुनाव-अभियानों में गिना जाएगा। उनकी जीत ओबामा की जीत की तरह उसके 2004 के डेमोक्रेटिक नेशनल कन्वेन्शन के केवल एक शानदार जोशीले भाषण (जिसने पूरे अमेरिका को झंझोड़कर रख दिया था) पर ही केन्द्रित नहीं थी। मोदी का प्रदर्शन उससे कहीं अधिक स्थिर, सुसंगत व लगातार बेहतर होता हुआ प्रदर्शन था, जिसमें विस्मित दर्शक प्रतीक्षारत रहते थे कि इस बार मोदी अलग से क्या कहेंगे - और मोदी उन्हें कभी निराश नहीं करते थे। उनके भाषणों के संदर्भ में भारतवासियों का केवल यही कहना होता था, "ये दिल मांगे मोर"।

वैश्विक स्तर पर मोदी उन गिने-चुने नेताओं में एक हैं, जिन्होंने प्रधानमंत्री पद की शपथ लेने के बाद भी देश की जनता से निरंतर संपर्क व संवाद बनाए रखा। शीर्ष पद पर पहुँचकर अधिकांश नेताओं को लगता है कि अब उन्हें आम जनता को बार-बार संबोधित करने की कोई आवश्यकता नहीं रही। बहुतेरों को तो उनकी दैनिक दिनचर्या की व्यस्तता के मद्देनजर जनता से जुड़े रहने का समय ही नहीं मिलता।

मोदी ने यह काम एक अभिनव ढंग से किया। वे आम लोगों से सदैव जुड़े रहना चाहते थे और जुड़े रहे। प्रधानमंत्री के रूप में देशवासियों तक अपना विजन, कार्य-शैली व मिशन पहुँचाने और वर्तमान तंत्र व राजनीतिक वर्ग से पूरी तरह से निराश हो चुकी जनता में नई ऊर्जा, आशा और विश्वास का संचार करने के उद्देश्य से उन्होंने अपनी शानदार भाषण-कला का सहारा लिया। वह अच्छी तरह जानते थे कि राष्ट्र को एकजुट करने के लिए पहले दिन से ही उसे अपने विजन और आकांक्षाओं के बारे में अवगत कराना अतिआवश्यक है।'

उन्होंने त्रि-आयामी रणनीति अपनाई - आम लोगों को संबोधित किया, सरकारी तंत्र को संबोधित किया और अन्य देशों और वहाँ बसे लोगों को संबोधित किया जो हमारे लिए महत्त्व रखते हैं। वह इस कार्य में निरंतर लगे रहे अपने शानदार ढंग से तैयार किए गए भाषणों में सुधार करते हुए उनकी चकाचौंध से श्रोताओं को आश्चर्यचकित करते रहे।

विदेशों में मोदी को 'रॉक स्टार' कहा गया है और उन्हें एक करिश्माई, मौलिक, प्रामाणिक, ऊर्जावान, प्रेरक और यहाँ तक कि सम्मोहक नेता के

रूप में देखा जाता है। इसमें तो शक की कोई गुंजाइश ही नहीं कि वह दुनिया के कुशलतम वक्ताओं की पंक्ति में अपना स्थान बना चुके हैं।

तो मोदी ने इतने कम समय में इतना सब कैसे संभव किया? उनमें वे क्या गुण हैं जो लोगों को उनकी ओर आकर्षित होने के लिए प्रेरित करते हैं? संचार व संपर्क की उनकी ऐसी क्या रणनीति है और क्या प्रक्रियाएँ हैं जिनके चलते इतनी तेजी से वह गुमनामी की दुनिया से निकलकर विश्व के महानतम वक्ताओं की पंक्ति में जा खड़े हुए हैं? क्या इस मास्टर वक्ता को अच्छी तरह जानने से हम भी अच्छे वक्ता बन सकते हैं? यही वे प्रश्न हैं जिन्होंने मुझे यह पुस्तक लिखने के लिए प्रेरित किया है।

बोलें तो मोदी जैसे के केंद्र में वे शिल्प-ज्ञान है, वे तकनीकें है जो नरेंद्र मोदी को महान वक्ता बनाती हैं। उनके अब तक के भाषणों का विश्लेषण करें तो हम देखते हैं कि वे न केवल मोदी की एक कुशल नेता की भूमिका को अभिव्यक्त करते हैं बल्कि कई मौकों पर उनके एक योग्य संरक्षक, दूरद्रष्टा व शिक्षक होने की भूमिका को भी दर्शाते हैं - जैसे कि अलग-अलग मौकों पर वह अलग-अलग रोल निभा रहे हों।

जिस तरह दर्शकों को देखते हुए मोदी अपने भाषणों का सबस्टांस (सार), कंटेन्ट (सामग्री), बॉडी लैंग्वेज (शारीरिक मुद्राएँ), उदाहरण, कहानियाँ, लहजा, गति पिच (क्षेपण) आसानी से बदल देते हैं, वह बात श्रोताओं में अक्सर कोतूहल पैदा करती है। लेकिन ऐसा करने से, जैसा कि पहले भी उल्लेख किया गया है, उनका हर भाषण नवीन और अलग प्रतीत होने लगता है। दिल की गहराइयों से बोलते हुए वह एक-एक दर्शक से जुड़ने का प्रयास करते हैं और इस तरह एक निहायत सच्चे व ईमानदार व्यक्ति के रूप में सामने आते हैं - एक ऐसे हुनर का प्रदर्शन करते हुए जो हमें इस मास्टर- शिल्पकार से सीखना चाहिए। हमें प्राय: हैरानी होती है कि ऐसी विशाल मंच-उपस्थिति का प्रबंधन वह कैसे कर लेते हैं, समाज के अलग-अलग वर्गों को एक साथ संबोधित करते हुए भी वह हर वर्ग, हर व्यक्ति तक कैसे पहुँच जाते हैं, आम आदमी, वैज्ञानिक, बुद्धिजीवी, अर्थशास्त्री, उद्योगपति, छात्र, शिक्षक, हर प्रकार के व्यक्ति को वह कैसे प्रेरित कर लेते हैं?

नरेंद्र मोदी एक गेम-चेंजर हैं, बाजी पलटने वाले व्यक्ति हैं जो पूर्व प्रधानमंत्री अटल बिहार वाजपेयी के पद-चिन्हों पर चल रहे हैं। उन्होंने महानगरों में रहने वाले मध्यम वर्ग को साबित कर दिखाया है कि शानदार भाषण-कला के लिए अंग्रेजी भाषा का ज्ञान होना अनिवार्य नहीं होता। तालियों की गूंज अर्जित करते हुए उन्होंने नैसकॉम (नेशनल एसोसिएशन ऑफ सॉफ्टवेअर एंड सर्विस कंपनीज, सॉफ्टवेअर और सेवा कंपनियों का राष्ट्रीय संघ) को, स्कूल व कॉलेज के छात्रों को, विदेशों में बसे प्रवासी भारतीयों को हिंदी में संबोधित किया है। उन्होंने सिद्ध कर दिखाया है कि अच्छे संगीत की तरह महान भाषण-कला भी किसी भाषा-विशेष की मोहताज नहीं होती।

मैंने इस अजीबो-गरीब वक्ता के हर पहलू की परत-दर-परत जांच की है और उनके सबसे शानदार भाषणों से ज्ञान के मोती चुन-चुनकर उनका गहन अध्ययन किया है। मैंने उनकी अनुनय-विनय कला (पर्सुएशन), उनके वक्तव्यों की बारीकियों, दर्शकों के छोटे-से-छोटे यानि दस-एक साल के और बड़े-से-बड़े यानि अस्सी वर्ष तक के वृद्ध सदस्यों से जुडने और उन्हें प्रभावित कर सकने की उनकी क्षमता का सूक्ष्मता से परीक्षण करने की कोशिश की है। आधुनिक भारत के इतिहास में कोई भी प्रधानमंत्री अपना शिष्य-परिवार बनाने में सफल नहीं हुआ, लेकिन मोदी के केवल प्रशंसक ही नहीं हैं लाखों 'मोदी-भक्त' भी हैं।

बोलें तो मोदी जैसे, मोदी की भाषण-कला के इस प्रकार के आकर्षक और अनोखे तथ्यों को उजागर करती है। इसमें ऐसे विश्लेषण हैं और सबक हैं जो हमारे दैनिक जीवन में और हर क्षेत्र के नेताओं द्वारा इस्तेमाल किए जा सकते हैं - चाहे वे क्षेत्र व्यवसायिक हों, गैर-लाभकारी हों अथवा शैक्षिक। इस पुस्तक से मिलने वाली अंतर्दृष्टि छात्रों, प्रबंधकों और पेशेवर व्यक्तियों के लिए समान रूप से हितकारी साबित हो सकती है। यह पुस्तक अनुनय-विनय की कला एवं वक्तृत्व अथवा बयानबाजी की कला (रेटरिक) में महारत हासिल करने के लिए नीव का पत्थर साबित हो सकती है और उन लोगों के लिए अत्यंत उपयोगी सिद्ध हो सकती है जो अपने संचार- कौशल को सुधारना चाहते हैं।

भाषण-कला शून्य में नहीं पनप सकती उसे किसी-न-किसी संदर्भ की आवश्यकता होती है। मोदी की भाषण-कला का संदर्भ है - नेतृत्व। अतः यह पुस्तक नरेंद्र मोदी के व्यक्तित्व व नेतृत्व के बारे में भी है। एक अच्छे वक्ता को श्रेष्ठ वक्ता बनने के लिए उच्चतम स्तर की दक्षता दरकार होती है ताकि वह जब भी बोलने के लिए उठे उसके दर्शक, उसके विश्वसनीय अनुयायियों की भांति पहले से ही उसका अनुकरण करने के लिए तैयार हों। बोलें तो मोदी जैस आपको इसी आयाम का रास्ता दिखाती है।

भूमिका
चायवाले से चांसलर तक

'A dream doesn't become reality through magic;
it takes sweat, determination and hard work.'

—Collin Powell

'सपने जादू से सच नहीं होते: उसके लिए पसीना,
दृढ़ संकल्प और कड़ी मेहनत लगते हैं।'

-कॉलिन पॉवेल

विनम्र शुरुआत

नरेंद्र मोदी का जन्म 17 सितंबर 1950 को वडनगर, गुजरात में घांची तेली समुदाय के परिवार में हुआ जिसका वर्गीकरण भारत के संविधान में अन्य पिछड़े वर्गों (ओबीसी) में किया गया है। उनके पिता, दामोदर दास मूलचंद मोदी, किराने की छोटी-सी दुकान चलाते थे और उनकी माता हीराबेन मोदी एक गृहिणी थीं, जो घर और छह बच्चों की देखभाल करती थीं–नरेंद्र उनकी तीसरे नंबर की संतान थे। पूरा परिवार तीन कमरों के मकान में रहता था जिसमें न तो शौचालय की सुविधा थी और न नहाने की। पीने का पानी भी पास वाले कुएँ से लाया जाता था और घर के पुरुष सदस्य एक झील में स्नान किया करते थे। जैसे-जैसे परिवार बढ़ता गया, दामोदर दास मोदी ने घर में भी टिन की चादर की छत वाली एक अतिरिक्त मंजिल जोड़ ली।

नरेंद्र मोदी युवावस्था से ही बड़े मेधावी छात्र थे, जो मित्र भी बड़ी आसानी से बना लिया करते थे। स्वभाव अत्यंत मिलनसार था और सहपाठियों व इलाके के दूसरे बच्चों से अच्छी पटती थी। इसीलिए उनके दोस्तों का दायरा भी काफी विस्तृत था। कहा जाता है कि वह अपने भाई-बहनों से कभी झगड़ा नहीं करते थे। किसी बात पर असहमति होती थी तो भी चुप रह कर अपना विरोध जाता दिया करते थे।

मोदी को बचपन से ही पढ़ने का बहुत शौक था। स्कूल में वह एक जिज्ञासु और बुद्धिमान विद्यार्थी माने जाते थे। सामाजिक विज्ञान व अंग्रेजी में हमेशा बढ़िया प्रदर्शन करते थे। उनका अधिकांश खाली समय शहर के पुस्तकालय में बच्चों की पत्रिकाएँ अथवा कॉमिक्स पढ़ने में व्यतीत होता था। उनके गुरुजन कई बार उन्हें उनकी पसंद की किताबें भी भेंट किया करते थे क्योंकि इससे मोदी को खुशी मिलती थी। किताबों के लिए वह स्वयं भी पैसे बचा लिया करते थे इस प्रकार उन्होंने अपनी एक छोटी-सी लाइब्रेरी भी खड़ी कर ली थी। जैसे-जैसे वह बड़े हुए, स्वामी विवेकानंद की पुस्तकों से प्रभावित होते चले गए - स्वामी जी की राजनीतिक विचारधारा, उनके देशभक्ति के जज्बे और उनकी आध्यात्मिकता ने मोदी को बहुत प्रभावित किया। मोदी के बाद के वर्षों में, उनकी आध्यात्मिक खोज और सत्य के प्रति उनकी लालसा, उन्हें उन आध्यात्मिक केंद्रों और आश्रमों में ले गई, जिनके बारे में उन्होंने विवेकानंद की किताबों में पढ़ रखा था। यह कहना गलत नहीं होगा कि पुस्तकों के प्रति उनके शुरुआती लगाव ने ही मोदी के बौद्धिक विकास में भारी योगदान दिया और उनके वक्तृत्व-कौशल के निर्माण के लिए शिला-पत्थर का काम किया। युवावस्था में, मोदी स्कूल की वाद-विवाद प्रतियोगिताओं में बढ़-चढ़कर हिस्सा लेते थे। उनके शिक्षक और सहपाठी मोदी की स्पष्ट सोच और वाद-विवाद के विषयों पर उनके गूढ़ विचारों की हमेशा सराहना किया करते थे।

छोटी उम्र से ही मोदी सही-गलत, अच्छे-बुरे की समझ का प्रदर्शन करने लगे थे चाहे इसके लिए उन्हें स्कूल-प्रिंसिपल की नाराजगी का भी सामना क्यों न करना पड़ा हो। कहते हैं कि एक बार उन्होंने अपने कुछ सहपाठियों को एक छात्र को पीटते हुए देखा तो तुरंत पीटने वाले

युवकों के कपड़ों पर स्याही फेंक दी। जब प्रिंसिपल को इस घटना का पता चला तो वह स्वयं कक्षा में आए और उन्होंने शरारती लड़कों को खड़े होने के लिए कहा। जब कोई भी लड़का खड़ा नहीं हुआ तो युवा मोदी ने प्रिंसिपल को बताया कि दोषी लड़कों के कपड़ों पर स्याही के निशान हैं और इस प्रकार उन लड़को को दंडित किया गया।

ऐसी ही एक और उल्लेखनीय घटना तब की है जब युवा मोदी ने एक शिक्षक का आदेश मानने से साफ इनकार कर दिया था जिसने यह ऐलान किया था कि भविष्य में बच्चों का होमवर्क कक्षा का मॉनिटर ही देखा करेगा। मोदी का मत था कि उनका होमवर्क (गृहकार्य) केवल उनके शिक्षक द्वारा ही चेक किया जाना चाहिए न कि किसी सहपाठी के द्वारा। जाहिर है युवावस्था में ही मोदी अपने विचारों और मान्यताओं पर अडिग रहना सीख गए थे। वह एक बार मन में कुछ ठान लेते थे तो कभी पीछे नहीं हटते थे और अपनी राय निस्संकोच व्यक्त कर देते थे – इस लिहाज से उन्हें स्पष्टवादी अथवा बेबाक भी कहा जा सकता है। हालाँकि उनमें ऐसे विद्रोह कभी-कभार ही देखने को मिलते थे; क्योंकि सामान्यत: वह सबका सम्मान करने वाले व्यक्ति थे और गुरुजनों द्वारा सौंपे गए किसी भी अतिरिक्त कार्य को स्वेच्छा से करने के लिए सदैव तत्पर रहते थे।

सेवा-भावना

दूसरों की सहायता करने का मोदी का यह स्वभाव उनके घरेलू मोर्चे पर भी देखने को मिला। उनके पिता ने चाय की दुकान शुरू की तो युवा मोदी वहाँ भी स्कूल के समय के बाद स्वेच्छा से हाथ बंटाने लगे। घर के काम करने का भी उन्हें बहुत शौक था यहाँ तक कि परिवार के लिए खाना बनाने में माँ की मदद करने से भी नहीं कतराते थे। उनके इसी सेवा-भाव और वैसी ही सशक्त देशभक्ति की भावना ने नरेंद्र मोदी को आठ साल की आयु में ही अपने गृहनगर में राष्ट्रीय स्वयंसेवक संघ (आरएसएस) से जुडने के लिए प्रेरित किया। हालांकि जिस जोश और वलवाले से वह आरएसएस अथवा भारतीय जनसंघ के लिए कार्य

करते थे उतने ही उत्साह से वह कांग्रेस के समारोहों में भी भाग लिया करते थे। वह बच्चों-का-सा बावलापन आज भी उनमें देखा जा सकता है। एक बार उन्होंने सेना में शामिल होने का भी मन बना लिया था लेकिन उनके पिता ने इसका समर्थन नहीं किया।

सीमित संसाधनों वाले माता-पिता की संतान होने से मोदी ने शीघ्र ही जान लिया था कि किफायत अथवा मितव्ययिता की जीवन में बहुत अहमियत है। कहते हैं कि उनके पास पहनने को कपड़ों के केवल दो ही जोड़े थे लेकिन उनकी संभाल और उनका इस्तेमाल वह ऐसी सूझ-बूझ से करते थे कि वह हमेशा अच्छे कपड़े पहने हुए ही दिखते थे।

आध्यात्मिक एवं शारीरिक साहस

मोदी न केवल दृढ़-विश्वास का साहस रखते थे बल्कि शारीरिक तौर पर भी वह काफी तकड़े व बलवान थे। उन्हें घर के पास वाली झील में तैरना अच्छा लगता था। झील के बीचों-बीच एक छोटा सा द्वीप था जिसमें एक मंदिर था और उसके शिखर पर एक ध्वज लहराया करता था। धार्मिक अवसरों और अन्य शुभ दिनों में उस ध्वज को उतारकर एक विशेष ध्वज फहराया जाता था। यह कार्य नगर के श्रद्धालु-लोग अपनी इच्छा से किया करते थे। एक बार ऐसे ही एक अवसर पर भारी वर्षा हुई और झील में बाढ़ जैसी स्थिति उत्पन्न हो गई। तैरकर द्वीप तक जाना खतरे से खाली न था। उफनते पानी की प्रचंड लहरों में मगरमच्छ भी दिखने लगे थे। उस समय मोदी केवल बारह वर्ष के थे। उन्होंने अपने जैसे एक-दो बहादुर मित्रों को साथ लिया, तैरकर द्वीप पर पहुँचे और ध्वज को बदलकर ही वापस आए।

मोदी के परिवार के लोग काफी धार्मिक प्रवृत्ति के थे। घर छोटा था फिर भी एक कमरा मंदिर के रूप में इस्तेमाल किया जाता था। अपने परिजनों के साथ नियमित प्रार्थना करने के अलावा मोदी पास वाले मंदिर में भी जाया करते थे। आध्यात्मिकता की उनकी खोज स्वामी विवेकानंद के विचारों से प्रेरित थी और आत्म-त्याग व आत्म-अनुशासन उनके चरित्र के अभिन्न अंग थे। वह साल में दो बार नवरात्रि का

उपवास किया करते थे और इस प्रकार छोटी उम्र में ही त्याग व साधना का महत्त्व समझने लगे थे। बचपन में ही उन्होंने नमक गुड़ मिर्च और तैलीय खाना खाना छोड़ दिया था। प्रधानमंत्री के रूप में लगभग अठारह घंटे की सजा-जैसी-दिन-चर्या के बावजूद उन्होंने उपवास की आदत को बरकरार रखा है।

उपवास एक आध्यात्मिक अभ्यास है जो मनुष्य में दृढ़ इच्छा-शक्ति और कड़े अनुशासन की भावना को विकसित करता है। इसका एक और इससे भी गहरा उद्देश्य है–यदि आप अच्छे भोजन को ना कह सकते हैं और भूख की पीड़ा को सहर्ष स्वीकार कर सकते हैं तो आप रिश्वत, वासना, आलस्य को और यहाँ तक कि चापलूसी को भी ना कह सकेंगे।

एक महान आयोजक

सन 2015 में एक टीवी साक्षात्कार में मोदी ने कहा था कि चीजों को व्यवस्थित करने और पूरा करवा लेने की उनकी क्षमता उन्हें भगवान की देन है। केवल नौ वर्ष की आयु में अपने उद्यम, कार्य-शक्ति व दृढ़-संकल्प के बलबूते पर मोदी ने कुछ मित्रों के साथ एक फूड-स्टॉल का आयोजन किया जिससे मिलने वाली धन-राशि तापी नदी की बाढ़ से पीड़ित लोगों के राहत-कार्यों के लिए दान की गई। अपने साथियों को किसी विशेष उद्देश्य के लिए स्वयंसेवा करने के लिए प्रेरित करना या फिर किसी खास कार्य के लिए धन जुटाने हेतु किसी कार्यक्रम का आयोजन करना उन्हें बहुत अच्छा लगता था। एक बार उन्होंने स्कूल में अपने दोस्तों के साथ स्कूल की चार-दीवारी के निर्माण के लिए धन-राशि एकत्रित करने के लिए एक नाटक का आयोजन किया। नाटक सफल रहा और उससे मिली धन-राशि सब दोस्तों और शिक्षकों की अपेक्षाओं को भी पार कर गई।

एक शिक्षाविद् के रूप में, मैंने अनुभव किया है कि एमबीए के जो विद्यार्थी छात्र-समितियों द्वारा आयोजित गतिविधियों में भाग लेकर अपने बैच अथवा कॉलेज के लिए स्वेच्छा से कोई काम करते हैं, वे बाद में अपने-अपने व्यवसाय में भी बढ़िया प्रदर्शन करते हैं। मोदी ने भी

अपने जीवन के बढ़ते हुए दिनों में स्वयंसेवा का कार्य सदैव जारी रख 1965 के भारत-पाक युद्ध के दिनों में वह रेलवे स्टेशन पर जवानों क चाय परोसते रहे। सन 1967 में, केवल सत्रह वर्ष की आयु में, उन्हों बाढ़-राहत के लिए सराहनीय कार्य किया, पूरे गुजरात में बाढ़-पीड़ित की सेवा की। उन्होंने हमेशा साथी-देशवासियों और जरूरतमंद लोगों क प्रति सेवा की भावना का प्रदर्शन किया है।

सत्य की खोज

कॉलेज में साल-भर लगाने के बाद मोदी ने पढ़ाई छोड़ने का निर्ण लिया और वह सत्य की खोज में निकल पड़े। पुस्तकों ने उन्हें अध्यात्म की ओर आकर्षित किया था लेकिन अब वह व्यावहारिक स्तर प आध्यात्मिक ज्ञान प्राप्त करना चाहते थे। बहुत कम राशि लेकर वह घ से निकले और लगभग दो वर्ष तक अपने माता-पिता दोस्तों और परिवा के संपर्क से परे स्वामी विवेकानंद द्वारा स्थापित आश्रमों की यात्रा करते रहे। उन्होंने कोलकत्ता के निकट स्थित बेलूर मठ में शामिल होने की याचना भी की लेकिन कम-उम्र होने के कारण उन्हें प्रवेश ना मिला।

यह दो वर्ष का समय उन्होंने कहाँ और कैसे बिताया उसके बारे में अधिक जानकारी उपलब्ध नहीं है सिवाय इसके कि वह उत्तर और उत्तरपूर्वी भारत में आश्रमों का दौरा करते रहे और भिक्षुओं के दैनिक जीवन और शिक्षा की जानकारी हासिल करते रहे। वह अल्मोड़ा के हिल-स्टेशन पर भी गए और वहां के अद्वैत आश्रम में रहे। राजकोट में उन्होंने रामकृष्ण मिशन में भी काफी समय बिताया।

दो वर्ष बाद घर लौटने पर, मोदी ने कुछ दिन अपनी माँ के साथ बिताए और फिर वह अहमदाबाद चले गए जहाँ वह अपने चाचा के साथ रहकर गुजरात राज्य सड़क परिवहन निगम में उनकी कैंटीन में काम करने लगे। बीस वर्ष के मोदी उस समय तक लुढ़कते-पत्थर की तरह थे... वह कुछ पाना चाहते थे लेकिन यह नहीं जानते थे कि वह क्या पाना चाहते हैं।

व्यवसाय

अपने चाचा की कैंटीन में काम करते हुए मोदी आध्यात्मिक बैठकों और राजनीतिक चर्चाओं में भी भाग लेने लगे थे और 1972 तक उन्होंने पूर्णकालिक रूप से आरएसएस से जुड़ने का निर्णय कर लिया था। एक धर्मनिष्ठ हिंदू तो वह पहले से ही थे अब आरएसएस-कार्यकर्ताओं की समर्पण व अनुशासन-भावना से भी बहुत प्रभावित हुए। इस बीच उन्होंने लक्ष्मणराव इनामदार से भी संपर्क स्थापित कर लिया था जिन्होंने उन्हें बालावस्था में बाल- स्वयंसेवक के रूप में उस समय आरएसएस में शामिल किया था जब वह केवल आठ वर्ष के थे। एक बार फिर इनामदार ने - जिन्हें प्यार से लोग वकील साहब बुलाते थे–आरएसएस में मोदी के उचित प्रशिक्षण में बड़ी महत्वपूर्ण भूमिका निभाई।

यहाँ तक कि मोदी अपने चाचा का घर छोड़कर इनामदार के घर में चले आए जहाँ पहले ही लगभग पंद्रह लोग रहते थे। वहाँ वह रोज-मर्रा के कार्यों में सबका हाथ बँटाते थे। दिन की शुरुआत सूर्योदय से भी पहले हो जाती थी और शाखा में जाने से पहले दूध लाना, सबके लिए चाय बनाना, घर की सफाई करना, अपने कपड़े धोना और शाखा से लौटने पर सबके लिए नाश्ता बनाना - उनका रोज का काम होता था।

इस दौरान वह कई नामी-गिरामी लोगों के संपर्क में भी आए, जिसमें एकनाथ रानाडे भी शामिल थे, जिन्होंने कन्याकुमारी में विवेकानंद रॉक मेमोरियल की स्थापना की थी। जैसे-जैसे समय बीतता गया मोदी आरएसएस में महत्त्वपूर्ण भूमिकाएँ निभाने लगे जैसे कि आरएसएस के कार्यालय का पत्राचार संभालना, चिकित्सा-उपचार अथवा आरएसएस की बैठकों में भाग लेने के लिए अहमदाबाद आने वाले स्वयंसेवकों और उनके परिवारों के लिए आवश्यक बंदोबस्त करना इत्यादि। इसके अलावा गुजरात के विभिन्न हिस्सों का दौरा करने वाले सदस्यों की यात्रा-व्यवस्था का प्रबंधन भी वही किया करते थे। धीरे-धीरे वह संघ के सबसे भरोसेमंद कार्यकर्ता माने जाने लगे। यह सम्मान उन्होंने कड़ी मेहनत, निस्वार्थ सेवा और कभी-हार-न-मानने-वाले रवैये से अर्जित किया था। वह वास्तव में जमीन से जुड़े हुए कार्यकर्ता थे और हर प्रकार के लोगों से घुल-मिल जाते थे।

इस बीच इनामदार ने मोदी को उच्च शिक्षा के लिए प्रेरित किया। मोदी ने दिल्ली विश्वविद्यालय से राजनीति-विज्ञान में स्नातक की डिग्री प्राप्त की और फिर गुजरात विश्वविद्यालय से राजनीति-विज्ञान में एमए किया।

सच्चे वर्कहॉलिक

नरेंद्र मोदी एक वर्कहॉलिक (रात-दिन कार्य-रत रहने वाले व्यक्ति) हैं, जैसा कि आरएसएस और बाद में बीजेपी में उनके आकाओं को आभास हुआ। उन्होंने हमेशा हर काम आनंद लेकर किया और यह सोचकर किया कि उससे कुछ-न-कुछ नया सीखने को मिलेगा। वह काम में कितने ही व्यस्त क्यों न हों, वह और अधिक काम हाथ में लेना और उसे सफलतापूर्वक सम्पन्न कर दिखाना जानते हैं। यही नहीं, वह हर काम उत्साह-पूर्वक, पूरी शक्ति लगाकर करते हैं। यह महान नेतृत्व की विशेषता है जो बहुत कम नेताओं में पाई जाती है। दूसरों पर हुक्म चलाना एक बात होती है और आस्तीन चढ़ाकर स्वयं युद्ध के मैदान में उतरना दूसरी बात। मोदी हमेशा सामने से नेतृत्व करते हैं। आरएसएस में औपचारिक रूप से शामिल होने से पहले भी वह कई जन-आंदोलनों में भाग ले चुके थे जैसे कि 'गौ रक्षा' के लिए किए गए आंदोलन या फिर मूल्य-वृद्धि के खिलाफ किया गया आंदोलन।

1972 में, गुजरात भयंकर सूखे और अकाल की स्थिति से गुजर रहा था, जिसके चलते जयप्रकाश नारायण के नेतृत्व में राज्य की कांग्रेस सरकार के खिलाफ विद्रोह भी शुरू हो चुका था। स्थिति ठीक तरीके से न संभाल पाने के लिए राज्य- सरकार की कड़ी आलोचना हो रही थी और इसके साथ ही बढ़ती हुई कीमतों के खिलाफ छात्रों व मध्यम-वर्ग द्वारा नवनिर्माण नामक आंदोलन भी चल रहा था। 1973 के अंत तक यह आंदोलन सरकार के खिलाफ असहयोग के आह्वान और पूर्ण क्रांति का रूप ले चुका था। जयप्रकाश नारायण ने इस आंदोलन में महत्त्वपूर्ण भूमिका निभाई थी और उनके व्यक्तित्व एवं दर्शन ने मोदी को बहुत प्रभावित किया था। आरएसएस के समर्थन से क्रान्ति को और भी गति मिली और राज्य की कांग्रेस सरकार गिरा दी गई।

26 जून 1975 को इंदिरा गांधी ने पूरे देश में एमर्जेंसी (आपातकाल) की घोषणा कर दी। अटल बिहारी वाजपेयी, लाल कृष्ण आडवाणी, जयप्रकाश नारायण और मोरारजी देसाई सहित विपक्ष के कई बड़े नेताओं को गिरफ्तार कर लिया गया। आरएसएस ने निर्णय लिया कि उसके कार्यकर्ता पुलिस की गिरफ्तारी से बचने के लिए सुरक्षित घरों में छुपकर काम करेंगे लेकिन अहिंसात्मक प्रतिरोध का सख्ती से पालन करते रहेंगे। आरएसएस की पूर्णकालिक गतिविधियों में बमुश्किल तीन साल से जुड़े नरेंद्र मोदी ने भी राजनीतिक उथल-पुथल का स्वाद चखा जो जल्द ही उन्हें राष्ट्रीय स्तर की राजनीति में प्रवेश दिलाने वाला था।

आपातकाल के दौर की भूमिका

इक्कीस महीने बाद 22 मार्च 1977 को एमर्जेंसी हटा ली गई। यह समय जनसंघ और आरएसएस के लिए बहुत कठिन समय था और छब्बीस वर्षीय नरेंद्र मोदी, महान संगठनात्मक कौशल का प्रदर्शन करते हुए, अपने-आपको पार्टी के लिए भरोसेमंद और जिम्मेदार व्यक्ति साबित कर चुके थे। अब जबकि सरकार ने आरएसएस पर प्रतिबंध लगा दिया था और आरएसएस के कार्यकर्ताओं को भूमिगत होना पड़ रहा था, मोदी को स्वयंसेवकों की देखभाल करने और उनके लिए सुरक्षित ठिकानों की व्यवस्था करने की जिम्मेदारी सौंप दी गई थी। पार्टी-साहित्य और इश्तहारों की छपाई और उनके वितरण का काम भी मोदी को सौंपा गया था। इस दौरान केंद्र सरकार द्वारा दिल्ली में एक अंतरराष्ट्रीय सम्मेलन आयोजित किया गया और आरएसएस इस सम्मेलन के प्रतिनिधियों को एक संदेश भेजना चाहता था। मोदी ने एक गुप्त अभियान के अंतर्गत पांच अलग-अलग पुस्तिकाएं प्रकाशित करवाई और उन्हें ट्रेन से भिजवा दिया गया।

इसी दौरान आरएसएस कार्यकर्ताओं और संघ परिवार के अन्य नेताओं की बैठकें आयोजित करने की जिम्मेदारी भी मोदी को ही सौंप दी गई थी। पुलिस की गिरफ्तारी से बचने के लिए वह कभी संन्यासी का भेस धारण कर लेते थे और कभी दाढ़ी बढ़ाकर और पगड़ी पहनकर एक सिख की वेश-भूषा मे दिखने लगते थे। लेकिन उनका सबसे कठिन

काम होता था पार्टी का संघर्ष जारी रखना और जेल में बंद लोगों के परिवारों के लिए धन की व्यवस्था करना। धनी लोग दान करने से डरते थे, क्योंकि सरकार उनकी गतिविधियों पर नजर लगाए रहती थी। इसलिए इस कार्य के लिए मोदी ने जिस किसी स्रोत का भी इस्तेमाल किया जा सकता था किया–जैसे कि आम लोग, दुकानदार और कामगार। उनसे मिलने वाली रकम कम होती थी लेकिन आंदोलन के लिए धन जुटाने का यही सबसे बढ़िया तरीका था।

आरएसएस और जनसंघ के भूमिगत कार्यकर्ता पदानुसार मिला करते थे। मोदी को जॉर्ज फर्नांडीस, राज नारायण और चरण सिंह जैसे अन्य राजनीतिक दलों के नेताओं से मिलने का अवसर भी मिला। फिर भी यह समय उनके लिए संघर्ष और प्रशिक्षण का दौर ही बना रहा।

पार्टी में उत्थान

एमर्जेंसी हटाये जाने के एक साल के अंदर ही, नरेंद्र मोदी को विभागाध्यक्ष अथवा विभागीय प्रमुख बना दिया गया था। उन्हें छः जिलों का कार्यभार संभाला गया। कुछ वर्षों में ही वह 'प्रांत पदाधिकारी' अथवा क्षेत्रीय प्रमुख बना दिये गए और इसके साथ ही आरएसएस के क्षेत्रीय संगठनों के संयुक्त-अध्यक्ष भी नियुक्त कर दिये गए। अब तक वह न केवल अपने सहयोगियों बल्कि संघ परिवार में अपने आकाओं के दिल-ओ-दिमाग भी जीत चुके थे। और वह केवल इकतीस वर्ष के थे।

चुनावी राजनीति

1985 में मोदी आरएसएस से आरएसएस द्वारा चलाए जा रहे राजनीतिक दल भाजपा में शामिल हुए और केवल तीन वर्ष में ही उन्हें भाजपा की गुजरात इकाई के कार्यकारी - सचिव चुन लिये गए। प्रबुद्ध संगठनात्मक कौशल और हर काम सिद्ध कर दिखाने की क्षमता के आधार पर 1990 में एल के आडवाणी ने मोदी को अपनी अयोध्या रथ यात्रा में भी शामिल कर लिया। फिर 1991-92 में उन्होंने मुरली मनोहर जोशी की

एकता यात्रा में भी उनकी काफी मदद की। यही वह समय था जब केंद्रीय नेतृत्व ने मोदी की महान क्षमता को पहचाना।

इसके बाद मोदी ने 1995 के गुजरात राज्य विधानसभा चुनावों में भाजपा की जीत में भी महत्वपूर्ण भूमिका निभाई। नवंबर 1995 तक वे भाजपा के राष्ट्रीय सचिव चुन लिए गए थे और दिल्ली चले गए थे जहाँ वह मुख्यधारा की राजनीति का अहम हिस्सा बने। 1999 के गुजरात लोकसभा चुनाव में पार्टी के प्रचार-तंत्र का कार्यभार भी उन्हें संभाला गया। उन्होंने आरएसएस, बीजेपी व विश्व हिंदू परिषद (वीएचपी) के कार्यकर्ताओं को प्रेरित करने में सराहनीय योगदान दिया और भाजपा को 26 में से 20 सीटों पर विजय प्राप्त हुई।

2001 तक गुजरात में भाजपा के मुख्यमंत्री केशुभाई पटेल स्वास्थ्य-संबंधी समस्याओं से घिरने लगे थे और 2001 के भूकंप के बाद स्थिति का सही प्रबंधन न कर पाने के कारण उनका राजनीतिक दबदबा भी काफी घटने लगा था। भाजपा के राष्ट्रीय नेतृत्व ने उन्हें बदलने के विषय पर गंभीरता से विचार करना प्रारम्भ कर दिया था और उनकी जगह लेने वाले योग्य उम्मीदवार की तलाश भी शुरू कर दी गई थी। ऐसे समय में मोदी का नाम भी चर्चा में आया। आडवाणी और अन्य कई नेताओं का मानना था कि सीएम पद के लिए मोदी में अनुभव का अभाव था इसलिए उन्हें पटेल के साथ डिप्टी सीएम (उप मुख्य-मंत्री) बना दिया जाना उचित रहेगा। लेकिन मोदी ने इसके लिए साफ इंकार कर दिया। उन्होंने अटल बिहारी वाजपेयी से कहा कि या तो वह गुजरात की पूरी जिम्मेदारी लेंगे या बिल्कुल नहीं। काफी सोच-विचार के बाद केंद्रीय नेतृत्व ने उन्हें सीएम बनाने का निर्णय लिया और 3 अक्टूबर 2001 को मोदी ने केशुभाई पटेल की जगह पर मुख्य-मंत्री का पद ग्रहण किया।

सीएम के अपने पहले कार्यकाल में मोदी को उनकी कार्य-क्षमता और विश्वसनीयता की गंभीर परीक्षा देनी पड़ी। सत्ता संभालने के कुछ महीनों में ही 27 फरवरी 2002 को गोधरा कांड घटित हुआ। गोधरा में अयोध्या से आ रही एक रेलगाड़ी में आग लगने से साठ से अधिक लोगों की मृत्यु हुई। इस घटना से हिंदू-मुस्लिम दंगे भड़क उठे जिनमें (एक अनुमान के अनुसार) 900 से 2,000 लोग मारे गए और संभवत:

उतने ही लोग घायल भी हुए। जैसा कि सर्वविदित है, दंगों को प्रभावी ढंग से न संभाल सकने के लिए मोदी-सरकार की कड़ी आलोचना हुई। मोदी पर दंगाइयों के खिलाफ पर्याप्त कार्रवाई न करने के आरोप भी लगाए गए। कई राजनीतिक दल जो केंद्र-सरकार में राष्ट्रीय जनतांत्रिक गठबंधन (एनडीए) का हिस्सा थे और कई दूसरे दल जो विपक्ष में थे मोदी के इस्तीफे की मांग करने लगे। मोदी ने इस्तीफा सौंप भी दिया लेकिन भाजपा के केंद्रीय नेतृत्व ने उसे स्वीकार नहीं किया। विधानसभा का आधिकारिक कार्यकाल दिसंबर 2002 में समाप्त होना था और गुजरात में फिर से विधानसभा चुनाव हुए। मोदी के नेतृत्व में भाजपा ने 182 में से 127 सीटों पर जीत दर्ज की और मोदी ने सीएम के रूप में दूसरे कार्यकाल के लिए शपथ ग्रहण की।

इस बार मोदी का एजेंडा था : राज्य का आर्थिक विकास और समग्र प्रगति। उन्होंने निजीकरण व निवेश को प्रोत्साहन दिया और राज्य को भ्रष्टाचार-मुक्त सरकार देने की दिशा में काम किया। राज्य की प्रगति के लिए वह एकदम-अलग-सोच-वाले अनूठे समाधान लाए और इस दिशा में उन्होंने वाइब्रेंट-गुजरात के नाम से एक द्विवार्षिक-निवेशक-शिखर-सम्मेलन भी प्रारम्भ किया। 2003 में आयोजित इस शिखर-सम्मेलन के पहले सत्र में 14 बिलियन अमरीकी डालर के मूल्य के 76 समझौता-ज्ञापनों (एमओयू) पर हस्ताक्षर किए गए।

सीएम के रूप में दूसरा कार्यकाल सफलता से पूरा करते हुए, मोदी ने एक बार फिर गुजरात में भाजपा को जीत दिलाई। पार्टी ने विधानसभा चुनावों में 117 सीटों पर जीत प्राप्त की। मुख्यमंत्री के रूप में अपने तीसरे कार्यकाल में मोदी का पूरा ध्यान गुजरात के सर्वांगी-विकास पर रहा। वह इसे पूर्णत: वाइब्रेंट गुजरात बनाना चाहते थे। अर्ध-शुष्क एवं सक्रिय कृषि-अर्थव्यवस्था के लिए न जाने जाने वाले गुजरात में मोदी के नेतृत्व में बड़ा बदलाव लाया गया। 2008 के अंत तक 5,00,000 संरचनाओं व चेक-डैम्ज का निर्माण किया जा चुका था जो गत चालीस वर्षों में निर्मित संख्या से दस गुना ज्यादा था। इससे भूमि का कटाव रोकने में बड़ी मदद मिली और पूरे राज्य में जल-स्तर काफी बढ़ा। ट्यूब-वेल (नलकूपों) के उपयोग से होने वाली सिंचाई को बढ़ावा मिला

और राज्य में कपास के उत्पादन में इतनी जबरदस्त बढ़ोत्तरी हुई कि गुजरात देश-भर में कपास का सबसे बड़ा उत्पादक बन गया।

ग्रामीण-बिजली को कृषि-बिजली से अलग करते हुए सरकार ने गाँव-गाँव में बिजली पहुँचाने का ठोस प्रयत्न किया। अपने एक भाषण में मोदी ने कहा कि बेहतर कृषि उत्पादन हासिल करना और ग्रामीण इलाकों में बिजली पहुंचाना एक बड़ी चुनौती थी क्योंकि 'हमारे सामने एक ओर पाकिस्तान है और एक ओर रेगिस्तान'। 2012 के गुजरात विधानसभा चुनावों में, मोदी ने फिर से अपने निर्वाचन क्षेत्र में 86,373 मतों से जीत हासिल की और भाजपा को 182 में से 115 सीटों पर जीत दिलाई - यानि एक बार फिर स्पष्ट बहुमत। मोदी लगातार चौथी बार सीएम बने।

राष्ट्रीय परिदृश्य पर आगमन

'A little more persistence, a little more effort,
And what seemed hopeless failure may turn to glorious success'

—Elbert Hubbard

'थोड़ी और दृढ़ता, थोड़ा और प्रयास, और जो निराशाजनक
विफलता दिख रही थी वह शानदार सफलता बन सकती है'

-एल्बर्ट ह्यूबर्ड

एक व्यवसायिक व उद्यमी पुरुष के रूप में जाने जाने वाले और 'कर सकते हैं' का सकारात्मक रवैया रखने वाले नरेंद्र मोदी ने देश में 2009 के आम चुनाव में अहम भूमिका निभाई। हालांकि सरकार संयुक्त प्रगतिशील गठबंधन (यूपीए) की ही बनी लेकिन 159 सीटों के साथ भाजपा दूसरे नंबर की पार्टी रही। 2014 के आम चुनाव के मद्देनजर मोदी को पार्टी के सर्वोच्च निर्णय लेने वाले निकाय यानि भाजपा संसदीय बोर्ड में नियुक्त कर लिया गया। उन्हें आगामी चुनाव के लिए भाजपा

की केंद्रीय चुनाव समिति के अध्यक्ष के रूप में भी तैनात किया गया और तुरंत ही पार्टी के प्रधानमंत्री पद के उम्मीदवार के रूप में उनके नाम की घोषणा भी कर दी गई।

एक अद्वितीय अभियान

मोदी ने दो सीटों (वाराणसी और वडोदरा) से चुनाव लड़ा। वाराणसी में आम आदमी पार्टी (आप) के नेता अरविंद केजरीवाल और वडोदरा में भारतीय राष्ट्रीय कांग्रेस (आईएनसी) के मधुसूदन मिस्त्री को हराकर दोनों सीटों पर जीत हासिल की। भारत को एक सुरक्षित निवेश-गंतव्य बनाने के इरादे से मोदी के घोषणापत्र में तुरंत निर्णय लेने और नौकरशाही-बाधाओं को दूर करने के वादे किए गए थे।

मोदी ने अपने चुनाव-अभियान में इलेक्ट्रॉनिक एवं सोशल मीडिया का भरपूर इस्तेमाल किया और ट्विटर, फेसबुक और गूगल हैंगआउट्स के जरिए देश-भर को संबोधित किया। म्युजन (Musion) नाम की ब्रिटिश कंपनी द्वारा विकसित होलोग्राम तकनीक का इस्तेमाल भी बड़े पैमाने पर किया गया जिसके द्वारा स्टुडियो में दिये गए उनके भाषणों का प्रसारण, विशेष रूप से सुसज्जित ट्रकों पर लगाई गई बड़ी-बड़ी स्क्रीनों द्वारा, उसी समय देश के कोने-कोने में स्थित लाखों श्रोताओं तक लाइव पहुँच जाता था। ऐसे हाई-टेक अभियान के अंतर्गत उन्होंने 700 वर्चुअल (आभासी) रैलियाँ कीं। इनके अलावा व्यक्तिगत रूप से देश भर में यात्रा करते हुए उन्होंने 450 से अधिक रैलियों को संबोधित किया।

अपनी करिश्माई वाक्पटुता से उन्होंने यूपीए के दस साल के शासन से मोहभंग हो चुके भारतीयों के दिलों में आशा की किरण जगाई। लोग अक्सर पूछा करते थे 'क्या कोई व्यक्ति भारत की स्थिति बदल सकता है? क्या भारत में कोई सरकार सक्रिय और प्रगतिशील हो सकती है?' मोदी ने इन प्रश्नों का उत्तर 'हाँ' में दिया। उन्होंने मतदाताओं को विश्वास दिलाया कि मौजूदा सरकारी कार्यालयों में मौजूदा फाइलों और नौकरशाही के रहते हुए भी सरकार के प्रदर्शन में अद्भुत सुधार लाया जा सकता है। उन्होंने 'अच्छे दिनों' और 'न्यूनतम सरकार अधिकतम शासन' के वादे

किए, ऐसी सरकार के वादे किए जो उद्योगपतियों, आम आदमियों और किसानों के हित में काम करेगी। अपने दमदार भाषणों के माध्यम से उन्होंने अपनी अपरंपरागत सोच और समस्यों के समाधान के प्रति अपने अभिनव दृष्टिकोण को लोगों के सम्मुख प्रस्तुत किया और भारतवासियों के दिलों में आशा की किरण जगाई।

मोदी ने बताया कि एक बार किसी ने उनसे पूछा था, 'आपके हिसाब से भारत के सामने दो सबसे बड़ी चुनौतियाँ क्या हैं?' तो उन्होंने उत्तर दिया था, 'देश के विशाल राष्ट्रीय संसाधनों का उपयोग कैसे करें, और भारत की इतनी भारी युवा आबादी का लाभप्रद उपयोग कैसे किया जाए?' 'मैं प्रधानमंत्री नहीं, प्रधान सेवक हूँ' यह कहकर उन्होंने लाखों दिलों को जीता।

आगे की राह

नरेंद्र मोदी ने अपनी सरकार के पैंतालीस अन्य मंत्रियों के साथ 26 मई 2014 को भारत के पंद्रहवें प्रधानमंत्री के रूप में शपथ ग्रहण की। भाजपा ने 282 सीटें जीती थीं और सहयोगी दलों को मिलाकर 336 अर्थात देश पर शासन करने के लिए उन्हें भारी जनादेश मिला था।

अपनी किस्म के पहले शानदार व साहसिक उपक्रम में प्रधानमंत्री ने अपने शपथ ग्रहण समारोह में सभी सार्क (दक्षिण एशियाई क्षेत्रीय सहयोग संघ) देशों के प्रमुखों को आमंत्रित किया। ऐसा पहली बार हुआ कि पाकिस्तान के प्रधानमंत्री ने भारतीय प्रधानमंत्री के शपथ ग्रहण समारोह में शिरकत की। इस भव्य कार्यक्रम में शामिल होने वाले कुछ महत्वपूर्ण लोग इस प्रकार थे : पाकिस्तान के प्रधानमंत्री नवाज शरीफ, श्रीलंका के राष्ट्रपति महिंदा राजपक्षे और अफगानिस्तान के राष्ट्रपति हामिद करजई। मोदी ने शपथ ग्रहण समारोह को भी एक कूटनीतिक कार्यक्रम में बदल दिया था।

कार्यालय में अपने पहले ही दिन मोदी ने इन नेताओं से मुलाकात की और इस समारोह को एक मिनी-सार्क बैठक में तबदील कर दिया - यह किसी लिहाज से भी एक छोटी उपलब्धि नहीं थी। उसी

दिन मोदी ने अपनी कैबिनेट की प्रथम बैठक का आयोजन भी किया और देश की प्रमुख जांच और खुफिया एजेंसियों के शीर्ष अधिकारियों वाले विशेष-जांच-दल को भारतीयों के विदेशी खातों में एकत्रित काले धन का पता लगाने का निर्देश दिया गया। दो दिन में ही उन्होंने अपने मंत्रिमंडल के सामने अपना एजेंडा बड़ी स्पष्टता से प्रस्तुत कर दिया था जिसमें शिक्षा, कौशल, विकास, मजबूत नौकरशाही, पारदर्शिता, बुनियादी ढाँचे का विकास और सरकार की नीतियों में स्थिरता की आवश्यकता पर जोर दिया गया था। पहले चार दिनों में ही जापान के प्रधानमंत्री ने उन्हें जापान आमंत्रित करने के लिए फोन किया जबकि चीन के प्रधानमंत्री ने उन्हें फोन पर भारत के साथ मजबूत और फलदायी संबंध स्थापित करने का आश्वासन दिया।

मानो कोई व्यक्ति काम करने की जल्दी में हो, मोदी ने अपने मंत्रियों को अपने-अपने मंत्रालयों के लिए एक रोड-मैप (कार्य-सूची) तैयार करने और सरकारी निर्णयों में तेजी लाने के आदेश दिये। उन्होंने प्रधानमंत्री कार्यालय (पीएमओ) और मंत्रिमंडल के वर्चस्व को बहाल करने के लिए मंत्रियों के समूह (जीओएम) को बर्खास्त कर दिया। नौकरशाही में विश्वास बहाल करने की गरज से उन्होंने भारत सरकार के सभी सचिवों को अपने पूर्ण समर्थन का आश्वासन देते हुए संबोधित किया और उनसे निर्णय लेने की प्रक्रिया को तेज और अधिक प्रभावी बनाने का आग्रह किया।

4 जून को सोलहवीं लोकसभा में अपने पहले संबोधन में उन्होंने कहा, 'भारत के लोगों ने अभूतपूर्व संख्या में मतदान किया है और हमें शासन करने का जनादेश दिया है, मैं देश के लोगों को विश्वास दिलाता हूँ कि लोकतंत्र के इस मंदिर में आम आदमी की आशाओं और आकांक्षाओं को पूरा करने के लिए हर संभव प्रयास किया जाएगा।'

उन्होंने यह भी कहा कि लोकसभा में बैठे लोगों के लिए यह महसूस करना स्वाभाविक है कि यदि कोई काम अब तक नहीं हो पाए तो वे अब कैसे हो सकते हैं? उन्होंने भारतीय लोकतंत्र की शक्ति को दोहराते हुए कहा कि भारत के मतदाताओं की संख्या सभी पश्चिमी देशों के एकत्रित मतदाताओं की संख्या से भी अधिक है। उन्होंने इस बात

पर जोर दिया कि दुनिया को यह दिखाने का समय आ गया है कि भारत एक महान राष्ट्र है और हमें किसी के अधीन रहकर सोचने की मनोवृत्ति को उखाड़ फेंकना चाहिए।

नेतृत्व का प्रतीकात्मकता से गहरा संबंध होता है: आशा, आकांक्षा, लक्ष्य-निर्धारण और क्रिया इन सब के साथ भी। इसका सरोकार लोगों को प्रेरित करने से भी होता है और उनकी मानसिकता को बदलने से भी। मोदी की बातचीत और भाषणों से उनमें नेतृत्व के सभी लक्षणों के विद्यमान होने का सबूत मिलता है।

मोदी को भारत के लोगों ने भारी बहुमत से सत्ता में इस आशय के साथ बैठाया है कि वह देश में बदलाव लाएंगे और शासन-व्यवस्था में लोगों का विश्वास पैदा करेंगे जिसे पिछली सरकार ने विशेषकर उनके शासन के अंतिम वर्षों में एकदम चकनाचूर कर दिया था।

प्रधानमंत्री के सामने बहुत बड़ी चुनौती है। 125 करोड़ लोगों के देश पर शासन करना जिसमें इतनी जटिल–आंतरिक और बाहरी–समस्याएं हैं कोई मामूली कार्य नहीं है। लेकिन उन्होंने यह काम अपने जिम्मे लिया है और वह एक मजबूत खुशहाल और समृद्ध भारत बनाने के लिए अपने समय का हर मिनट और अपनी ऊर्जा का हर औंस देने के लिए तैयार हैं।

Hope is being able to see that there is light despite all of the darkness.

—Archbishop Desmond Tutu

आशा यह देख सकने की सक्षमता है कि तमाम अंधेरों के बावजूद भी प्रकाश है।

-आर्कबिशप डेस्माण्ड टुटु

1

उद्देश्य की निश्छलता और केंद्रित दृष्टिकोण

तितली का सा हवा में लहराना, मधुमक्खी का सा डंक

When you get into a tight place and everything goes against you, until it seems that you cannot hold on a minute longer, never give up then, for that is just the place and time that the tide will turn.

—Harriet Beecher Stowe

जब आप किसी संकट में फंसे हों और सब कुछ आपके विपरीत हो रहा हो तो जब तक ऐसा न लगे कि वहाँ एक भी पल और रुकना संभव नहीं है तब तक हार न मानें क्योंकि वही वह स्थान और समय है जब सब कुछ बदलेगा

-कन्फ्यूशियस

कम से कम एक दशक से निष्क्रिय और अनिर्णायक समझे जाने वाले प्रधानमंत्री कार्यालय में नरेंद्र मोदी ताजा हवा का झोंका लेकर आए। चुनाव के दौरान भाजपा द्वारा किए गए सभी वादों को पूरा करने के अपने इरादे को स्पष्ट रूप से प्रदर्शित करते हुए उन्होंने अपने और

अपनी टीम के लिए एक सजा-के-समान गति निर्धारित करते हुए अपनी पारी की शुरुआत की।

अपने मंत्रियों और नौकरशाहों को व्यवस्थित करने के लिए सबसे पहले मोदी ने वक्त की पाबंदी पर जोर दिया और एक अनुशासन अभियान की शुरुआत की। सरकारी अधिकारियों के दफ्तर में प्रवेश और निकास का समय दर्ज करने और उस पर कड़ी निगरानी रखने के लिए केंद्र सरकार के सभी कार्यालयों में बायोमेट्रिक अटेंडेंस सिस्टम (बीएएस) (जीवमितीय उपस्थिति प्रणाली) स्थापित किए गए। मोदी जो स्वयं 9 बजे तक कार्यालय पहुँच जाते हैं, अपेक्षा करते हैं कि हर कोई न केवल समय की पाबंदी का पालन करे बल्कि अपनी फाइलों को भी अविलंब निकाले और तेजी से निर्णय ले। उन्होंने यह निर्देश भी दिया कि कार्यालयों और भवनों को साफ और स्वच्छ रखा जाए और संकेत दिया कि जो मंत्री और वरिष्ठ नौकरशाह अधिक मेहनत करने के इच्छुक नहीं हैं, वे त्यागपत्र दे सकते हैं। उनका संदेश कॉर्पोरेट-वर्क-एथिक्स (निगमित कार्य नैतिकता) पर आधारित है - पर्फोर्म ऑर पेरिश (निष्पादन अथवा नाश)। इसके साथ ही उन्होंने नौकरशाहों को यह संदेश भी दिया कि वे बिना किसी भय अथवा पक्षपात के काम करें और कोई समस्या हो तो सीधे उनसे संपर्क करें।

चुनौतियाँ

भारत जैसे विविधता-प्रधान व अत्यधिक आबादी वाले देश के प्रबंधन की अपनी ही चुनौतियां हैं। अर्थव्यवस्था, अंतर्राष्ट्रीय संबंध, कौशल और शिक्षा, गरीबी, कृषि, रक्षा, पर्यावरण, ऊर्जा, आंतरिक सुरक्षा, बुनियादी ढांचा और स्वास्थ्य कुछ प्रमुख मुद्दे हैं जिन्हें एक साथ संभालने की आवश्यकता है। फिर भी, प्रधानमंत्री के सामने सबसे बड़ी चुनौती है - भारतवासियों की मानसिकता और दृष्टिकोण में बदलाव लाना। एक नेता एक गति निर्धारित कर सकता है, एक एजेंडा निर्धारित कर सकता है और एक स्पष्ट दिशा-निर्देश दे सकता है, लेकिन काम तो लोगों और सरकारी-तंत्र को करना होता है।

किसी राष्ट्र का मार्ग-निर्धारण करना - जो संयोग से दुनिया का सबसे बड़ा लोकतंत्र हो और अतीत में समस्याओं से भी घिरा रहा हो - और उसे सुरक्षित स्थान पर ले जाना एक बड़े जहाज को चलाने के समान होता है, न कि छोटी स्पीडबोट को जिसे बड़ी आसानी से किसी भी ओर मोड़ा जा सके। इसलिए बदलाव लागू करने और उनके परिणाम दिखाने में समय लगता है। एक राष्ट्र जो दशकों से नीतिगत-पंगुता, बड़े पैमाने पर भ्रष्टाचार और हतोत्साहित आबादी का सामना कर रहा हो उसे नई राह पर लाने में थोड़ा समय तो लगेगा। फिर भी, चाहे प्रधानमंत्री को कई समस्याओं का एक साथ सामना क्यों न करना पड़े, उन्हें प्राथमिकताएँ तो निर्धारित करनी ही होंगी।

प्राथमिकता-निर्धारण : स्थानीय, क्षेत्रीय और वैश्विक

नौकरशाही में लोगों का विश्वास बहाल करना और अपनी टीम से शिक्षा, पानी, ऊर्जा और सड़क-निर्माण की नीतियों में आवश्यक बदलाव लाने के लिए अभिनव विचार आमंत्रित करना मोदी की शीर्ष राष्ट्रीय प्राथमिकताओं में हैं।

इनके इलावा उनके लिए अन्य महत्वपूर्ण क्षेत्र हैं: पारदर्शिता, अर्थव्यवस्था (जिसमें निवेश-सुधार भी सम्मिलित हैं) और टिकाऊ नीतियाँ सुनिश्चित करने के लिए आवश्यक नीति-सुधार। अपने मंत्रियों के कार्य-क्षेत्र निर्धारित करने के पश्चात प्रधानमंत्री ने सबसे पहले अपने लिए एक दोहरे लक्ष्य को प्राथमिकता दी: (i) विदेश-नीति से निपटना और उन सभी देशों के साथ मजबूत संबंध स्थापित करना जो हमारे राष्ट्रीय हित के लिए सबसे अधिक महत्त्व रखते हैं और (ii) इसके साथ ही राष्ट्रीय आत्म-सम्मान को बढ़ावा देना। इस उद्देश्य से उन्होंने कई राष्ट्र-प्रमुखों से बातचीत की है और विदेशों में बसे भारतीयों को हर उपलब्ध अवसर पर संबोधित करके उनमें विश्वास जगाने का प्रयत्न भी किया है।

सत्ता में आने के एक साल के भीतर, मोदी अठारह से अधिक देशों का दौरा कर चुके हैं और वहाँ की सरकारों के मुखिया व प्रवासी भारतीयों से भी बातचीत कर चुके हैं। उनके भाषणों और उनकी बातचीत

ने विदेशी निवेशकों में विश्वास जगाया है और इन यात्राओं के दौरान कई संधियों पर हस्ताक्षर भी किए जा चुके हैं। 2014 की तुलना में, 2015 में फॉरेन डाइरैक्ट इनवेस्टमेंट (एफडीआई) (प्रत्यक्ष विदेशी निवेश) में कई गुना वृद्धि हुई है। जनमत-सर्वेक्षणों से संकेत मिलते हैं कि भारत को उसकी पूर्ण क्षमता प्राप्त करने योग्य बनाने के लिए मोदी की भूमिका को 66 से 77 प्रतिशत भारतीयों ने अनुमोदित किया है।

फोकस में बदलाव

भारत के ग्रोस्स डोमेस्टिक प्रॉडक्ट (राष्ट्रीय सकल उत्पाद) में कृषि-क्षेत्र का योगदान केवल 14 से 18 प्रतिशत है जबकि हमारी 60 प्रतिशत से अधिक आबादी अभी भी कृषि से जीविकोपार्जन करने में लगी है। दूसरे, भारत की कच्चे माल की विशाल संपत्ति के रहते, स्वतन्त्रता के सात दशक बीत जाने के बाद भी हम तैयार माल की बजाय कच्चे माल का निर्यात कर रहे हैं।

प्रधानमंत्री पद पर काम करते हुए मोदी का दर्शन औद्योगीकरण पर केंद्रित है जिससे रोजगार बढ़ेंगे, लोगों की क्रय-शक्ति में इजाफा होगा और देश में समृद्धि आएगी और फलस्वरूप अर्थव्यवस्था में भी बड़ा सुधार होगा। औद्योगीकरण से यह भी सुनिश्चित होगा कि हमारे विशाल राष्ट्रीय संसाधन पूरी तरह से उपयोग में लाए जाएँ और हमारी युवा आबादी को पूरी तरह से व्यस्त रखा जाए। जिन हजारों लोगों को आय की कमी के कारण कृषि-क्षेत्र छोडकर शहरों में आना पड़ा है उन्हें भी किसी-न-किसी उद्योग में काम दिया जा सकता है।

चुनावों से पहले नरेंद्र मोदी द्वारा किए गए वादों ने जनता के दिलों में उनसे बहुत सारी उम्मीदें जगा दी हैं और वे चाहने लगे हैं कि कुछ बड़ा हो और शीघ्र हो। फिर भी उन्हें विश्वास है कि मोदी जो भी करेंगे ठीक करेंगे और परिणाम सामने आने में समय लगेगा।

जवाबदेही की आवश्यकता

मोदी काम से मतलब रखते हैं। वह स्वयं वर्कहॉलिक हैं जो दिन में सोलह से अठारह घंटे काम करते हैं। कॉरपोरेट (निगमित) जगत में सीईओ को भी काम से अवकाश मिलता है, बड़े-बड़े संगठन भी शनिवार व रविवार को छुट्टी करते हैं, लेकिन एक राष्ट्र कभी नहीं सोता! और मोदी अपने दायित्व को इसी नजरिये से देखते हैं, उसकी गंभीरता को समझते हैं, और अपेक्षा करते हैं कि उनके मंत्री और नौकरशाह भी उनके साथ कंधे से कंधा मिलाकर काम करेंगे। उन्होंने कई मौकों पर कहा भी है, 'अभी तक मैंने एक दिन की भी छुट्टी नहीं ली।'

इस प्रकार वह एक अच्छे नेता के एक और महान गुण का परिचय देते हैं - अपनी कार्यशैली निर्धारित करना और उसे निरंतर बनाए रखना। एक साधारण नेता निर्देश व आदेश जारी करता है और फिर अपेक्षा करता है कि हर काम स्वचालित ढंग से होता रहेगा। इसके विपरीत एक महान नेता एक बड़े कार्य के लिए न केवल गति निर्धारित करता है बल्कि कार्य के सम्पन्न होने तक लक्ष्य का पीछा करता रहता है और कार्य की प्रगति के लिए उन्मत्त गति बनाए रखता है।

मोदी के लिए फॉलो-अप एक्शन (अनुवर्ती कार्रवाई) का बहुत महत्व है। यदि किसी बैठक में सब मामलों का समाधान नहीं हो पाता तो एजेंडे को अंतिम रूप देने के लिए वह शीघ्र ही दूसरी बैठक बुलाते हैं। दुर्भाग्य की बात है कि हमारे अधिकतर राजनीतिक नेताओं के पास ना तो इस प्रकार की प्रेरणा है और ना ही दृढ़ संकल्प। मोदी के मंत्रियों और वरिष्ठ नौकरशाहों को स्पष्ट रूप से निर्देश दिये जाते हैं कि बैठक में अपनी बात प्रस्तुत करने के लिए वे सिद्धांतों और बयानबाजियों से बचें और बुलेट-पॉइंट- प्रेजेंटेशन्स या ऐसे ही किसी दूसरे माध्यमों का सहारा लेकर बात को यूं प्रस्तुत करें कि वह मुद्दे पर ही संक्षिप्त हो और स्पष्ट हो। सामान्य व अस्पष्ट सिद्धांतों की बजाय मोदी विशिष्ट कार्य-बिंदुओं को प्राथमिकता देते हैं।

जैसा कि ऊपर उल्लेख किया गया है मंत्रियों और कर्मचारियों के दिन की शुरुआत सुबह 9 बजे होती है और 9.30 तक बैठकें शुरू हो जाती

हैं जो किसी-किसी मामलों में दोपहर लंच-टाइम तक चलती रहती हैं। हालांकि, प्रधानमंत्री दोपहर बाद भी देर शाम तक बैठकें करते रहते हैं।

इन बैठकों का माहौल निजी क्षेत्र में बड़ी कंपनियों की बोर्ड-मीटिंग्स जैसा होता है। अधिकांश मंत्री रात 9 बजे के बाद ही दफ्तर से निकल पाते हैं और उस समय भी बकाया काम अपने साथ घर ले जाते हैं। कर्मचारी और नौकरशाह तब तक दफ्तर नहीं छोड़ पाते जब तक उनके मंत्री घर नहीं चले जाते। जब भी अतिरिक्त कार्य-भार रहता है—जो कि अक्सर रहता ही है—मंत्रीगण अपने अधिकारियों से जानकारी प्राप्त करने अथवा लंबित मुद्दों पर चर्चा करने के लिए उन्हें सुबह जल्दी या देर शाम को भी बुला लेते हैं।

भारत में सरकारी विभागों में इतनी कुशल और व्यवसायिक कार्य-संस्कृति बहुत लंबे समय से देखने को नहीं मिली थी। यदि आप घड़ी की सूइयों को पीछे नहीं घुमा सकते तो आपको तुरंत फास्ट-फॉरवर्ड (तेजी से आगे बढ़ने वाले) बटन को दबाने की जरूरत होती है। मोदी ने भी ठीक यही किया है। जिस देश में प्राय: हर क्षेत्र में समस्याएँ हों उसे ऐसी सरकार की जरूरत होती है जो न केवल काम करे बल्कि तेजी से काम करे।

अखंडता बनाए रखना

लोग मोदी को एक उद्यमी प्रधानमंत्री के रूप में देखते हैं जो ऐसी व्यवस्थाएँ स्थापित करना चाहते हैं जो उत्पादकता और जवाबदेही पर पूरी नजर रख सकें। वह चाहते हैं कि उनके मंत्री और अधिकारी-गण पक्षपात, अक्षमता एवं व्यक्तिगत हितों से ऊपर उठकर काम करें। उन्होंने अपने मंत्रियों को बड़े स्पष्ट रूप से निर्देश दिये हैं कि वे अपने किसी रिश्तेदार को अपने निजी सचिवों के रूप में नियुक्त नहीं करेंगे।

तकनीक-प्रेमी होने के नाते, मोदी ने भ्रष्टाचार को जड़ से उखाड़ने के लिए टेक्नोलॉजी पर आधारित प्रणालियाँ लाने के प्रयत्न किए हैं। ऐसी ही एक पहल एलपीजी सब्सिडी (तरल पेट्रोलियम गैस की आर्थिक मदद) (एक वर्ष में बारह 14.2 किलोग्राम रसोई गैस सिलेंडरों पर मिलने वाली आर्थिक मदद) को डायरेक्ट बेनिफिट ट्रांस्फर स्कीम (प्रत्यक्ष लाभ

हस्तांतरण योजना) के तहत उपभोक्ता के बैंक खाते के साथ जोड़ने के लिए की गई है। जैसे ही उपभोक्ता अपना सिलेंडर बुक करता है, सिलेंडर के सब्सिडी वाले मूल्य और बाजार-भाव के बीच के अंतर की धन-राशि सीधे उसके बैंक खाते में ट्रान्सफर कर दी जाती है। इस प्रकार वास्तविक घरेलू उपभोक्ताओं को मिलने वाला आर्थिक लाभ सीधे उन तक पहुँचता है और किसी बिचौलिए के हाथ नहीं लगता। इस योजना द्वारा यह भी सुनिश्चित किया जाता है कि सब्सिडी घरेलू उपभोक्ताओं को ही मिले और वह भी सिलेंडरों की सीमित संख्या पर ही मिल पाए। इससे सरकार को हजारों करोड़ रुपयों की बचत होती है।

टर्नअराउंड रणनीति और नेतृत्व शैली

Do what you think is right. Don't let people make the decision of right or wrong for you.

— Steve Maraboli

आपको जो ठीक लगे वही करें लोगों को आपके लिए सही या गलत का निर्णय न करने दें

-स्टीव मारबोली

कई दशकों तक खराब शासन बर्दाश्त कर रहे राष्ट्र के दर-पेश असंख्य मुद्दों को एक साथ सुलझा पाना आसान काम नहीं है—मोदी को एक पिछड़ी हुई अर्थव्यवस्था, उच्च मुद्रास्फीति, भ्रष्टाचार से ग्रस्त प्रणाली और घटते हुए रोजगार की स्थिति विरासत में मिले हैं। उनके आलोचकों का कहना है, 'गुजरात पर शासन करना एक बात है और देश पर शासन करना दूसरी बात।' केंद्र-सरकार में कोई अनुभव न होते हुए और प्रधानमंत्री के पद पर पहली बार काम करते हुए भी मोदी से अपेक्षा की जाती है कि वह मुद्रास्फीति पर काबू पाएँ, रोजगार पैदा करें और विदेशी निवेश को प्रोत्साहित करने के लिए लालफीताशाही को खत्म करें।

ऐसी स्थिति से निपटने के लिए नेतृत्व की दो शैलियाँ होती हैं पहली है निरंकुश शैली - जहाँ नेता एक दृढ़ रुख अपनाते हुए हर प्रकार की बेहूदा व निरर्थक बकवास को दर-किनार करते हुए केंद्र से नियंत्रित होने वाले तंत्र की स्थापना करता है और अपनी नीतियों को जबरदस्ती जनता पर थोपने की कोशिश करता है चाहे उसके लिए उसे सख्ती ही क्यों न बरतनी पड़े।

दूसरी शैली है: सामने से नेतृत्व करना - इसके लिए अपने काम की पूरी समझ और साहस की जरूरत होती है। ऐसा नेता अपने आपको किसी भी प्रकार की स्थिति में ढकेलने के लिए तत्पर रहता है ठीक उसी तरह जैसे युद्ध के मैदान में अपनी टुकड़ी का नेतृत्व करते हुए एक कमांडर पहले खुद खदान-क्षेत्र में पाँव रखता है। इसका टीम पर सकारात्मक प्रभाव पड़ता है और यह बहुत लाभप्रद सिद्ध होता है। ऐसे नेता सर्वशक्तिमान और सर्वव्यापी होते हैं, हालांकि यह शैली थोड़ी कठिन जरूर है लेकिन बहुत प्रेरक और प्रदर्शनात्मक भी है।

नरेंद्र मोदी ने इन दोनों शैलियों को बड़ी बुद्धिमत्ता से मिश्रित किया है और बड़े प्रभावी ढंग से उनका उपयोग भी किया है। उन्होंने स्थिति पर मजबूत पकड़ बनाए रखने के लिए और कार्य को जल्द समझने के लिए केंद्रीकृत नियंत्रण का विकल्प चुना है क्योंकि इससे नेता को अपने नियंत्रण-क्षेत्र के हर प्रमुख पहलू से भली-भांति परिचित होने का बढ़िया मौका मिलता है।

मोदी प्रधानमंत्री-कार्यालय का प्रयोग सब मंत्रालयों पर अपने नियंत्रण की बागडोर को कसने, उन्हें जवाबदेह बनाने और अपने लक्ष्यों की प्राप्ति के लिए उनसे निर्धारित गति से काम निकलवाने के लिए करते हैं। उन्होंने राज्यों के मुख्यमंत्रियों से भी निरंतर संपर्क बनाए रखा है क्योंकि विकास-प्रक्रिया में उनकी भूमिका भी बहुत महत्व रखती है। जाहिर है इस तरह का कदम नियंत्रण को केंद्रीकृत करता है हालांकि कई बार कई मामलों में अड़चनें भी पैदा करता है।

जो लोग मोदी के अत्यधिक केंद्रीकरण व नियंत्रण के लिए उनकी आलोचना करते हैं वे साल-भर पहले नियंत्रण के अभाव के लिए गत प्रधानमंत्री डॉ मनमोहन सिंह की आलोचना किया करते थे। जब तक

एक नेता परिणाम दिखाने में सफल रहता है - उसे अपनी शैली चुनने की पूर्ण अनुमति होनी चाहिए।

आज हमारे देश को मजबूत नेतृत्व की जरूरत है एक ऐसे व्यक्ति की जरूरत है जो देश को आगे ले जा सके और जनता व सरकारी तंत्र को उनकी निद्रा व तंद्रा से बाहर निकाल सके। नहीं तो आप उस प्रणाली को कैसे बदल सकते हैं जो बदलना ही नहीं चाहती? मुझे लगता है कि नरेंद्र मोदी द्वारा अपनाए गए तरीकों और साधनों के अलावा देश को संभालने का कोई और बेहतर तरीका हो ही नहीं सकता।

प्रमुख उपलब्धियां

पड़ोसी देशों और कई पश्चिमी देशों के साथ अच्छे संबंध स्थापित करने के अलावा, मोदी सरकार ने आम आदमी के लिए कई नए कामों की शुरुआत की है। यह काम–जिनमें से कुछेक का उल्लेख नीचे किया गया है–देश भर में हो रहे हैं और पूरी तरह से चालू होने में कुछ समय लेंगे।

1. छह करोड़ छोटे विक्रेताओं की सहायता के लिए मुद्रा बैंक की शुरुआत।
2. किसानों को पानी की आपूर्ति सुनिश्चित करने के लिए प्रधानमंत्री कृषि सिंचाई–योजना।
3. सब विद्यालयों में शौचालयों की व्यवस्था।
4. जनधन योजना के तहत खोले गए सोलह करोड़ से अधिक बैंक खाते।
5. कोयले की नीलामी से तीन लाख करोड़ रुपये से भी ज्यादा की कमाई।

प्रधानमंत्री एक साथ ऐसी कई शुरुआत पर काम कर रहे हैं। कुछ रणनीतियाँ तत्काल परिणाम दिखाती हैं जबकि कई मध्य अथवा दीर्घकालिक परिणामों पर केंद्रित होती हैं।

प्रधानमंत्री के लिए सबसे बड़ी चुनौती यह सुनिश्चित करने की है कि सांसद, विधायक और जमीनी स्तर पर काम करने वाले जन–प्रतिनिधि

भ्रष्टाचार में लिप्त न हों और उनकी गति और उनकी (प्रधानमंत्री की) सोच के साथ तालमेल बिठा कर काम करें। लेकिन वह प्रणाली और लोगों की वह जमात जो काम करने की अभ्यस्त न हो, जिनके दिलो-दिमाग में 'कुछ भी चलता है' का रवैया घर कर चुका हो, जो थोड़ा-सा मौका मिलने पर भी रिश्वत लेने या देने के लिए तैयार रहते हों, उन्हें बदलना थोड़ा मुश्किल तो होगा।

प्रधानमंत्री से सब कुछ ठीक करने की उम्मीद करने के बजाय, जरूरी है कि पहले लोग अपनी मानसिकता को, अपने रवैये को ठीक करें और अपने घर को व्यवस्थित करें।

'You can't depend on your eyes when your imagination is out of focus.

—Mark Twain'

'आपकी कल्पना फोकस से बाहर हो तो आप अपनी आंखों पर भरोसा नहीं कर सकते।'

-मार्क ट्वेन

एक शानदार नेता और वक्ता से सबक

- **एक महान नेता जो कहता है वह करके दिखाता है:** भाषण देना आसान है लेकिन परिणाम दिखाना मुश्किल। इस अध्याय में हमने नरेंद्र मोदी की नेतृत्व शैली की जांच की है, जो उन वादों पर खरी उतरती है जो उन्होंने राष्ट्र से किए। उन्होंने अच्छे, प्रभावी और पारदर्शी शासन का वादा किया था और उनका कार्य-दर्शन यह साबित करता है कि वह सही जा रहे हैं और अपने काम को लेकर संजीदा हैं। एक नेता को न केवल अपना विजन (दृष्टिकोण) जनता तक पहुँचाना होता है बल्कि उसे कार्यान्वित करने के लिए अपनी पूरी टीम को बड़ी स्पष्टता से खेल के नियम भी बताने होते हैं। मोदी ने यही किया है। मोदी के उनके मिशन के प्रबंधन से बहुत कुछ सीखा जा सकता है।
- **करो या मरो:** उन्होंने अपने मंत्रियों और नौकरशाहों की टीम को अच्छी तरह से स्पष्ट कर दिया है कि तंत्र-प्रणाली तुरंत कुशल एवं उत्तरदायी बन जानी चाहिए।
- **अच्छी तरह से परिभाषित प्राथमिकताओं वाला एजेंडा:** नरेंद्र मोदी की सर्वोच्च प्राथमिकता है सरकार को फास्ट-ट्रैक (तेज-गति) पर चलाना। गति निर्धारित करने के बाद उन्होंने उन सभी देशों से संबंध बनाने की चेष्टा की है जो हमारे लिए मायने रखते हैं।
- **केंद्रित दृष्टिकोण-प्रगति की कुंजी:** मुफ्त सुविधाएँ बाँटने के लोक-लुभावन व आसान तरीके अपनाने के बजाय मोदी ने ठोस नीतिगत बदलाव लाने का कठिन रास्ता चुना है जो प्रगतिशील भारत के निर्माण के लिए मजबूत आधार-शिला का काम करेगा।
- **नेतृत्व के खुद आगे आने के उदाहरण से टीम का मनोबल बढ़ाना:** मोदी ने अपने स्वयं के उदाहरण से अपने उद्देश्य की निश्छलता का प्रदर्शन किया है। उनके अधीनस्थ लोग उन्हें समय का पाबंद, मतलब की बात करने वाले, पूर्णतः चौकस और मेहनती नेता के रूप में देखते हैं।

- **सत्यनिष्ठा जवाबदेही और पारदर्शिता-नेतृत्व के मूल लक्षण:** मोदी ने शीर्ष अधिकारियों को सूचित कर दिया है कि वह उनसे पूर्ण सत्यनिष्ठा की उम्मीद रखते हैं और अपेक्षा करते हैं कि वे अपने रोज-मर्रा के काम में पूरी जवाबदेही व पारदर्शिता का परिचय देंगे।
- **एक अद्वितीय नेतृत्व शैली:** अधिकांश राजनीतिक नेता यह तो तय कर लेते हैं कि सत्ता में आने के बाद वे क्या-क्या करेंगे लेकिन उनमें बहुत कम नेता ऐसे होते हैं जो स्पष्ट रूप से यह बता सकें कि वे जो भी करना चाहते हैं उसे कैसे करेंगे। मोदी ने देश-विदेश में अपने भाषणों में अपने दर्शन और उसे कार्यान्वित करने के लिए बनाए गए रोडमैप को बहुत स्पष्ट रूप से बताया है और उसे अपनी कार्य-शैली में प्रदर्शित भी किया है।

2

एक संयमी सैनिक

आत्म-अनुशासन, आध्यात्मिकता और सादगी

Possessions, outward success, publicity, luxury – to me these have always been contemptible. I believe that a simple and unassuming manner of life is best for everyone, best for both the body and the mind

—Albert Einstein

संपत्ति, बाहरी सफलता, प्रसिद्धि, भोग-विलास - ये सब मेरे लिए हमेशा तिरस्कारपूर्ण रहे हैं। मेरा मानना है कि सादी व सरल जीवन-शैली हर व्यक्ति के लिए सर्वोत्तम होती है शरीर और मन के लिए भी

-एल्बर्ट आइन्स्टाइन

एक सरल व अनुशासित जीवन शैली

आठ वर्ष की आयु से ही मोदी के आरएसएस के प्रशिक्षण ने उन्हें अनुशासित व व्यवस्थित रहना सिखा दिया था और उनमें देशभक्ति की भावना व कड़ी मेहनत करने की प्रवृत्ति और योग्यता पैदा कर दी थी। घरेलू मोर्चे पर भी उनके परिवार का आदर्श हमेशा से यही रहा 'सादा जीवन व उच्च विचार'।

अक्तूबर 2001 में गुजरात के मुख्यमंत्री का पद-भार संभालना उनकी पहली भारी राजनीतिक नियुक्ति थी। और इस पद पर लगातार चार बार बने रहने के बावजूद उन्होंने बेहद सादा जीवन जिया। एशियन न्यूज इंटरनेशनल की संपादक स्मिता प्रकाश ने जब मोदी का मुख्यमंत्री व भाजपा के प्रधानमंत्री पद के उम्मीदवार के रूप में साक्षात्कार किया तो उन्होंने पाया कि वह अत्यंत सरल व सादा जीवन व्यतीत कर रहे थे।

स्मिता प्रकाश को उनकी बेहद सादा व न्यूनतम साज-सज्जा वाली साफ-सुथरी बैठक देखकर बड़ा आश्चर्य हुआ था। उसमें एक भी कीमती शोपीस नहीं था। केवल दो साधारण-सी कुर्सियाँ थीं, विवेकानंद की मूर्ति थी और गमलों में कुछ पौधे थे। स्मिता–जो अन्य कई शक्तिशाली राजनेताओं का साक्षात्कार कर चुकी थीं–ने लिखा कि ऐसे अधिकांश घरों में महंगे फर्श होते हैं, कीमती सजावट होती है। उसने इस बात का भी उल्लेख किया कि जब मोदी कमरे में आए, तो उनके साथ कोई 'चमचे' अथवा दरबारी लोग नहीं थे, कोई सहायक नहीं थे, उनके लिए कोई दरवाजे नहीं खोल रहा था; न ही उन्होंने साक्षात्कार के लिए कोई पूर्व शर्तें ही निर्धारित की थीं। अत्यंत व्यस्त अभियान-दिनचर्या के बावजूद उन्होंने सत्तर मिनट का साक्षात्कार दिया - अधिकांश सत्ताधारी राजनेताओं के विपरीत जो अत्यंत व्यस्त होने का दिखावा करते हैं और साक्षात्कारकर्ता को वांछित समय कभी नहीं देते। इंटरव्यू के अंत में उन्होंने लिखा, 'मन-ही-मन मैं सोच रही थी कि यदि यह व्यक्ति प्रधानमंत्री बना और इसी अंदाज से चलता रहा तो 7 रेस कोर्स रोड (प्रधानमंत्री के आधिकारिक निवास-स्थान) को एक मठ में जरूर तबदील कर देगा![1]

प्रधानमंत्री बनने के बाद भी मोदी ने कभी यह अपेक्षा नहीं की कि कोई उनके पाँव छुए या उनके आस-पास ऐसा कोई और आडंबर रचा जाए। विदेशी गणमान्य व्यक्तियों के लिए आयोजित उनके आधिकारिक भोज के मेन्यु (खाद्यान्न की सूची) में शाकाहारी व्यंजनों की बहुतायत होती है, जबकि उनके सरकारी दौरों पर यह सुनिश्चित किया जाता है कि उनके लिए शुद्ध शाकाहारी भोजन ही परोसा जाए। यहाँ तक कि उनके आधिकारिक विमान में भी वाइन / शराब और मांसाहारी भोजन कतई नहीं परोसा जाता। 2015 में उनके चीन के दौरे के दौरान जब राष्ट्रपति

शी जिनपिंग ने उनके लिए दावत का आयोजन किया तो चीनियों ने भी एकदम शाकाहारी मेन्यू रखा। अमेरिका-यात्रा के दौरान, राष्ट्रपति बराक ओबामा ने जब उन्हें व्हाइट हाउस में रात के खाने के लिए आमंत्रित किया तो मोदी ने नवरात्रि के अपने उपवास का पालन किया और कुछ भी खाने से परहेज किया।

यह पहली बार हुआ है कि भारत का कोई प्रधानमंत्री विश्व को बता रहा है कि वह क्या चाहता है और दुनिया उसका सम्मान कर रही है। खादी और गांधी टोपी पहनना एक बात है, परंपराओं के अनुसार अपने नियम बनाना और उनका पालन करना दूसरी बात। इससे दुनिया भर में विशेषकर विदेशों में रह रहे भारतीय समुदायों की नजरों में उनका सम्मान भी बढ़ा है।

सुबह जल्दी उठना

पैंसठ वर्ष की उम्र के नरेंद्र मोदी अपनी कैबिनेट (मंत्री-मंडल) के वरिष्ठ एवं वृद्ध सदस्यों में गिने जाते हैं। वह केवल पांच घंटे की नींद लेते हैं और रात में चाहे जितना भी देर से सोएँ, सुबह 5 बजे उठ जाते हैं। दिन की शुरुआत वह चाय के एक कप के साथ करते हैं और फिर योग और प्राणायाम करते हैं।

सुबह 9 बजे अपना पहला आधिकारिक कार्य शुरू करने से पहले मोदी हल्के-फुल्के नाश्ते व फलों का सेवन करते हैं। फिर फुर्ती से पीएमओ की वेबसाइट खँगालते हैं, कुछ जरूरी मुद्दों की समीक्षा करते हैं और पिछले दिन प्राप्त हुई ट्वीट्स पर एक नजर डालते हैं।

राष्ट्रीय और अंतरराष्ट्रीय मामलों के बारे में खुद को अपडेटेड (अद्यतन) रखने पर वह खास ध्यान देते हैं। इसलिए अखबारों व उनमें से पेश की गई आधिकारिक प्रेस-कतरनों का भी संज्ञान लेते हैं। रात में डिनर लेते समय वह टेलीविजन पर समाचार-चौनलों पर नजर दौड़ाते रहते हैं और वक्त रहते स्टूडियो-डिबेट्स (टेलीविजन-केन्द्रों में होने वाले बहस-मुबाहिसे) भी देख लेते हैं।

मोदी अच्छी-खासी सौदेबाजी भी कर लेते हैं और सरकार की एक

कौड़ी भी व्यर्थ खर्चवाना पसंद नहीं करते। गुजरात में अपने मुख्यमंत्री के कार्यकाल के दौरान वह सरकारी परियोजनाओं के निष्पादन के लिए ठेकेदारों के साथ कड़ी सौदेबाजी करने के लिए जाने जाते थे।

स्पिक और स्पैन (साफ-पसंद)

मोदी स्वच्छता के दीवाने हैं। उन्हें अपना घर, दफ्तर और परिवेश हमेशा स्पिक और स्पैन (बिल्कुल साफ-सुथरे) चाहिए। वह अपने स्टाफ (कर्मचारियों) से भी अपेक्षा करते हैं कि वे उनके आस-पास पूरी सफाई रखें। कई काम तो वह खुद भी कर लेते हैं। वह अपनी अलमारी अच्छी तरह से व्यवस्थित रखना पसंद करते हैं और अपना कार्यालय डेस्क बिल्कुल साफ-सुथरा रखते हैं।

जवानी के दिनों में उन्होंने कपड़े इस्त्री करने का एक अनोखा तरीका ढूंढ रखा था। क्योंकि बिजली उपलब्ध नहीं होती थी तो वह पीतल के एक छोटे से बर्तन में गर्म पानी भरकर उसी को इस्त्री के रूप में इस्तेमाल कर लिया करते थे।

संगीत, किताबों और जानवरों के प्रति प्रेम

संगीत और लय मोदी के खून में हैं। जापान के एक राजकीय दौरे के दौरान वह टोकियो के टेकनॉलोजी एंड कल्चर अकेडेमी (प्रौद्योगिकी व संस्कृति अकादमी) के उद्‌घाटन के मौके पर मोदी ने बिनापूर्व-अभ्यास के अकेले ही एक 'टाइको ड्रम' बजाया। मंगोलिया की यात्रा पर राष्ट्रपति सखियागिन एल्बेगदोर से मुलाकात के दौरान उन्होंने एक मंगोलियाई वाद्य यंत्र भी बजाया। बाद में दिन में उन्होंने युचीन नाम के वाद्य-यंत्र पर भी हाथ आजमाया जो तारों को छोटे-छोटे दो मैलेट्स से ठोककर बजाया जाता है।

मोदी पशुओं से भी बहुत प्रेम करते हैं और उनकी सुरक्षा व देखभाल के लिए हर संभव प्रयास करते रहते हैं। गुजरात के मुख्यमंत्री के रूप में वह पशुओं के लिए बढ़िया स्तर की स्वास्थ्य सुविधाएँ प्रदान करने के लिए निरंतर प्रयास करते रहे और उनकी सरकार ने नियमित रूप से

पशुपालन-मेलों का आयोजन शुरू किया। ऐसे अवसरों पर पशुओं के लिए चिकित्सकीय देखभाल जैसे कि दंत-चिकित्सा अथवा हड्डी-रोग-उपचार आदि का प्रबंध भी किया जाता था। उन्होंने पशु-छात्रावास का विचार भी पेश किया। मोदी द्वारा अकरदा गाँव में पायलट-प्रोजेक्ट (अग्रगामी-परियोजना) के रूप में स्थापित किए गए ऐसे ही एक पशु-छात्रावास में आज 1100 से भी अधिक गायों को आश्रय मिला है। नतीजतन सड़कों पर गाय का गोबर देखने को नहीं मिलता और एक जगह पर एकत्रित किए जा रहे गोबर का उपयोग बायोगैस बनाने के लिए किया जाता है।

प्रधानमंत्री के रूप में उन्हें किताबें पढ़ने के लिए ज्यादा समय नहीं मिलता लेकिन चूंकि उन्हें बचपन से ही किताबें पढ़ने का शौक था वह अपनी रुचि के विषयों पर कुछ-न-कुछ किताबों का ऑर्डर करते रहते हैं और उन्हें हवाई-यात्रा आदि के समय पढ़ने के लिए अपने साथ भी ले जाते हैं।

आध्यात्मिक व्यक्ति

नरेंद्र मोदी अत्यंत आध्यात्मिक और धार्मिक व्यक्ति हैं। जबकि धर्म आम तौर पर एक ही दिव्य शक्ति के होने की कल्पना करता है, एक ऐसी शक्ति की जिसने ब्रह्मांड का निर्माण किया है और जो हमारे भाग्य का नियंत्रण करती है, अध्यात्म का विचार थोड़ा अधिक झरझरा एवं लचीला होता है। आध्यात्मिकता, संपूर्णता, वास्तविकता और व्यक्तिगत प्रामाणिकता तक पहुँचने की एक आंतरिक प्रक्रिया है। यह व्यक्ति को उसके जीवन का अर्थ व उद्देश्य समझने में भी मदद करती है। इसका लक्ष्य है मनुष्य को स्वयं और समुदाय से जोड़ना। इस नजरिये से देखा जाए तो मोदी धार्मिक से अधिक आध्यात्मिक व्यक्ति हैं। वह एक कर्मयोगी हैं जो सामूहिक कल्याण में विश्वास रखते हैं, जो अपने देश और देश-वासियों से प्रेम करते हैं और किसी उद्देश्य से जीवन जीते हैं।

वह धर्म और अध्यात्म को बड़े सुंदर ढंग से जोड़ते हैं। उदाहरण के लिए, वह साल में दो बार नौ-नौ दिन का नवरात्रि का उपवास रखते हैं। इसे वह आत्म-शुद्धि की प्रक्रिया के रूप में देखते हैं। इससे उन्हें शक्ति

मिलती है लचीलापन मिलता है और उनकी इच्छाशक्ति मजबूत होती है। नौ दिन तक वह केवल फलों और नींबू-पानी का सेवन करते हैं। यह उपवास वह पिछले चालीस से भी अधिक वर्षों से रखते आए हैं और आज भी इनका अनुपालन पूरी ईमानदारी और श्रद्धा से करते हैं। वह चाहे व्हाइट हाउस से डिनर का निमंत्रण हो या अमेरिका के बड़े-बड़े सीईओज (मुख्य अधिशासी अधिकारियों) की बैठक, मोदी के उपवास की प्रक्रिया नियमित रूप से चलती है। लेकिन उपवास में रहते हुए भी इनकी निर्धारित दिनचर्या का पूरी संजीदगी से पालन करते हैं। इससे वह अपनी भाषण-सभाओं, आधिकारिक बैठकों अथवा अन्य सरकारी कार्यों में कोई बाधा नहीं आने देते। उपवासों के चलते उनके कार्यक्रमों में किसी प्रकार की कोई कटौती नहीं होती।

मोदी का अटूट विश्वास है कि देश तभी आगे बढ़ेगा जब देशवासी प्राचीन ग्रन्थों में दिए गए सिद्धांतों का अनुपालन करेंगे। उनकी श्री श्री रवि शंकर, माता अमृतानंदमयी व दूसरे आध्यात्मिक गुरुओं से भी अच्छी बनती है। उनका दृढ़ विश्वास है कि निकट भविष्य में भारत एक विश्व-नेता बनेगा और इसका मुख्य कारण होंगे हमारे मजबूत आध्यात्मिक व पारंपरिक मूल्य।

मोदी और योग

नरेंद्र मोदी साल में लगभग 300 दिन योग-साधना करते हैं। फिर भी उनके लिए यह बात महत्त्व नहीं रखती कि आप कितने दिन योग करते हैं बल्कि महत्त्व यह बात रखती है कि आप कितने नियमित ढंग से योग करते हैं। मोदी योग, प्राणायाम और ध्यान तीनों को मिलाकर साधना करते हैं।

पिछले पंद्रह सालों में टीवी ने योग को बहुत दृश्यता प्रदान की है। इसे घर-घर पहुँचाया है। इसकी लोकप्रियता में बाबा रामदेव जैसे लोगों का भी बड़ा योगदान है। उन्होंने इसे देश-विदेश में बसे लाखों भारतीयों तक पहुँचाने में इलेक्ट्रॉनिक मीडिया (संचार माध्यम) का भी बड़े सकारात्मक तरीके से इस्तेमाल किया है। सब लोग योग को पूर्णतया भारतीय मानते

हैं और इस बात पर हम भारतीयों को गर्व है।

संयुक्त राष्ट्र (यूएन) की जनरल असेंबली (सामान्य सभा) को संबोधित करते हुए मोदी ने विश्व-नेताओं को योग के लाभ समझने का आग्रह किया और वर्ल्ड योग डे (विश्व योग दिवस) की शुरुआत करने को कहा। उनकी अपील ने असेंबली को प्रभावित किया और भारत के लिए अत्यंत गर्व के क्षण में संयुक्त राष्ट्र द्वारा 21 जून को 'अंतर्राष्ट्रीय योग दिवस' के रूप में मनाने की घोषणा कर दी गई। 'अंतर्राष्ट्रीय योग दिवस' को हमेशा मोदी के दिमाग की उपज के रूप में देखा जाएगा।

कुल मिलाकर 177 देशों ने नरेंद्र मोदी के प्रस्ताव का समर्थन किया जब उन्होंने कहा,

> हमें अपनी जीवन-शैली को बदलने की जरूरत है। भारत में हमारे लिए प्रकृति का सम्मान हमारे अध्यात्म का अभिन्न अंग है। हम राष्ट्र की संपदा को पवित्र मानते हैं। योग हमारी प्राचीन परंपरा का एक अमूल्य उपहार है। योग मन और शरीर, विचार और क्रिया, की एकता का प्रतीक है। यह संयमित आपूर्ति है, मनुष्य और प्रकृति के बीच का सामंजस्य है, हमें स्वास्थ्य और आनंद की ओर ले जाने वाला समग्र दृष्टिकोण भी है। योग व्यायाम ही नहीं है बल्कि अपने, विश्व और प्रकृति के साथ एकीकरण की अनुभूति भी है ... आइए अंतर्राष्ट्रीय योग दिवस मनाने की दिशा में कार्य करें।

Simplify your life. You don't grow spiritual,
you shrink spiritual.

—Steve Maraboli

अपने जीवन को सरल बनाएँ। आध्यात्मिकता
में आप फैलते नहीं सिकुड़ते हैं।

-स्टीव मारबोलिक

एक शानदार नेता और वक्ता से सबक

- **साधारण जीवन शैली:** कई महान नेता साधारण जीवन शैली से ही लोगों को प्रभावित करते हैं। हालांकि मोदी अच्छे कपड़े पहनने के शौकीन हैं, वह किफायती जीवन जीने में विश्वास रखते हैं।
- **आध्यात्मिक व धार्मिक प्रवृत्ति:** आधयात्म व ईश्वर में आस्था रखने वाले लोग हमेशा श्रोताओं पर अमिट छाप छोड़ते हैं। नरेंद्र मोदी केवल अपने जीवन व कार्य-क्षेत्र में ही नहीं आध्यात्मिकता के अनुपालन में भी अनुशासित है। वह श्रद्धा से उपवास रखते हैं फिर भी अपना रोज-मर्रा का सरकारी कार्य-भार बिना किसी रुकावट के जारी रखते हैं।
- **अपनी विरासत और संस्कृति पर गर्व:** मोदी भारतवासियों को अपनी विरासत और संस्कृति पर गर्व करने के लिए कहते हैं तो एकदम प्रामाणिक प्रतीत होते हैं क्योंकि वह स्वयं भारतीय परंपराओं का कट्टरता से अनुसरण करते हैं।
- **ललित कलाओं एवं पढ़ने की आदत से व्यक्तित्व का विकास:** नरेंद्र मोदी को संगीत से बहुत प्रेम है। कभी-कभी वह मनोरंजन अथवा तफरीह के लिए संगीत वाद्ययंत्र भी बजा लेते हैं। उन्हें पढ़ने का भी बहुत शौक है। उनकी पढ़ने की आदत उन्हें उनके वक्तव्यों के लिए वांछित सामग्री एकत्रित करने में मदद करती है और उनका संगीत-प्रेम उन्हें सौहार्दपूर्ण व ऊर्जावान बनाता है।
- **प्रभावी प्रबंधक व नेता पूर्णतया व्यवस्थित होते हैं:** वे कभी अस्त-व्यस्त नहीं दिखते और हमेशा अच्छी वेश-भूषा में रहते हैं। नरेंद्र मोदी भी हमेशा अवसर के अनुसार अच्छे कपड़े पहनकर रखते हैं और दर्शकों से बात करने के लिए मंच पर खड़े होते हैं तो एकदम तरो-ताजा एवं तनावमुक्त दिखते हैं।
- **फिट और स्वस्थ रहना हर व्यक्ति के लिए महत्वपूर्ण होता है:** व्यायाम करने के लिए हर व्यक्ति को उचित समय देना पड़ता है। लेकिन नियमित रूप से व्यायाम करना ही स्वस्थ

रहने का मूल-मंत्र है। भारी व्यस्तता के बावजूद प्रधानमंत्री मोदी योग व प्राणायाम की अपनी रोजाना की खुराक के लिए समय निकाल ही लेते हैं।

- **एक अच्छे वक्ता को सम-सामयिक मामलों से पूरी तरह अवगत रहना चाहिए:** समाचार पत्र पढ़ना या रेडियो अथवा टीवी पर समाचार सुनते रहना बहुत जरूरी है। मोदी भी वक्त रहते टीवी देखकर या अखबार पढ़कर अपने-आपको सामयिक मामलों पर अपडेटेड रखने का प्रयास करते हैं।

3

अलग दर्शक, अलग-अलग स्ट्रोक

दिल से बोलते हुए

'There is nothing in the world like a persuasive speech to fuddle the mental apparatus and upset the convictions and debauch the emotions of an audience not practised in the tricks and delusions of oratory'.

—Mark Twain

दुनिया में बयानबाजी की चालाकियों और भ्रांतियों से अनभिज्ञ श्रोताओं के मानसिक-तंत्र को चकनाचूर करने, उनके विश्वासों को विचलित करने और उनकी भावनाओं को भ्रष्ट करने के लिए एक प्रेरक भाषण जैसा और कुछ नहीं हो सकता।

-मार्क ट्वेन

आपके श्रोतागण कौन हैं; आप किससे बात कर रहे हैं? यह भाषण-कला का सबसे महत्वपूर्ण पहलू होता है। आपके श्रोता आपके लिए बहुत महत्त्व रखते हैं। इसलिए आपके भाषणों की स्क्रिप्ट (प्रलेख) भी श्रोताओं के 'संदर्भ' में ही तैयार की जानी चाहिए। एक अच्छे वक्ता को समय के मिजाज, श्रोताओं की भावनाओं और उनकी अपेक्षाओं को भी ध्यान में रखना होता है। संक्षेप में कहें तो उसे पता होना चाहिए कि दर्शक अथवा श्रोता क्या सुनना चाहते हैं। एक अच्छा वक्ता जन-भावनाओं के

ज्वार के साथ पूर्ण तालमेल बैठाकर बोलता है। और इस प्रकार वह अपने दिल की बात दर्शकों के दिलों तक पहुँचाने में सफल होता है। उदाहरण के तौर पर, यदि आप किसी व्यापार-शिखर-सम्मेलन में वरिष्ठ अधिकारियों को संबोधित कर रहे हैं तो आपके भाषण की विषय-वस्तु, दृष्टांत, प्रासंगिकता और तथ्य ऐसे होने चाहिए जो उनकी अपेक्षाओं व आकांक्षाओं को पूरा करते हों और आपके भाषण के कुछ प्रभावी अंश वे जाते समय अपने साथ ले जा सकें। आपको मौजूदा स्थितियों और अपने भाषण के अभीष्ट परिणामों को भी ध्यान में रखना होता है। यदि आप मंदी के दौर में किसी व्यापार-शिखर-सम्मेलन को संबोधित कर रहे हैं तो आपके बोलने का लहजा, दृष्टांत, दृष्टिकोण आपके उस भाषण से बिल्कुल अलग होंगे जो आप उसी दर्शक-वर्ग को किसी जीत के जश्न के अवसर पर या फिर आर्थिक-दशा के सुधर जाने पर दे रहे होंगे। एक महान वक्ता दर्शकों के स्तर और मौजूदा हालात को ध्यान में रखते हुए समस्याओं की चर्चा करता है, छोटे-से-छोटे ब्योरों को याद रखता है, परिस्थितियों पर प्रतिक्रियाएँ देता है और महत्वपूर्ण मुद्दों का बार-बार जिक्र करता है।

एक विज्ञान-सम्मेलन को और एक प्रौद्योगिकी-शिखर- सम्मेलन को संबोधित करते हुए दो एकदम अलग दृष्टिकोणों की आवश्यकता होगी। दर्शकों का परिपक्वता-स्तर समान होगा लेकिन संदर्भ अलग-अलग होंगे। इसके बाद आप कॉलेज के छात्रों को संबोधित करेंगे तो पूरे का पूरा दृष्टिकोण बदल जाएगा और वह और भी नाटकीय ढंग से तब बदलेगा जब आप किसी स्कूली बच्चों से बात कर रहे होंगे। उनके लिए कहानियों, उदाहरणों और स्पष्टीकरण का स्तर बहुत सरल रखना पड़ेगा। आपकी बॉडी-लैंग्वेज (शारीरिक मुद्राएँ), फेशियल एक्स्प्रेशञ्ज (भाव-भंगिमाएँ), स्वर, पिच (स्वरमान) और बोलने की गति आपके संदर्भ व दर्शकों पर निर्भर करेगी।

उत्कृष्ट वक्तृत्व-कला गिरगिट जैसे दृष्टिकोण की अपेक्षा करती है। वक्ता के अंदर अपने-आपको अवसर, दर्शक, मूड (मनोदशा) और स्थिति के अनुसार बदलने की क्षमता होनी चाहिए। एक अभिनेता की तरह—जो अपने-आपको बड़ी आसानी से एक चरित्र से दूसरे चरित्र में, एक पटकथा

की भूमिका से दूसरी भूमिका में ढाल लेता है—एक महान वक्ता भी अपनी मर्जी से गिरगिट की तरह रंग बदलने योग्य होना चाहिए।

नरेंद्र मोदी- मौके के मास्टर

नरेंद्र मोदी ने दर्शकों के हृदयों को छूने के शिल्प में महारत हासिल की है। वह लोगों को आसानी से मंत्रमुग्ध कर सकते हैं क्योंकि वह हमेशा स्वाभाविक और सच्चे प्रतीत होते हैं। वह लोगों के दिल बड़ी आसानी से जीत सकते हैं क्योंकि वह स्वयं दिल से बोलते हैं और जो भी कहते हैं उसपर विश्वास भी करते हैं। वह जानते हैं कि क्या चल रहा है, लोग क्या महसूस कर रहे हैं, क्या अपेक्षा रखते हैं और क्या चाहते हैं। वह उनके दर्द, उनकी उम्मीदों और उनकी आकांक्षाओं को समझते हैं। यह काम आसान नहीं है। ये वो चीजें हैं जो न तो किसी बिजनेस-स्कूल में पढ़ाई जाती हैं और न ही किसी कोचिंग-कक्षा में; इन्हें स्वाध्ययन की विधि से सीखना पड़ता है, लंबे समय तक निरंतर सीखते रहना पड़ता है। और इसी समझ से लैस होकर मोदी क्षण-भर में अपने भाषण का आविष्कार कर लेते हैं।

मोदी अपने भाषण दर्शकों के हिसाब से तैयार करते हैं और वे हमेशा उनपर फिट बैठते हैं। उम्मीद दिमाग की बात नहीं बल्कि दिल की बात है। और मोदी दिलों को जीतना जानते हैं। उनकी राजनीतिक प्रगति, राष्ट्र को प्रेरित करने की योग्यता और उसे अंतरराष्ट्रीय-स्तर पर एक बड़ी ताकत के रूप में सामने लाने की क्षमता के पीछे उनके असाधारण संचार-कौशल का बहुत बड़ा हाथ है। इसलिए यह अचरज की बात नहीं है कि स्कूली बच्चों से लेकर सीईओज तक हर व्यक्ति उन्हें अत्यंत शक्तिशाली व मंत्रमुग्ध कर देने वाले करिश्माई नेता के रूप में देखता है। उनकी शैली सम्मोहक और वाक्पटु है।

मोदी ने अपने विजन (दर्शन) को संप्रेषित करने, अपनी महत्वाकांक्षाओं को व्यक्त करने, अपने दर्शकों में आत्मविश्वास पैदा करने और उन्हें प्रेरित करने - यानि कि अपने हर भाषण के साथ दर्शकों को किसी दूसरे ही स्तर पर ले जाने की कला में भी महारत हासिल की है। देश के

शीर्ष पद के लिए अपने चुनाव प्रचार के दौरान उन्होंने अपनी शैली के साथ विषयवस्तु का, अपने चरित्र के साथ अपने करिश्मे (चमत्कार) का, और अपने उत्साह के साथ अपनी ऊर्जा-शक्ति का भी इस्तेमाल किया। उन्होंने युवाओं, मध्यम आयु वर्ग के लोगों और बूढ़े व्यक्तियों को जागृत किया और उत्तेजित किया कि वे आएँ और प्रगति व समृद्धि की दिशा में एक सार्थक परिवर्तन के लिए वोट करें। उन्होंने अलग-अलग भाषा बोलने वाले, समाज के विविध और असमान वर्गों से संबंध रखने वाले सभी धर्मों के व सभी क्षेत्रों के लोगों के दिलों को छुआ।

मोदी ने बड़ी चतुराई और समझदारी से एक चुनाव-अभियान को एक राष्ट्रीय आंदोलन या यूं कहें कि एक जन-आंदोलन में तबदील कर दिया। इसे सबके विकास और समृद्धि का जन-आंदोलन बना दिया–सबका साथ सबका विकास।

मंच पर उपस्थिति

दुनिया के सबसे बड़े लोकतन्त्र के प्रधानमंत्री चुने जाने और उस पद की शपथ ग्रहण कर लेने के बाद भी मोदी ने अपना प्रेरणादायक अभियान जारी रखा है। असल में उन्होंने इसे और भी तेज कर दिया। हमारे देश को यही चाहिए था। दिन-प्रति-दिन कमजोर होते हुए मनोबल, बढ़ती निराशा व हताशा से परेशान भारत-वासियों को यही चाहिए था। अपने कई भाषणों में मोदी ने कहा, 'आप में से अधिकांश को लगता है कि अब कुछ नहीं हो सकता। आप में से बहुत से लोग महसूस करते हैं कि हम बदकिस्मत थे जो भारत में पैदा हुए। इसीलिए आप में से बहुत से लोग देश छोड़कर विदेशों में बसना चाहते हैं। लेकिन आप चिंता न करें। हालात बदलेंगे। अब अच्छे दिन आएंगे।'

मोदी ने हर व्यक्ति के मन में आशा जगाई। लोग अक्सर यह कहते हुए सुनाई देने लगे: 'हमें गर्व है कि हमारे पास ऐसा पीएम (प्रधानमंत्री) है जो पीएम की तरह बोलता है और पीएम की तरह व्यवहार करता है।' कई लोगों ने तो यह भी कहा, 'यह वह आदमी है जो कुछ बड़ा करेगा, वह भारत की तकदीर व तस्वीर बदल देगा।' इस तरह मोदी को

निस्संदेह एक उत्कृष्ट वक्ता के रूप में स्वीकार किया गया और ऐसी असीम क्षमता वाले व्यक्ति के रूप में देखा गया जो आज तक भारत के राजनीतिक क्षेत्र में पहले कभी नहीं देखी गई थी।

नरेंद्र मोदी स्पष्ट बोलते हैं, बल-पूर्वक व पूर्ण आत्मविश्वास के साथ बोलते हैं। एक शानदार प्रस्तुतीकरण के लिए उनमें अपनी आवाज, पिच (स्वरमान) और अंतराल को नियंत्रित करने की भी विचित्र क्षमता है। यहाँ तक कि वह अपनी आवाज की बनावट तक भी बदल सकते हैं, अत्यधिक गंभीरता प्रकट करने के लिए या कोई हास्य-सपद बात कहने के बाद मुस्कुराने के लिए वह अपने चेहरे के हाव-भाव भी बदल सकते हैं।

मंच पर अपना पूर्ण नियंत्रण दिखाने के लिए आमतौर पर वह लेक्टर्न (पाठ-मंच) को दोनों हाथों से पकड़ते हैं। दर्शकों को एक से दूसरी तरफ देखते हुए वह अपनी दृष्टि बाएँ से दाईं ओर घुमाते हैं। उनकी नजर लुभावनी व आश्वस्त करने वाली होती है। वह अत्यंत आत्मविश्वासी दिखते हैं और उनके भाषण में यदि कोई रुकावट भी डाल दे तो भी वह अपना आत्म-नियंत्रण बनाए रखते हैं खासकर संसदीय बहसों और प्रवचनों के दौरान।

मोदी अपने हाथों, बाँहों और उंगलियों का इस्तेमाल भी बड़ी समझदारी से करते हैं। किसी बात को वेद-वाक्य सिद्ध करने के लिए वह अपने दाएँ हाथ (कभी-कभी बाएँ हाथ) की तर्जनी को हवा में उठाते हैं और अक्सर तब तक उठाए रखते हैं जब तक उनकी बात समाप्त न हो जाए।

अपनी ईमानदारी और सत्यता दर्शाने के लिए वह अपने हाथ की तर्जनी और अंगूठे से चक्राकार बनाते हैं। यह उनके कथन की अंतिमता, पूर्णता और वास्तविकता का भी संकेत होता है। एकजुटता दिखाने और शक्ति-प्रदर्शन के लिए कभी-कभी वह अपनी मुट्ठी भी हवा में उठाते हैं। कई बार जब शक्ति-प्रदर्शन करना होता है वह उपयुक्त समय पर दोनों मुट्ठियों को भी हवा में उठा लेते हैं।

कभी-कभी, कोई गंभीर और दिलचस्प बात बताने के लिए, वह अपनी हथेली को आंशिक रूप से खोलते हैं और - चेहरे पर हैरानी के भाव लाकर–उसे अपनी कलाई के चारों ओर घुमाने लगते हैं। जब

वह 'सबके विकास' की बात करते हैं हथेलियों को ऊपर की ओर करते हुए बाहों को पूरी तरह खोल लेते हैं जैसे कि सब का अभिनंदन कर रहे हों। अपनी उपलब्धियों का दावा करने या फिर अपने संकल्प का प्रदर्शन करने के लिए - केवल कभी-कभी ही—वह अपनी छाती ठोकने लगते हैं। ऐसे हाव-भाव से वह दर्शकों के और करीब आते हैं और उनका भाषण एक सार्वजनिक प्रवचन न होकर प्रत्येक दर्शक के साथ व्यक्तिगत संबंध में परिवर्तित होने लगता है।

यहाँ महत्वपूर्ण बात यह है कि दर्शकों को यह सब पहले से तैयार किया गया नहीं लगता। वैसे भी ऐसे हाव-भाव का पूर्वाभ्यास नहीं किया जा सकता क्योंकि हर अवसर, हर संवाद अलग होता है और आपको संदर्भ व विषयवस्तु से जुड़ने के लिए हाथों और इशारों के उपयोग की कला में महारत हासिल करनी पड़ती है। वह बोलने के लिए खड़े होते हैं तो दर्शकों में एक उम्मीद की भावना, प्रत्याशा की भावना, और यह भावना कि 'आगे क्या होने वाला है?' खुद-ब-खुद जागृत होने लगती है।

मोदी सदैव एक्सटेम्पोर (तात्कालिक) बोलते हुए दिखते हैं। यह निःसंदेह उनके लिए भगवान की देन है। हालाँकि अच्छे अभ्यास से भी ऐसे शानदार प्रदर्शन किए जा सकते हैं। मोदी एक प्रशिक्षित पायलट की तरह हैं जो जितनी अधिक उड़ानें भरता है उतना ही बेहतर होता चला जाता है। उसके टेक-ऑफ और लैंडिंग्स (उड़ानें व उतराइयाँ) अधिक हमवार होते जाते हैं। जहाज उड़ाना आसान हो जाता है और उड़ान के दौरान वह कैसे भी खराब मौसम को आसानी से संभाल सकता है। और 'टॉप गन' बनकर वह आकाश में एअरोबेटिक्स (कलाबाजी), मेन्युवरिंग (पैंतरेबाजी) और ग्लाइडिंग (धीरे-धीरे सरकने) की क्रियाएँ बड़ी निपुणता से कर सकता है।

मोदी बोलते हुए विरले ही अटकते हैं, कभी-कभार ही गड़बड़ करते हैं और उपयुक्त शब्दावली अथवा पदावली का अभाव तो उन्हें कभी महसूस नहीं होता। उनका प्रवाह उत्तम दर्जे का होता है, उनकी अदायगी त्रुटिहीन होती है और उनका हर विचार अगले विचार से ऐसी खूबसूरती से जुड़ा होता है जैसे किसी शिल्पकार ने माला में मोती पिरो दिये हों।

मोदी की भाषण-कला वक्तृत्व की परम महारत है। वह बच्चों, युवाओं, दिग्गजों, वैज्ञानिकों, सैनिकों, उच्च और शक्तिशाली लोगों, यहाँ तक कि साधारण जनता के दिलों को छूने में माहिर हैं।

प्रधानमंत्री का कार्यभार संभालने के बाद मोदी ने देश-विदेश में लाखों लोगों को संबोधित किया है और हमेशा समान वाक्पटुता और सहजता का परिचय दिया है फिर चाहे वह भारतीय संसद में बोल रहे हों, 21 अप्रैल 2015 को सिविल-सेवा-दिवस पर वरिष्ठ नौकरशाहों को संबोधित कर रहे हों, शिक्षक दिवस पर देश-भर के बच्चों को भाषण दे रहे हों, भाजपा के सांसदों की कार्यशाला, राज्यसभा या किसी अन्य राजनीतिक रैली को संबोधित कर रहे हों या फिर अनेक अवसरों पर अमेरिका, कनाडा, चीन, फ्रांस, ऑस्ट्रेलिया और अन्य कई देशों में बसे प्रवासी भारतीयों को संबोधित कर रहे हों।

उनका दृष्टिकोण हमेशा फोकस्ड (केंद्रित) रहा है, उनका कंटेन्ट (सामग्री) आवश्यकतानुसार होता है और उनकी शैली अवसर के अनुरूप मापी-तौली हुई होती है। संयुक्त राष्ट्र शैक्षिक वैज्ञानिक और सांस्कृतिक संगठन (यूनेस्को) में बोलते हुए, दिल्ली विश्वविद्यालय के छात्रों को संबोधित करते हुए, (बीजिंग में एक विश्वविद्यालय) सिंघुआ या शंघाई में फुदान विश्वविद्यालय में बोलते हुए, उन्होंने हमेशा दर्शकों को मंत्रमुग्ध किया है। अभिजात वर्ग और बुद्धिजीवियों के लिए, भारतीय अंतरिक्ष अनुसंधान संगठन (इसरो) में उनका प्रेरक भाषण, भारतीय कॉर्पोरेट प्रमुखों के लिए इकोनॉमिक्स टाइम्स शिखर सम्मेलन में उनका दृष्टिकोण-और-मिशन-उन्मुख भाषण, और भारतीय विज्ञान कांग्रेस में उनका संबोधन सभी अपने आप में उत्कृष्ट कृतियाँ हैं। आइए इनमें से कुछ भाषणों का विश्लेषण करते हैं।

पहला लोकसभा संबोधन

लोकसभा में अपने पहले संबोधन में मोदी ने यह कहते हुए विनम्रता का प्रदर्शन किया, 'ऐसे सम्मानित श्रोताओं से–जिनमें कइयों के पास तीस से चालीस वर्ष का अनुभव है–बात करने का मेरा यह पहला अवसर है।

परम्पराएँ बहुत ऊँची हैं। यदि मुझ से कोई गलती हो जाए तो कृपया मुझे क्षमा करें क्योंकि मैं नया हूँ।'

इस पर विपक्ष ने कुछ शोर मचाया, लेकिन मोदी शांत रहे और निर्विघ्न आगे बोलते रहे। उन्होंने पहले के सभी वक्ताओं के प्रति सम्मान प्रकट किया और उनकी महानता को भी सराहा। फिर वह गति निर्धारित करते हुए आगे बढ़े, 'आप सभी यही पूछ रहे हैं कि हम वह सब कैसे करेंगे जो हमने कहा है और जिसका वादा हमने देशवासियों से किया है। ऐसा सोचना बहुत स्वाभाविक है।'

अपनी बात को समझाने के लिए उन्होंने गुजरात में अपने मुख्यमंत्री-काल की एक घटना का वर्णन किया:

> गुजरात विधानसभा में पहले ही दिन मैंने कहा था कि मैं सभी गांवों को चौबीसों घंटे बिजली दूँगा। विधानसभा में लोगों को इस पर विश्वास नहीं हुआ ... विपक्ष के एक बहुत वरिष्ठ सदस्य सत्र के बाद मुझसे मिले और कहने लगे, 'मोदीजी, आपसे कोई चूक तो नहीं हो गई?' चूंकि राज्य में 2,000 मेगावाट ऊर्जा की कमी थी, वह जानना चाहते थे कि मैं इसे कैसे पूरा कर पाऊँगा? उनकी चिंता और उनके प्रश्न स्वाभाविक थे, परंतु हमने यह कर दिखाया ... हमने जो भी कहा है उसे हासिल करने के लिए हम सब प्रयास करेंगे ...

उन्होंने कहा कि निर्वाचित होने से पहले वह केवल एक आशावादी उम्मीदवार थे, लेकिन अब वह लोगों की आशाओं के रक्षक हैं। उन्होंने कहा कि यह एक शुभ शगुन है कि 125 करोड़ लोगों ने उन्हें और उनकी पार्टी को वोट दिया है।

यह एक शानदार शुरुआत थी, जिसने बाकी भाषण के लिए गति निर्धारित कर दी। यह बारीकी से मापी-तौली राजनीतिक बयानबाजी थी।

> क्या हमने खुद को एक महान लोकतंत्र के रूप में पेश किया है? हमारे पास मतदान करने वाले लोग अमेरिका और यूरोप की तुलना में कहीं अधिक हैं ... हम दो सौ साल की गुलामी के बाद कभी-कभी

> बड़े आदमी के आगे बोल नहीं सकते। कभी-कभी तो चमड़ी का रंग भी असर कर जाता है। समय आ गया है कि हमें खुद को एक महान राष्ट्र और महान लोकतंत्र के रूप में पेश करना चाहिए।

और इस टिप्पणी से उन्होंने पूरे विपक्ष को चुप करा दिया क्योंकि वह सच्ची बात कह रहे थे।

मोदी के पास लीक-से-हटकर-विचार पेश करने का एक बड़ा भारी हुनर है। उनका दर्शन, उनकी सोच और उनका ध्येय एकदम स्पष्ट होता है। वह मैक्रो (वृहद) से माइक्रो (सूक्ष्म) मुद्दों की ओर भी बड़ी सहजता से बढ़ जाते हैं और जो कहते हैं उसका कारण भी बताते हैं। ग्रामीण भारत के लिए अपने दृष्टिकोण को परिभाषित करते हुए उन्होंने हर गांव में ब्रॉडबैंड कनेक्टिविटी की मांग की। उन्होंने उपग्रह के माध्यम से दूरस्थ-शिक्षा (डिस्टेन्स एज्यूकेशन) की भी कल्पना पेश की। उन्होंने एक बार कहा था, 'हर जवान लड़का अपने गांव में रहना चाहता है। लेकिन उसके पास आजीविका का कोई साधन नहीं है। क्या हम उसे उसके गांव में ही कृषि-आधारित-उद्योग उपलब्ध नहीं करा सकते?'

एक उदाहरण का हवाला देते हुए उन्होंने कहा कि हमें अपनी सोच बदलने और अधिक कुशलता से काम लेने की जरूरत है, 'यदि किसी रेलवे गोदाम में स्थानांतरण के लिए टमाटर और संगमरमर पड़े हैं तो रेलवे क्लर्क पहले संगमरमर लोड करेगा और बाद में टमाटर। क्या वह यह भी नहीं समझता कि टमाटर सड़ जाएंगे और इसलिए उन्हें पहले भेजना चाहिए?'

ये छोटी-छोटी बातें हैं, लेकिन इनके द्वारा ही मोदी वास्तविक समस्याओं के प्रति अपनी समझ का परिचय देते हैं। उनके भाषण मे कृषि-उत्पादों पर वास्तविक आंकड़ों की आवश्यकता पर जोर दिया गया ताकि गांवों में रहने वाले गरीब लोग जीविकोपार्जन कर सकें। फिर तुरंत वृहद स्तर पर जाते हुए उन्होंने कहा, 'सिक्किम बहुत बढ़िया काम कर रहा है और एक ओर्गेनिक (जैविक) राज्य बन रहा है। क्या हम इसे जैविक वस्तुओं का एक बड़ा निर्यातक नहीं बना सकते, जिनकी दुनिया भर में मांग है? केंद्र सरकार इसमें सिक्किम की मदद करेगी।'

फिर उन्होंने कृषि के विषय पर विचार व्यक्त किए और आशा जताई

कि कृषि-विश्वविद्यालय प्रति-हेक्टेयर-पैदावार बढ़ाने यानि 'मोर क्रॉप पर ड्रॉप' (हर बूंद से अधिक फसल) की दिशा में वांछित अनुसंधान करेंगे। उन्होंने बताया कि एक गरीब व्यक्ति के लिए प्रोटीन प्राप्त करने के लिए दालें ही एकमात्र साधन है। 'हमें बेहतर और सस्ती दालों के उत्पादन के लिए शोध की जरूरत है। हम दालों से ही कुपोषण की समस्या से निपट सकते हैं। हमें भारतीय खाद्य निगम (FCI) का आधुनिकीकरण करने की भी आवश्यकता है क्योंकि हमारा उत्पादन बढ़ेगा तो उसे प्रभावी ढंग से वितरित करने की भी आवश्यकता होगी।' बयानबाजी का उपयोग करते हुए उन्होंने अपने भाषण को यूँ समाप्त किया, 'यदि हम ऐसा नहीं करेंगे तो हमारी आत्मा कभी हमें माफ नहीं करेगी।'

शिक्षक-दिवस पर स्कूली बच्चों के साथ सवाल-जवाब का सत्र

इस मौके पर नरेंद्र मोदी ने स्कूली बच्चों द्वारा पूछे गए सवालों के उत्तर दिए। उनके चेहरे पर मुस्कुराहट थी और वह एकदम तनाव-मुक्त दिखे ताकि बच्चे भी सहज महसूस कर सकें। सवाल-जवाब के उनके इस सत्र के कुछ अंश नीचे दिए गए हैं।

प्रश्नः अच्छी शिक्षा और अच्छे शिक्षकों ने आपके जीवन को कैसे प्रभावित किया?

उत्तरः मैं एक उदाहरण देकर समझाता हूँ। यदि आपको सही शिक्षा नहीं मिली तो आप अनुभव से भी सही ढंग से नहीं सीख पाएंगे। यदि कोई आपकी जेब काट लेता है और आपने सही शिक्षा नहीं पाई तो आप खुद भी जेबकतरे बन जाएंगे। लेकिन अगर आपने सही शिक्षा पाई है तो आप अपने पैसों को अधिक संभाल से रखना सीखेंगे। इसलिए मेरे जीवन में भी शिक्षा और शिक्षकों का काफी योगदान रहा है।

प्रश्नः क्या आपने कभी सोचा था कि आप एक दिन प्रधानमंत्री बनेंगे?

उत्तरः मैं बहुत साधारण बैकग्राउंड (पृष्ठभूमि) से आया हूँ। स्कूल में मैं कभी क्लास- मॉनिटर भी नहीं बना। यदि आपकी उम्मीदें बड़ी होती हैं

और आप उन्हें हासिल नहीं कर पाते तो आपको निराशा होती है। आप डॉक्टर अथवा इंजीनियर बनना चाहते हैं और नहीं बन पाते तो आप जीवन-भर पछताते रहते हैं। इसलिए आप जो भी हैं उसी का आनंद लेना चाहिए। आपको जीवन में कुछ करने के सपने देखने चाहिए, कुछ बनने के नहीं।

प्रश्नः क्या आप अपनी स्कूल की कुछ शरारतें हमारे साथ साझा कर सकते हैं?

उत्तरः हाँ, जरूर। लेकिन इस शर्त पर कि आप वैसा नहीं करेंगे। मस्ती जीवन का एक महत्वपूर्ण अंग है। सब बच्चे मस्ती करते हैं। एक समारोह में एक संगीत-कार्यक्रम के दौरान जब संगीतकार शहनाई बजाया करते थे तो हम उनके सामने इमली लटकाने लगते थे; इससे संगीतकारों के मुँह में पानी आने लगता था और वे शहनाई नहीं बजा पाते थे! अब मैं आपको एक बहुत ही शरारत-भरी बात बताता हूँ। लेकिन आप ऐसा नहीं करेंगे। वादा करें कि आप ऐसा नहीं करेंगे? शादियों के फंक्शन्स (समारोहों) के दौरान कई बार हम पुरुषों के कपड़े पीछे से स्त्रियों के कपड़ों के साथ स्टेपल (नत्थी) कर दिया करते थे। आप अनुमान लगा सकते हैं कि इसके बाद कैसी उथल-पुथल मचती होगी।

प्रश्नः हम स्कूली बच्चे राष्ट्र के लिए कैसे योगदान दे सकते हैं?

उत्तरः हमारे जीवन में साफ-सफाई बहुत जरूरी है। जब आप स्कूल के बाद घर पहुँचें तो अपने स्कूल- बैग जूते और कपड़े सही स्थान पर रखें। अपनी माँ से पूछें कि बिजली का मासिक बिल कितना आता है। उस राशि को कम करने के तरीकों के बारे में सोचें। वह 400 रुपये है, तो सोचें कि उसे 300 रुपये कैसे किया जा सकता है? उसके लिए क्या करने की आवश्यकता है—अपने माता-पिता के साथ इस बात पर चर्चा करें। याद रखें आप जो भी बचाएँगे वह गरीबों के काम आएगा। पेड़ लगाएँ। देश की सेवा करने के लिए आपको बड़े-बड़े काम करने की जरूरत नहीं है।

प्रश्न: हम ऊर्जा कैसे बचा सकते हैं?

उत्तर: अपनी खिड़कियों को खोलकर सोएँ ताकि आपको एयर-कंडीशनर तो क्या पंखे की भी आवश्यकता न पड़े। बिजली बनाने से बिजली बचाना बहुत सस्ता पड़ता है। दाँत ब्रश करते समय नल को चालू न रखें। इस तरह आप पानी की बचत कर पाएँगे। ये छोटी-छोटी बातें बहुत महत्त्व रखती हैं। बूंद बूंद से सागर भरता है।

प्रश्न: क्या आप प्रधानाध्यापक की तरह हैं?

उत्तर: आपके प्रधानाध्यापक यहाँ हैं? (मुस्कुराते हुए) इस बात से वह आपसे बहुत नाराज होंगे। हाँ मैं एक सख्त कार्यपालक हूँ। लेकिन मैं खुद भी बहुत काम करता हूं। मैंने अपने अधिकारियों से कह रखा है कि वे ग्यारह घंटे काम करेंगे तो मैं बारह घंटे करूँगा और यदि वे बारह घंटे काम करते हैं तो मैं तेरह घंटे काम करूँगा।

उपरोक्त बातचीत मोदी की दर्शकों के मानसिक स्तर को समझने और उन तक पहुँचने के लिए अपने शब्दों को उनके स्तर के अनुसार ढालने की क्षमता को प्रदर्शित करती है। स्कूल के युवा बच्चों से जुड़ने के लिए किस तरह वह बीच-बीच में हास्य की पुट भी डाल देते हैं और अपने बचपन की एक-आध शरारत का भी वर्णन करते हैं।

पच्चीसवां NASSCOM (नैसकॉम) स्थापना दिवस

स्कूली बच्चों से बातचीत के एक ही दिन बाद, पच्चीसवें नैसकॉम स्थापना दिवस पर उद्योग जगत के प्रतिष्ठित लोगों को संबोधित करते हुए, मोदी ने बड़ी आसानी से अपने वक्तव्य के स्तर को उनकी समझ के मुताबिक ढालते हुए वही बातें कीं जो उनके लिए महत्त्व रखती हैं।

टेक्नोक्रेट्स (उद्योग-तंत्रवादियों) की सभा को संबोधित करते हुए, मोदी ने अपने विजन (सोच) की स्पष्टता और टेक्नालजी (प्रौद्योगिकी) - विशेषकर जीवन में उसके प्रयोग–पर अपनी दृढ़ पकड़ का परिचय दिया। हिंदी में बोलते हुए, उन्होंने ऐसा भाषण दिया, जो न केवल प्रेरणात्मक था,

बल्कि बड़े स्पष्ट और संक्षिप्त ढंग से भारत में आईटी-उद्योग के लिए दिशा-निर्धारण का काम भी करता था। उन्होंने ठोस सुझाव दिए और सॉफ्टवेयर उद्योग से अपनी अपेक्षाओं का भी वर्णन किया।

उन्होंने भाषण की शुरुआत कुछ ऐसे की, 'यह एक जनांदोलन बन गया है। अन्यथा कोई उद्योग-क्षेत्र इतनी तेजी से नहीं बढ़ता।' नैसकॉम के संस्थापक देवांग मेहता की प्रशंसा करते हुए उन्होंने कहा कि उनके प्रयासों ने मोतियों का एक सुंदर हार बुन दिया था। 'पच्चीस वर्ष हुए हैं और आप 100+ मिलियन के उद्योग से 146+ बिलियन तक पहुँच चुके हैं।' हास्य की पुट जोड़ने की अपनी अद्भुत क्षमता प्रदर्शित करते हुए उन्होंने आगे कहा, 'इस उपलब्धि का एक कारण यह भी है कि इसमें सरकार का हस्तक्षेप नहीं है। हम जितना दूर रहें, उतना ही अच्छा है। लाखों को रोजगार मिले हैं, अर्थव्यवस्था बढ़ी है और हमारे प्रति दुनिया का नजरिया भी बदला है। अब हमें उतने 'आई-वेज' भी चाहिए हम जितने 'हाई-वेज' चाहते हैं।

फिर उन्होंने प्रशासन और प्रौद्योगिकी को जोड़ते हुए कहा:

> हमें प्रशासन के लिए बहुत कुछ करने की आवश्यकता है। कल्पना कीजिए कि 100 करोड़ मोबाइल-उपभोक्ता हैं और सब के सब 'रीचेबल' यानि पहुँच के दायरे में हैं। यदि आप मोबाइल-ऐप्स जल्द तैयार करेंगे तो बहुत फायदा होगा। हिंदुस्तान बहुत तेजी से आगे बढ़ रहा है। एक छोटी सी घटना आपके साथ साझा करता हूँ। जब मैं गुजरात का मुख्यमंत्री था, मैंने एक पिछड़े इलाके का दौरा करने का विचार बनाया। मैंने अपने अधिकारियों से दौरे का प्रबंध करने को कहा। उन्होंने 25 लाख की लागत से एक प्रशिक्षण केंद्र का निर्माण किया और मुझे उसके उद्घाटन के लिए कहा। मैं वहाँ पहुँचा तो मैंने देखा कि वहाँ 100 से अधिक महिलाएँ थीं, जो वहाँ दूध बेचने आई थीं लेकिन अपने-अपने मोबाइल से केंद्र की और मेरी तस्वीरें ले रही थीं! मैंने उनसे पूछा कि वो तस्वीरों का क्या करेंगी और आप उनका उत्तर सुनकर दंग रह जाएँगे। उन्होंने कहा, 'घर जाकर हम इन्हें डाउनलोड करेंगी।'

> आप अनुमान लगा सकते हैं कि यदि आदिवासी लोग भी इतना कुछ जानते हैं तो हम टेक्नोलॉजी से क्या नहीं कर सकते ...?
>
> मैं कुछ कहना चाहता हूँ, कृपया बुरा मत मनाएँ। मुझे आपसे बहुत ज्यादा उम्मीदें हैं। यदि हम मंगल ग्रह पर जा सकते हैं, तो हम गूगल क्यों नहीं बना सके? अब हमें इस दिशा में काम करना है। साइबर-सुरक्षा में बहुत संभावनाएँ हैं। प्रधानमंत्री बनने के बाद मैं कई राज्याध्यक्षों से मिला हूँ, कम-से-कम तीस ने इसकी जरूरत जताई है। मैं आपसे एक ग्राहक के रूप में बात कर रहा हूँ। यदि हम सुरक्षा नहीं प्रदान करेंगे तो एक दिन आएगा जब लोग मोबाइल का उपयोग करने से डरेंगे। फिर आपको झटका लगेगा।

अपनी विशिष्ट आउट-ऑफ-द-बॉक्स (असाधारण) सोच का प्रदर्शन करते हुए उन्होंने सॉफ्टवेयर उद्योग से आग्रह किया कि वह डिजिटल डेटाबेस पर काम करे और मजाक के लहजे में कहा, 'इसके लिए आपको अपने मान-सम्मान से थोड़ा समझौता करना पड़ेगा; हम गोल्ड-बॉन्ड (स्वर्ण-पत्र) भी क्लाउड-लॉकर में रख सकते हैं।' उन्हें एक और चुनौती देते हुए उन्होंने कहा, 'सरकार फाइलों में काम करती है। हर कार्यालय में डेटा (सूचना) अलग-अलग फॉर्मेट (प्रारूप), अलग-अलग सॉफ्टवेयर पर है। क्या हम रॉ (कच्चे) डेटा को सिंक्रोनाइज (समकालिक / व्यवस्थित) नहीं कर सकते? ये गवर्नेंस (प्रशासन) में बहुत काम आएगा।'

यह बताते हुए कि टेक्नोलॉजी क्या कर सकती है, उन्होंने कहा,

> हमने (कोयला घोटाले पर) सुप्रीम कोर्ट के फैसले का फायदा उठाया। हमने कोयला- ब्लॉकों को नीलाम करने के लिए टेक्नोलॉजी का प्रयोग किया... जब सीएजी की रिपोर्ट में कहा गया कि 186,000 करोड़ रुपये का घपला हुआ है तो इस बात पर विश्वास करने के लिए कोई भी तैयार नहीं था। हम भी राजनीतिक तौर पर ही बात कर रहे थे, लेकिन सोचते जरूर थे कि क्या यह वास्तव में इतना बड़ा हो सकता है। टेक्नोलॉजी का धन्यवाद किया जाना चाहिए, नीलामी पारदर्शी ढंग से आयोजित की गई थी और अब तक सरकार 110,000 करोड़ रुपये वसूल कर चुकी है।

एक और आउट-ऑफ-द-बॉक्स विचार के पेश करते हुए उन्होंने भारत में पर्यटन की बात की। 'पर्यटन तीन ट्रिलियन डॉलर का व्यवसाय है। क्या हम पचास वर्चुअल हेरिटेज म्यूजियम (आभासी-विरासत-संग्रहालय) नहीं बना सकते? हमारे लिए यह कितना बढ़िया मौका है।'

एक अलग क्षेत्र की बात करते हुए उन्होंने कहा, 'लॉन्ग डिस्टेन्स एज्यूकेशन (पत्राचार-से-शिक्षा) एक और बड़ी चुनौती और अवसर है। क्या आपके 1,800 सदस्य अपने स्कूल के लिए ई-लाइब्रेरी नहीं बनाना चाहेंगे? आप जिस स्कूल में पढे हैं उसके लिए इतना तो कर ही सकते हैं।'

फिर बदलते समय की बात करते हुए उन्होंने कहा,

> पहले एक अच्छी घड़ी और पेन (कलम) स्टेटस-सिंबल (प्रतिष्ठा-चिन्ह) हुआ करते थे, अब एक अच्छा मोबाइल है; चाहे वह सस्ता मोबाइल ही क्यों न हो! मेरे एक अंकल थे जिन्होंने ढाई-लाख रुपयों की घड़ी खरीदी और अपने भतीजे के सामने उसकी शेखी बघारने लगे। मेरे भतीजे ने पूछा, 'आपकी घड़ी में क्या समय हुआ है?' अंकल ने जवाब दिया, 'अभी आठ बजे हैं।' भतीजे ने कहा, 'मेरी घड़ी 250 रुपये में आई है और इस में भी आठ ही बजे हैं।'

मोदी हर बार एक विजेता के रूप में उभर कर सामने आते हैं, केवल अपने बात करने के ढंग से नहीं बल्कि अपनी सोच की स्पष्टता के लिए, अपने सरल किन्तु व्यावहारिक विचारों के लिए, अपनी अभिनव भावना के लिए और अपनी प्रयोग करने और जोखिम उठाने की क्षमता के लिए। वह उन विषयों पर बोलते हैं जिन्हें हर कोई समझता है, वह हर बात खूबसूरती से व्यक्त करते हैं और वह दिल से बोलते हैं। वह सही समय पर और उचित कारणों से अपने दर्शकों को प्रेरित करते हैं, प्रोत्साहित करते हैं और टोकते हैं। उनकी टिप्पणियाँ कभी-कभार ही व्यंग्यात्मक होती हैं और कभी कटु नहीं होतीं। उन्होंने आईटी उद्योग की सराहना की, लेकिन कुछ त्रुटियों का उल्लेख भी किया और उन्हें सरकार के सहयोग से काम करने के सुझाव भी दिये।

भारतीय विज्ञान कांग्रेस का अधिवेशन संख्या १०३

शुरू में ही समाज की बेहतरी के लिए खासकर स्वास्थ्य, भुखमरी-उन्मूलन, स्वच्छ ऊर्जा पैदा करने और मानवता को जीवित रहने के बेहतर मौके प्रदान करने के लिए विज्ञान के योगदान को स्वीकारते हुए मोदी ने हजारों वैज्ञानिकों को संबोधित किया। उन्होंने बड़े सम्मान से वैज्ञानिक समुदाय से बात की, उनकी उपलब्धियों और उनकी समस्याओं को समझने का प्रयास किया। इस प्रकार उन्होंने एक बार फिर व्यवसाय, आयु, शिक्षा के स्तर आदि को दर-किनार करते हुए हर किसी से जुड़ सकने की अपनी क्षमता का प्रदर्शन किया, चाहे वे स्कूली बच्चे हों अथवा वरिष्ठ वैज्ञानिक!

मोदी ने कहा, 'गरीबों को स्वच्छ शहर, बेहतर पर्यावरण, जल परियोजनाएँ, आवास और स्वच्छता आदि प्रदान करने के लिए विज्ञान को महत्त्वपूर्ण भूमिका निभानी चाहिए। इसके लिए विश्वविद्यालयों, राष्ट्रीय प्रयोगशालाओं और शोधकर्ताओं को एक साथ मिलकर काम करना होगा। आपको संसाधनों से ज्यादा जुनून की जरूरत है।

मोदी ने विज्ञान और उसकी अंतर्निहित समस्याओं के बारे में अपनी समझ का प्रदर्शन यह कहते हुए किया:

> अनुसंधान में अनिश्चितता है, फिर भी हमें जैव-प्रौद्योगिकी, नैनो-विज्ञान और कृषि के क्षेत्रों में समाधान खोजने के लिए काम करने की जरूरत है। मैं यह भी चाहता हूँ कि केंद्रीय अनुसंधान संस्थानों में काम कर रहे वैज्ञानिकों को कुछ समय के लिए विश्वविद्यालयों में अध्यापन-कार्य भी करना चाहिए और पीएचडी कर रहे छात्रों का मार्गदर्शन करना चाहिए। उद्योग को अनुसंधान के क्षेत्र में निवेश बढ़ाना चाहिए। केवल प्रमुख क्षेत्रों में ही काम नहीं होना चाहिए बल्कि मानव जाति के कल्याण के लिए पारंपरिक व स्थानीय ज्ञान का उपयोग किया जाना चाहिए। बच्चों को हमारे वैज्ञानिकों पर गर्व होना चाहिए। खिलाड़ियों की तरह हमारे वैज्ञानिक भी हमारे रोल-मॉडल (आदर्श) होने चाहिए। हमें अपनी वैज्ञानिक उपलब्धियों का प्रदर्शन गणतंत्र दिवस की परेड में करना चाहिए। हमें वैज्ञानिक उपलब्धियों का जश्न मनाना चाहिए। आइए हम विज्ञान के रोमांस

> को पुनर्जीवित करें, एक बार फिर बच्चों में विज्ञान के प्रति प्रेम जगाएँ। मैं आपको विश्वास दिलाता हूँ कि मुझसे बेहतर समर्थक आपको नहीं मिलेगा और मैंने महान भारत के निर्माण में आपका योगदान देखा है।

वैज्ञानिक समुदाय से उन्हें शानदार जयध्वनि प्राप्त हुई। आधे घंटे के उस संक्षिप्त, दिल-से-दिल-तक के सम्बोधन में मोदी ने दिखा दिया कि वह उन्हें हीरो (नायक) मानते हैं, और इसी बात ने मोदी को उनका नायक बना दिया।

भारतीय रेलवेज को सम्बोधन

मोदी निस्संदेह एक महान दूरदर्शी और प्रेरक हैं। वाराणसी में डीजल लोकोमोटिव कार्यशाला के उद्घाटन के अवसर पर रेल कर्मचारियों को संबोधित करते हुए उन्होंने कहा,

> मैं रेलवे को विकास की रीढ़ की हड्डी देखना चाहता हूँ। क्यों न हम रेलवे इन्फ्रास्ट्रक्चर (आधारभूत संरचना) का पूरा इस्तेमाल करें? रुरल एरियाज (ग्रामीण क्षेत्रों) में कई स्टेशन हैं जहाँ सिर्फ एक या दो गाड़ी दिन में आती हैं। ऐसे रेलवे स्टेशन पर बिजली, पानी और सड़क की सुविधा है। क्यों न हम वहाँ स्किल-डिवेल्पमेंट क्लास (कौशल-विकास कक्षा) चलाएँ?

फिर उन्होंने उन्हें एक चुनौती दी, 'रेलवे की बोगियों और इंजनों के घटकों के 96 प्रतिशत का उत्पादन भारत में होता है। मैं चाहता हूँ कि शेष 4 प्रतिशत भी भारत में ही तैयार किया जाए। रेलवेज हमारी सबसे बड़ी ताकत हैं। हमें बुनियादी ढांचे के प्रबंधन के अभ्यास की जरूरत है, आधुनिक टेक्नोलॉजी और सेवा के प्रति झुकाव की जरूरत है।'

मोदी के पास एक साथ प्रेरित करने, अपेक्षाएँ जगाने, निर्देश देने और समाधान सुझाने का बहुत बड़ा हुनर है। यह एक वक्ता की बहुत बड़ी योग्यता है और यह अनुभव, समझ और कड़ी मेहनत से प्राप्त होती है।

रणनीतिक इरादा

दुनिया के सबसे बड़े लोकतंत्र के प्रधानमंत्री के रूप में, उनके पास एक भव्य विजन (दर्शन) है और उसे कार्यान्वित करने के लिए स्पष्ट फोकस (केन्द्रित ध्यान) और कार्य- पद्धति भी है। वह जानते हैं कि इतने बड़े, अत्यधिक आबादी वाले देश को - जहाँ नागरिक कई भाषाएँ बोलते हैं और विभिन्न धर्मों से संबंध रखते हैं–पूरी तरह बदलना आसान काम नहीं है।

प्रधानमंत्री के रूप में अपने प्रथम वर्ष में वह लोगों को एकजुट होकर उनके विजन (दर्शन) को साकार करने में उनकी मदद करने के लिए प्रेरित करना चाहते थे। वह यह भी चाहते थे कि राजनीतिक नेतृत्व के माध्यम से वह दुनिया-भर में पहुँचें और उनका दिल जीतें क्योंकि कुछ प्रमुख विदेशी शक्तियों के समर्थन के बिना उनके सपनों, आम आदमी के सपनों और वास्तव में भारत के सपनों को पूरा करना संभव नहीं हो पाता।

इसलिए देश में उन्होंने हर स्टेक-होल्डर (हितधारक), नौकरशाह, सांसद, वैज्ञानिक समुदाय, उद्योग-जगत, मीडिया, अर्थशास्त्रियों, न्यायपालिका, सशस्त्र बलों और पूरे राजनीतिक वर्ग को संबोधित किया।

विदेश में भी उन्होंने लाखों दिलों को हुआ है। वे जहाँ भी गए हैं उन्होंने वहाँ के प्रवासी भारतीयों से बात की है, उनके स्वाभिमान और अन्य राष्ट्रों की नजर में भारतीयों की प्रतिष्ठा को बढ़ाया है। उन्होंने जी20 शिखर-सम्मेलन को संबोधित किया है, यूनेस्को को संबोधित किया है, संयुक्त राष्ट्र महासभा को संबोधित किया है, राष्ट्राध्यक्षों के साथ कई मंच साझा किए हैं और विदेशों में राजनीतिक समुदाय और उद्योग-जगत को भी संबोधित किया है।

इतनी कम अवधि में इतने सारे भाषण देने के लिए–और वह भी अलग-अलग शैक्षिक पृष्ठभूमि वाले, अलग-अलग भाषाएं बोलने वाले, अलग-अलग समझ वाले, अलग-अलग देशों के लोगों को - विचारों की स्पष्टता, तैयारी, हिम्मत, ज्ञान और सबसे बढ़कर ऊर्जा की आवश्यकता होती है।

वक्तृत्व के मंच पर मोदी ऐसे विजेता के रूप में उभरे हैं जैसा पहले कभी नहीं हुआ। एक गुरु-शिल्पकार होने के नाते वह अलग-अलग दर्शकों के सामने अलग-अलग सेटिंग्स (परिपेक्ष्य) में एक अलग अवतार धारण कर लेते हैं। कुछ के लिए वह एक शिक्षक हैं, दूसरों के लिए एक महान प्रेरक; कुछ उन्हें एक नेता के रूप में देखते हैं और कई एक उद्धारकर्ता के रूप में। मोदी ने खुद को एक कुशल वक्ता साबित किया है।

'I am a firm believer in the people. If given the truth, they can be depended upon to meet any national crisis. The great point is to bring them the real facts.

—Abraham Lincoln

'मैं लोगों में दृढ़ विश्वास रखता हूँ। अगर उन्हें सच्चाई दी जाए तो किसी भी राष्ट्रीय संकट से निपटने के लिए उन पर भरोसा किया जा सकता है। बड़ी बात यह है कि उन्हें वास्तविक तथ्य बताए जाएँ।'

-अब्राहम लिंकन

एक शानदार नेता और वक्ता से सबक

- अपने भाषण को दर्शकों के अनुसार तैयार करना सार्वजनिक-भाषण-कला का सबसे महत्वपूर्ण पहलू है। एक अच्छा वक्ता उसी विषय अथवा मुद्दे को अलग-अलग दर्शकों के सामने अलग-अलग प्रकार से पेश करता है। दूसरे शब्दों में कहें तो ऐसे वक्ता गिरगिट की तरह होते हैं जो पर्यावरण और पृष्ठभूमि देखकर रंग बदल सकते हैं।
- नरेंद्र मोदी ने इस कला में महारत हासिल की है और अपने वक्तृत्व-कौशल से युवा और बूढ़े सब तरह के लोगों का हृदय जीता है। अपने चुनाव अभियान के दौरान उन्होंने लाखों भारतीयों में आशा और उत्साह की भावना का संचार किया और अपने अभियान को अपने राजनीतिक दल व आम जनता के साझे प्रयास द्वारा देश में बदलाव लाने की दिशा में किया गया जन-आंदोलन बना दिया।
- मोदी जब भी बोलते हैं वह श्रोताओं के दिलो-दिमाग पर छा जाते हैं। वह बोलने के लिए खड़े होते हैं तो श्रोताओं के दिलों में प्रत्याशा व अपेक्षाएँ जागृत होने लगती हैं।
- मोदी के भाषण पहले से तैयार किए हुए नहीं लगते। वे त्रुटिहीन होते हैं और बिना किसी खुरदरेपन के सुचारू रूप से प्रवाहित होते हैं। उनकी मंच उपस्थिति अद्‌भुत होती है और वह आसानी से श्रोताओं पर हावी हो जाते हैं।
- नरेंद्र मोदी के मंचीय-प्रदर्शन से बॉडी-लैंग्वेज (शारीरिक मुद्राओं) के बारे में बहुत कुछ सीखा जा सकता है। वह अपने हाथों, हाथों की उंगलियों, बाहों और चेहरे के भावों का प्रयोग अपने भाषण से सही तालमेल बैठाकर करते हैं।
- जब नरेंद्र मोदी बोलते हैं तो प्रतीत होता है कि उनका भाषण बोलते-बोलते ही तैयार किया जा रहा है। यह वक्तृत्व-कौशल की पराकाष्ठा है और उत्कृष्ट शिल्प है। और यह काम वह बड़ी सरलता से करते हैं, दर्शकों के स्तर, उनकी पृष्ठभूमि, यहाँ तक कि विषय और अवसर की भी परवाह किए बिना।

- वकील लोग जजों के सामने बहस करते हैं; बिजनेस-एग्जेक्टिव (व्यापार-अधिकारी) सभाकश, सेमिनार अथवा सम्मेलनों में बोलते हैं; शिक्षक छात्रों को संबोधित करते हैं; लेकिन नरेंद्र मोदी सब से बात करते हैं; और भारत ही नहीं विदेशों में भी सब तरह के लोगों को संबोधित कर चुके हैं। स्कूली बच्चों से लेकर अनुभवी सांसदों तक, भारतीय विज्ञान कांग्रेस से लेकर आर्थिक मंचों तक; नौकरशाहों से लेकर प्रवासी भारतीयों तक, उन्होंने सबको उनका अनुसरण करने के लिए प्रेरित किया है और इस प्रकार अपने देशवासियों और विदेशों में बसे महत्त्वशाली लोगों तक अपने दृष्टिकोण व अपनी सोच को पहुँचाने के अपने इरादे में सफलता भी प्राप्त की है।

4

उंगलियों पर तथ्य

तर्क द्वारा अपने नजरिये को व्यक्त करने की कला

The finest eloquence is that which gets things done'

—David Lloyd George

'श्रेष्ठ वाक्पटुता वह है जो काम करवा सके'

-डेविड लॉयड जॉर्ज

तर्क-संगत विवेचन और कोरे तथ्यों से अधिक आश्वस्त करने वाला कुछ नहीं होता। भावनाओं और बयानबाजी की बनिस्बत तर्क और तथ्य लोगों की राय को अधिक शक्तिशाली रूप से प्रभावित कर सकते हैं चाहे वे लोग कितने ही हठी, पढ़े-लिखे या जानकार क्यों न हों।

नरेंद्र मोदी जानते हैं कि लोगों को उन पर भरोसा है। अपनी स्वयं की आशाओं और लोगों की उम्मीदों को बनाए रखने के लिए उन्हें न केवल लोगों के दिलों को जीतना है बल्कि उनके दिमाग पर भी विजय पानी है। उन्हें लोगों को समझाना है कि वे कहाँ हैं और कहाँ जा सकते हैं और वह (मोदी) उन्हें कैसे वहाँ ले जा सकते हैं। लोगों को विश्वास दिलाने के लिए कि बहुत कुछ किया जा सकता है उन्हें कड़ी मेहनत करनी है। यदि ऐसा किया जाता है तो भारतवासी उनके व भारत

के सपने पूरे करने के लिए मोदी का पूर्ण समर्थन करेंगे।

यह सब करने के लिए मोदी तर्क का उपयोग करते हैं और लोगों के सामने अपनी बात और अपनी सोच रखने के लिए कोरे तथ्यों और आंकड़ों का सहारा लेते हैं। साथ ही वह लोगों को यह भी बताते हैं कि अब तक क्या किया जा चुका है। लोगों को इस बात पर आश्वस्त करने के लिए कि वह यहीं रहने वाले हैं और वह सब हासिल करने वाले हैं जो उन्होंने कहा है, वह भावनात्मक दृष्टिकोण के साथ तर्क, व्यंग्य एवं विनोद की छटा भी खूबसूरती से मिला देते हैं।

मोदी के पास भावनाओं को सूक्ष्मता से तथ्यों के साथ जोड़ने का कौशल है और मामले को निर्विवाद ढंग से पेश करने के लिए वह आंकड़ों का उपयोग भी कर सकते हैं। अमेरिका की काउंसिल ऑन फॉरेन रिलेशंस (विदेशी सम्बन्धों की परिषद) को हिन्दी में संबोधित करते हुए उन्होंने कहा,

> बड़े लंबे समय के बाद लोगों में आकांक्षाएं जगी हैं। उन्होंने इतनी नकारात्मकता देखी है कि अब उनकी आकांक्षाएं बहुत बड़ी हैं। पहले, यह काम आसान था क्योंकि राजनेता छोटे-छोटे पृथक समूहों से सरोकार रखते थे और उन्हें खुश रखते थे। इस तरह वे अपना वोट-बैंक भी बनाए रखते थे। आज लोग कुछ नया चाहते हैं। लोग प्रगति चाहते हैं, सुशासन चाहते हैं। हम सबसे पुरातन सभ्यता वाले सबसे युवा राष्ट्र हैं; हमारे लिए सरकार की स्थिरता बहुत बड़ी बात है। जनता ने नीव डाल दी है। लेकिन आज सरकारी प्रशासन सबसे बड़ी समस्या है। मध्यम-वर्ग अभी-अभी गरीबी से बाहर निकला है और वह वापस गरीबी में नहीं जाना चाहता। यदि हमने स्थिति को नहीं संभाला और मध्यम-वर्ग फिर से गरीबी की दशा में धँस गया तो हम पर लोगों का विश्वास उठ जाएगा। यदि कोई व्यक्ति बीमार भी पड़ता है, तो उसे उसका डॉक्टर चाहिए होता है, क्योंकि उसे उस पर और केवल उसी पर भरोसा होता है। इसी तरह, सरकार को भी लोगों में विश्वास पैदा करना होगा।

फिर उन्होंने बारीकियों को लिया, 'हम अपनी अर्थव्यवस्था को तीन स्तंभों पर चलाना चाहते हैं: कृषि 30 प्रतिशत; विनिर्माण 30 प्रतिशत; और सेवा-क्षेत्र 30 प्रतिशत, ताकि यदि इनमें से कोई एक अच्छे परिणाम न भी दिखाए तो अन्य दो उसे संभाल लें।' उनका तर्क सदियों पुराने ज्ञान पर आधारित था: सभी अंडे कभी भी एक टोकरी में न रखें। उन्होंने यह भी कहा कि सभी क्षेत्रों को समान अवसर मिलने चाहिए। 'हम जो भी पैदा करें वह 'जीरो डिफेक्ट' और 'जीरो एफेक्ट' वाला होना चाहिए अर्थात वह त्रुटि-हीन होना चाहिए और पर्यावरण पर उसका कुप्रभाव भी शून्य होना चाहिए।'

मोदी एक महान शिक्षक हैं। अलग-अलग पृष्ठभूमि से आने वाले उनके सहयोगियों में वह बड़ी सरलता से घुल-मिल जाते हैं। वह उन्हें प्रेरित करते हैं कि वे साथ मिलकर काम करें और अपनी उपलब्धियों के बारे में बोलें। वह पार्टी के लोगों को समझाते हैं कि जो कुछ भी वह कर रहे हैं वह क्यों कर रहे हैं, जैसे कि न्युक्लियर एनर्जी (परमाणु ऊर्जा) की कमी पर भाजपा सांसदों की एक कार्यशाला में दिए गए भाषण में उन्होंने कहा,

> हम हरित-क्रान्ति कैसे ला सकते हैं? न तो हमें कोई परमाणु टेक्नोलॉजी देता है और न ही परमाणु ईंधन। यह इसलिए कि जो राष्ट्र हमें अनुगृहीत करना चाहता है उस पर ऐसा न करने के लिए अंतरराष्ट्रीय दबाव भी हैं। हम अंतरिक्ष अनुसंधान में तो आगे बढ़े हैं लेकिन परमाणु दौड़ में और स्वच्छ-ऊर्जा के मामले में बहुत पीछे रह गए हैं.... हम अपनी उपलब्धियों के बारे में पर्याप्त बात नहीं करते। हमें लोगों को बताना चाहिए कि हम क्या कर रहे हैं, हमने क्या किया है और क्या करना चाहते हैं। लोगों का भरोसा बनाए रखने के लिए हमें 'इको इफेक्ट' (गूंज-प्रभाव) पैदा करना है।

जब विपक्ष ने मोदी पर कटाक्ष किया कि वह केवल उनकी बनाई नीतियों के नाम बदल रहे हैं, तो उन्होंने पलटवार करते हुए कहा, 'नाम नए हैं लेकिन समस्याएँ पुरानी हैं। ये समस्याएं हमारे लिए आपकी देन हैं, आपकी विरासत हैं। आपको खुश होना चाहिए कि हम इनके समाधान ढूंढ रहे हैं।'

एक अन्य टिप्पणी पर प्रतिक्रिया देते हुए उन्होंने कहा, 'पहले लोग हमसे पूछा करते थे कि हम (भाजपा) आजादी की लड़ाई के दौरान कहाँ थे। हमने उनसे पूछा कि 1857 के विद्रोह के दौरान वे कहाँ थे। हमें ऐसी नोक-झोंक में नहीं उलझना है ... सरकारें आती-जाती रहती हैं; विचारधाराएँ, दर्शन स्थिर रहते हैं।'

लोकसभा में यूपीए सरकार द्वारा महात्मा गांधी राष्ट्रीय ग्रामीण कर्मचारी गारंटी अधिनियम (मनरेगा) के तहत शुरू की गई योजनाओं की बात करते हुए उन्होंने कहा,

> मेरी राजनीति कहती है कि मैं मनरेगा को बंद नहीं कर सकता। आपने मनरेगा से एक खाई खोदी थी। वह आपकी कमजोरी थी और मैं उसे उछालता रहूँगा ... भ्रष्टाचार ने इस देश को तबाह कर दिया है। हम 'किसकी कमीज ज्यादा सफेद है' की उलझन में फंसे रहते हैं जबकि हमें एक साथ समाधान ढूँढने हैं ... आप बहुत अनुभवी हैं, आपको हमारा मार्गदर्शन करना चाहिए ... हम नीति-संचालित शासन देंगे। सारी नीतियाँ दोष-रहित नहीं हो सकतीं लेकिन हम सुनिश्चित करेंगे कि संशय की संभावनाएँ न्यूनतम हों। हमारे पास राजनीतिक इच्छा-शक्ति है और हम प्रयासरत हैं।

फिर कुछ कठोर वास्तविकताओं को इंगित करते हुए उन्होंने कहा, 'हमें स्कूलों के लिए शौचालयों की आवश्यकता है। हमें 4.25 लाख शौचालय चाहिए, 1.5 लाख नए बनाए जाने हैं और बाकियों की मरम्मत होनी है। हमने मानचित्र तैयार कर लिए हैं। 65,000 नए शौचालय बना भी लिए हैं। इस विशाल लक्ष्य को प्राप्त करने के लिए हमें प्रति सेकेंड एक शौचालय बनाने की जरूरत है!'

फिर उन्होंने एक बड़ा झटका दिया: 'हमें अपने नागरिकों पर भरोसा नहीं है। उन्हें हर कागज किसी सरकारी अधिकारी से क्यों प्रमाणित करवाना पड़ता है? वे उन्हें स्वयं क्यों प्रमाणित नहीं कर सकते? मुझे वीजा देने से इंकार कर दिया गया, मेरा मजाक उड़ाया गया, मेरा अपमान किया गया ... कितने सैकड़ों प्रोजेक्ट अटके पड़े हैं - यदि पुल तैयार है, तो किसी तरफ भी सड़क नहीं है; यदि सड़कें तैयार हैं, तो पुल

बनने में सालों लग जाते हैं।'

जैसा कि ऊपर देखा गया है, मोदी एक ही भाषण में अलग-अलग बिंदुओं को इतनी सहजता और उत्साह से उठाते हैं कि दर्शकों को वे अलग-अलग धागे न होकर विभिन्न रंगों और गठन से बुने हुए बढ़िया कपड़े के रूप में दिखाई देते हैं।

अपने चुनाव अभियान के दौरान दिल्ली विश्वविद्यालय के छात्रों को संबोधित करते हुए उन्होंने कहा,

> आजादी के छह दशकों के बाद भी हम स्वराज की तलाश में हैं। हम सुशासन की तलाश में हैं। आज सरकार आग बुझाने का काम कर रही है। उसी ओर दौड़ती है जहाँ आग लगी हो। सरकार को सोचने और कल्पना करने की जरूरत है। इसी में हम असफल रहे हैं। देशवासियों में निराशाजनक भावना है कि हर कोई चोर है और कुछ नहीं किया जा सकता। लोग देश छोड़कर जाना चाहते हैं। मेरा अनुभव बताता है कि अब भी इन्हीं नियमों, इन्हीं लोगों, इन्हीं संस्थाओं और इन्हीं फाइलों के साथ हम आगे बढ़ सकते हैं ... एक राजदूत ने मुझसे पूछा कि भारत की दो प्रमुख समस्याएँ क्या हैं। मैंने बताया कि हमारी सबसे बड़ी समस्या यह है कि हमारी 65 प्रतिशत आबादी पैंतीस साल से कम उम्र की थी। हम उनका उपयोग कैसे करें? दूसरा, पूर्वी भारत में हमारे पास समृद्ध प्राकृतिक संसाधन हैं, उनका सही उपयोग हम कैसे करें? हम कच्चे माल का नहीं, तैयार-शुदा उत्पादों का निर्यात करना चाहते हैं।

मोदी हमारी गलतियाँ इंगित करने में देर नहीं करते और वास्तविकता पेश करते समय शब्दजाल नहीं बुनते। इसी बात को लोग पसंद करते हैं। वह अपने विजन (दर्शन) के बारे में बात करते हैं: 'हमें प्रमाण-पत्रों की नहीं कौशल की आवश्यकता।' इस संदर्भ में वह डॉ दादा धर्माधिकारी–जो विनोबा भावे के साथी थे – की लिखी पुस्तकों में से एक पुस्तक से उद्धृत करते हैं, 'उनके पास कोई नौकरी के लिए आया तो उन्होंने उससे पूछा, 'तुम क्या कर सकते हो?' उस व्यक्ति ने कहा कि वह ग्रेजुएट

(स्नातक) है। धर्माधिकारी ने फिर पूछा, 'नहीं। तुम क्या करते हो?' उस व्यक्ति ने फिर कहा, 'मैं स्नातक हूँ।' उन्हें तीन बार एक ही उत्तर मिला। हमारे स्नातक भी रोजगार के लिए अयोग्य हैं।' मोदी ने एक बार कहीं और भी यह बात कही कि उनकी मुख्य चिंता यह थी कि पैंतीस साल से कम उम्र की बड़ी आबादी को कैसे कुशल बनाया जाए। 'हमें स्कैम-इंडिया' (घोटालों-वाले-भारत) से 'स्किल-इंडिया' (हुनरमंद भारत) बनना है। हमें अलग से एक कौशल-विकास-मंत्रालय बनाना है। हमें 'श्रम मेव जयते' का नारा ईजाद करना है।'

एक बार राज्यसभा में बोलते हुए उन्होंने कहा, 'आज नीतियाँ अनुभूतियों के आधार पर नहीं बनाई जा सकतीं। गोवा और नागालैंड में ईसाइयों की बहुतायत है; जम्मू-कश्मीर में मुसलमानों की, पंजाब में सिख हैं, और इन सभी राज्यों में भाजपा की सरकारें हैं। फिर भाजपा एक हिंदू पार्टी कैसे हुई?' उन्होंने विपक्ष के इस आरोप का भी खंडन किया कि उनकी सरकार कॉरपोरेट (निकाय)-समर्थक है।

> यदि हम शौचालय और स्कूल बना रहे हैं और सॉयल-कार्ड (भूमि-पत्र) जारी कर रहे हैं, तो हम कॉरपोरेट्स के लिए क्या कर रहे हैं? क्या कौशल-विकास कारपोरेट्स के हित के लिए है? हमारी चालीस प्रतिशत आबादी आर्थिक रूप से गंगा से जुड़ी है। तो क्या गंगा की सफाई का अभियान भी कॉरपोरेट्स के लिए है? क्या हम छोटे किफायती मकान भी कॉरपोरेट्स के लिए बना रहे हैं? ऐसा नहीं है, हमें लोगों को आजीविका प्रदान करनी है, हमें कौशल-विकास पर जोर देना है। हमें कुशल लोग चाहिए।

नरेंद्र मोदी वास्तव में उन समस्याओं को पहचानने की क्षमता रखते हैं जिनका समाधान किया जाना जरूरी है। वह दृढ़ विश्वास के साथ अपनी बात तथ्यों और आंकड़ों के आधार पर प्रस्तुत करते हैं। समाधान खोजने के लिए वह सामान्य-ज्ञान का उपयोग करते हैं। वह सरल परंतु प्रभावशाली अभिव्यक्तियों का उपयोग करते हैं।

संसद में महिला-सुरक्षा के बारे में बोलते हुए उन्होंने एक ही वाक्य के साथ चर्चा का स्तर कई गुना ऊंचा उठा दिया, 'हमें रेप (बलात्कार)

का मनोवैज्ञानिक विश्लेषण नहीं करना चाहिए। क्या ऐसा करने में हमें कोई सम्मान मिलता है?'

राज्य-सभा में सूक्ष्म-उद्यमियों के बारे में बात करते हुए उन्होंने कहा, 'आज एक आम आदमी जीवनयापन के लिए फल, दूध और ब्रेड बेचता है या स्कूटरों की मरम्मत करता है। ये वे लोग हैं जो अन्य एक या दो लोगों को रोजगार भी दे रहे हैं।' उन्होंने आगे कहा, 'देश में 5.5 करोड़ ऐसी इकाइयां हैं जो ग्यारह या बारह करोड़ लोगों को नौकरियां देती हैं। इन लोगों को कोई आर्थिक सहायता अथवा कर्ज भी नहीं देता। उनका कल्याण माइक्रोफाइनेंस (सूक्षम-अर्थव्यवस्था) योजनाओं से ही हो सकता है जो गरीब लोगों को आजीविका कमाने में मदद करेंगी।'

इसके आधार पर ही, माइक्रो यूनिट डेवलपमेंट एंड रिफाइनेंस एजेंसी (सूक्ष्म इकाई विकास और पुनर्वित्त एजेंसी (मुद्रा) की नीव रखी गई, जो छोटे उद्यमियों को 50,000 रुपये से 10 लाख रुपये तक का ऋण देती है।

'इकोनॉमिक्स टाइम्स ग्लोबल समिट' को संबोधित करते हुए मोदी ने कहा, 'हमने कई मौके गँवाए हैं लेकिन हमारे पास असीमित संभावनाएँ हैं। आज हम 4 प्रतिशत से भी कम विकास-दर पर हैं, शासन रॉक-बॉटम (निम्नतम) स्तर पर है। हम यह बर्दाश्त नहीं कर सकते। हम दूरसंचार-घोटाले बर्दाश्त नहीं कर सकते। हमें नुकसान की भरपाई करनी है; आपको मेरी सरकार से पूरा समर्थन मिलेगा।'

सरकार की प्रशासनिक व्यवस्था की बात करते हुए उन्होंने प्रधानमंत्री के तौर पर हकीकत को स्वीकार किया और कहा कि हमारा सरकारी-तंत्र जटिल और धीमा है।

> हिंदू पौराणिक कथाओं में आप चार धाम की यात्रा से मोक्ष प्राप्त कर सकते हैं। सरकारी विभाग में एक फाइल छत्तीस धामों की यात्रा करती है फिर भी उसे मोक्ष नहीं मिलता। हमें प्रक्रियाओं को सरल बनाने की आवश्यकता है। मुझे तेज, प्रभावी, फुर्तीली और लचीली प्रणाली चाहिए। ऐसे कई क्षेत्र हैं जहाँ निजी-क्षेत्र बेहतर काम कर सकता है। वास्तव में, सरकार को व्यवसाय में रहने का कोई मतलब नहीं है।

बाकी दुनिया से प्रतिस्पर्धा करने के लिए मोदी ने अपने राष्ट्र और सरकार के लिए एक सूत्र को परिभाषित किया 'कौशल, पैमाना और गति'। उन्होंने बताया कि हमें क्या चाहिए:

> एक सरकार को केवल पांच काम करने होते हैं: (i) सार्वजनिक भलाई जैसे रक्षा, न्यायपालिका और पुलिस; (ii) पर्यावरण; (iii) बाजार नियंत्रण; (iv) उत्पादों की यथार्थता की जानकारी; और (v) शिक्षा व स्वास्थ्य जैसे क्षेत्रों में समाज के सबसे निचले तबके पर रहने वाले लोगों का कल्याण। सरकार को देखना होता है वह कितना पैसा खर्च कर रही है और उससे कितनी आय हो रही है। हमारी अर्थव्यवस्था का मूल्य 2 ट्रिलियन है। क्या हम 20 ट्रिलियन की अर्थव्यवस्था का सपना देख सकते हैं? क्या हमें उचित जमीनी कार्यवाई द्वारा उसकी नींव नहीं तैयार करनी चाहिए? हम यही करना चाहते हैं और यही काम कठिन है। सुधार लाना एक सतत प्रक्रिया है।

वित्तीय लीकेज (चोरी) का जिक्र करते हुए उन्होंने कहा, 'गरीबों के लिए सब्सिडी (अनुवृत्ति) की आवश्यकता है; मैं फिर से कहता हूँ कि गरीबों के लिए सब्सिडी होनी चाहिए। हमें लीकेज को रोकने की जरूरत है और वेस्टेज (अपव्यय) का तो बिलकुल सफाया ही हो जाना चाहिए... गरीबों को गरीबी से लड़ने लायक बनाने के लिए हमें बड़े-पैमाने-पर-उत्पादन के बारे में सोचने की जरूरत है और उत्पादन जो आम जनता द्वारा ही किया जाए।'

जैसा कि हमने ऊपर देखा है, अपनी बात रखते समय यह जरूरी हो जाता है कि हम स्थिति की वास्तविकता का उल्लेख करें ताकि मौजूदा समस्याओं को परिभाषित किया जा सके और समय-समय पर होने वाली उपलब्धियों का भी वर्णन किया जा सके। एक अच्छे वक्ता के लिए अपनी उपलब्धियाँ गिनवाना बहुत जरूरी होता है। संचार केवल ब्रांडिंग का ही साधन नहीं होता है बल्कि दर्शकों को आश्वस्त करने का बढ़िया जरिया भी होता है।

नरेंद्र मोदी केवल विचारक ही नहीं कर्ता भी हैं। वह अपने

एजेंडे (ध्येय) को आगे बढ़ाते हैं और सुनिश्चित करते हैं कि नीतियां वास्तविकता में तबदील हों। वह जानते हैं कि वह एक निष्क्रिय व्यवस्था से निपट रहे हैं और इसीलिए वह राष्ट्र और सरकारी तंत्र को अपनी उपलब्धियां बता-बताकर लगातार प्रेरित करते रहते हैं। एक प्रकार से वह देश को अपडेट (अद्यतन) भी करते रहते हैं। वह हालात का जायजा भी सार्वजनिक रूप से लेते हैं।

अमेरिका की काउंसिल ऑफ फॉरेन रिलेशन्स (विदेशी सम्बन्धों की परिषद) में बोलते हुए उन्होंने गरीबों को वित्तीय सहायता प्रदान करने वाली अपनी जन-धन-योजना का उल्लेख किया और इसके लिए बैंक अधिकारियों को उचित श्रेय भी दिया,

> गरीबों के खाते खुलवाने के लिए हमारे बैंक अधिकारी घर-घर गए हैं। पांच महीनों से कम समय में 14 करोड़ खाते खोले जा चुके हैं। अब धनराशि सीधे गरीबों तक पहुँचेगी। यह बहुत बड़ा रिकॉर्ड है, जिसे गिनीज-बुक के अधिकारियों ने भी स्वीकारा है - न्यूनतम समय में अधिकतम खाते खोलने का रिकॉर्ड। मैंने बैंकों से शून्य जमाधन के साथ खाते खोलने के लिए कहा। हमारे गरीबों के जज्बे को देखिए, उन्होंने 14,000 करोड़ रुपये बैंक खातों में डाल भी दिए हैं।

दिल्ली में भाजपा सांसदों की एक कार्यशाला को संबोधित करते हुए उन्होंने उन्हें परमाणु ऊर्जा के महत्व, पश्चिमी दुनिया से परमाणु प्रौद्योगिकी और ईंधन प्राप्त करने में पेश आने वाली कठिनाइयों और इसे प्राप्त करने के लिए उनके व्यक्तिगत प्रयासों के बारे में समझाया: 'मैं मेक-इन-इंडिया के लिए जर्मनी के हेनोवर में होने वाले मेले में गया। फ्रांस हमें परमाणु प्रौद्योगिकी देने के लिए सहमत हुआ है और कनाडा हमें पांच साल के लिए परमाणु प्रौद्योगिकी और ईंधन देने वाला है।' ऐसे मंचों पर वह अपनी शैली को बहुत अनौपचारिक रखते हैं जैसे कि वह अपनी ही पार्टी के लोगों से बात कर रहे हों।

उसी कार्यशाला में भ्रष्टाचार और उनकी कई नई नीतियों और उपलब्धियों के बारे में बात करते हुए उन्होंने कहा,

जब हम कहते हैं कि आजादी के पचहत्तर साल बाद हर व्यक्ति के पास उसका एक घर होना चाहिए तो क्या हम यह अमीरों का फायदे के लिए कर रहे होते हैं? यदि हम कहते हैं कि पिछली सरकार ने कुछ नहीं किया तो क्या हम गलत कहते हैं? क्या देश पूरी तरह से भ्रष्टाचार में लिप्त नहीं है? यदि हम ऐसा कहते हैं तो क्या हम गलत ठहराए जा सकते हैं! सीमेंट की बोरी अब 150 रुपये में मिलती है, पहले यह 350 रुपये में बिकती थी। यह हमने किया है और उन्हें यानि कि पिछली सरकार को कर दिखाया है।

रसोई गैस सब्सिडी का जिक्र करते हुए उन्होंने कहा,

चार लाख लोगों ने अपनी गैस सब्सिडी सरेंडर की (त्यागी) है। इससे प्राप्त होने वाली 200 करोड़ रुपयों की धन-राशि सरकार को नहीं मिलेगी बल्कि गरीबों के घरों में चूल्हे जलाने के लिए उपयोग होगी। अब उन्हें कोयले अथवा लकड़ी का इस्तेमाल करने की आवश्यकता नहीं होगी और इससे पर्यावरण भी सुधारेगा। यदि एक करोड़ लोग उनकी सब्सिडी छोडते हैं तो एक करोड़ गरीब लोगों को रसोई गैस उपयोग करने को मिलेगी।

पूर्ववर्ती कई सरकारों द्वारा जनता को दिये जाने वाले मुफ्त उपहारों के संबंध में एक बहुत ही उपयुक्त टिप्पणी करते हुए उन्होंने कहा, 'राजनीति कहती है फ्री में दो, लेकिन राष्ट्रनीति कहती है कि लोगों के पास पैसा हो जिससे उनकी बाईंग पावर (खरीदने की शक्ति) बढ़े। इससे इकोनोमी (अर्थव्यवस्था) को भी प्रोत्साहन मिलेगा।'

स्वच्छ भारत के बारे में बात करते हुए उन्होंने कहा,

लोग कहते हैं कि शौचालय बनवाना प्रधानमंत्री का काम है क्या? लेकिन मैं एक साधारण व्यक्ति हूँ और मैं छोटी-छोटी चीजों का भी ध्यान रखता हूँ। गंदगी और साफ-सफाई का अभाव एक मानसिकता से जुड़ा है। हमें इसे बदलना है, हमें इस रवैये को बदलना है। विदेश-मंत्री सुषमा जी ने किसी दूतावास की स्वच्छता

अभियान से पहले और उसके बाद की कुछ तस्वीरें भेजी हैं। दोनों में बहुत अंतर है। हमारी सोच को बदलने की जरूरत है।

मुख्यमंत्री के रूप में गुजरात में अपनी उपलब्धियों के बारे में वे कहते हैं,

> हमारे आदमी के पास हेल्थ-कार्ड (स्वास्थ्य-पत्र) नहीं है। लेकिन हमने गुजरात में हर किसान के पास भूमि-स्वास्थ्य-कार्ड दिया है, जो उसे बताता है कि उसकी जमीन पर कैसी फसल सही रहेगी। हमने 6 लाख स्ट्रक्चर्स (संरचनाएं) पानी बचाने के लिए बनाए, देश भर में वाटर टेबल (जल-स्तर) नीचे जा रहा है, गुजरात में वो ऊपर आ रहा है। मोर ड्रॉप पर क्रॉप (हर फसल के लिए अधिक पानी) का मेरा नारा है और मैं 44 डिग्री की गर्मी में हर साल कृषि महोत्सव करता हूँ। पहले गुजरात में 23 लाख कॉटन-बेल (कपास की गठरी) बनती थी, अब 1 करोड़ 23 लाख बेल बनती हैं। टेक्सटाइल टु फाइबर (कपड़े से रेशा), फाइबर टु फैब्रिक (रेशे से कपड़ा), फैब्रिक टु फैशन (कपड़े से फैशन) और फैशन टु फॉरेन (फैशन से विदेश)–एक कंप्लीट चेन (पूरी शृंखला) होनी चाहिए।

पिछली सरकार से अपनी सरकार के प्रदर्शन की तुलना करते हुए और उन्हें जवाबदेही के नुक्ते पर घेरते हुए, उन्होंने सभी तथ्य बड़ी स्पष्टता से लोगों के सामने रखे। 'यदि यूपीए सरकार में पैंतालीस महीनों में 7 करोड़ आधार कार्ड जारी किए गए तो हमने नौ महीनों में 17 करोड़ जारी किए। मनरेगा ने पैंतालीस महीनों में 5,000 लोगों को रोजगार दिया, हमने नौ महीनों में 8 लाख को। 2013-14 में आपने 100 दिन काम देने की गारंटी (आश्वासन) दी लेकिन औसतन 42.5 दिन का ही काम दिया। आपने एक लाख करोड़ रुपये खर्च किए लेकिन उसका कोई ऑडिट (अंकेक्षण) नहीं हुआ।'

केंद्र-राज्य संबंधों के बारे में बात करते हुए उन्होंने कहा, 'आजादी के बाद पहली बार, बजट का 62% स्टेट्स (राज्यों) को जाएगा और 38% सेंटर (केंद्र) के पास रहेगा। हम को-ओपरेटिव फेड्रलिस्म (सहकारी-संघवाद)

चाहते हैं। मैं मुख्य-मंत्री की तकलीफ समझता हूँ। देश सफल तब होगा जब स्टेट्स सफल होंगी।'

टोरंटो में प्रवासी भारतीयों से बात करते हुए, उन्होंने राष्ट्रीय ध्वज के रंगों का महत्व समझाया और उसे अपनी उपलब्धियों और रणनीति से भी जोड़ दिया।

> हमारे झंडे में चार रंग हैं—केसरिया, सफेद, हरा और नीला। केसर ऊर्जा का प्रतीक है। पहले हम केवल मेगावाट के संधर्भ में बात करते थे; अब हम गीगावाट की बात करते हैं। हमें साफ ऊर्जा चाहिए क्योंकि हम ग्लोबल-वार्मिंग (वैश्विक-उष्मता) के छठे हिस्से के लिए जिम्मेदार हैं। हमें 175 गीगावाट ऊर्जा की आवश्यकता है। ऊर्जा संरक्षण हेतु, पहले सरकार एलईडी बल्ब 350 रुपये प्रति बल्ब के दर से खरीदती थी और अब हम 85 रुपये बल्ब की दर से खरीदते हैं।

फिर उन्होंने पूछा, 'क्यों भाईयो, ट्रांसपिरेसी (पारदर्शिता) आई या नहीं आई?'

दिल्ली विश्वविद्यालय के छात्रों को संबोधित करते हुए उन्होंने शिक्षा के क्षेत्र में नए विकल्पों की बात की और कहा, 'गुजरात में ग्यारह विश्वविद्यालय थे, आज चौवालीस हैं। हमने फोरेंसिक साइंस (न्यायालयिक-विज्ञान) का पहला विश्वविद्यालय शुरू किया है, दुनिया में सबसे पहला; लोगों के पुलिस-भर्ती के लिए आवश्यक प्रशिक्षण के लिए हमने रक्षा-शक्ति-विश्वविद्यालय शुरू किया है; शिक्षकों की शिक्षा के लिए एक नया संस्थान शुरू किया है। क्या हम शिक्षकों का निर्यात कर सकते हैं या नहीं? शिक्षक पीढ़ियों को प्रभावित करते हैं।'

युवा श्रोताओं की एक सभा को प्रेरित करते हुए उन्होंने कहा, 'हम एक बहुत बड़ी मंडी हैं; लोग अपना सामान हम पर डंप (ढ़ेर) करते हैं। इसके बजाय हमें महान उत्पादक देश बनना चाहिए और अपना माल संसारभर में डंप करना चाहिए। हमें अपना नजरिया बदलना है। जापान में मैंने ओलंपिक्स का नारा लगभग हर चीज पर देखा, बिस्कुटों से लेकर क्रॉकरी, हर चीज पर। और वह नारा था, 'क्या हम ओलंपिक्स की मेजबानी के लिए तैयार नहीं हैं?' हमने राष्ट्रमंडल खेलों के दौरान क्या किया?'

विपक्ष पर तंज कसते हुए उन्होंने कहा, 'जिन लोगों ने काम किया भी वे भी नहीं जानते कि क्या और क्यों किया।' उन्होंने कहा कि जो लोग काम करना चाहते थे उन्होंने बहुत कुछ किया, और कहा, 'मैंने वाइब्रेन्ट (जीवंत) गुजरात का प्रक्षेपण किया और केवल दस दिन में ही उसमें भाग लेने वाले देशों की संख्या 121 तक पहुँच गई - दुनिया के सकल-घरेलू-उत्पाद (जीडीपी) का लगभग 50 प्रतिशत वहाँ एक छत के नीचे था।' अमेरिका और टोरंटो में प्रवासी भारतीयों को संबोधित करते हुए उन्होंने घोषणा की, 'हम शीघ्र ही OCI (भारत के प्रवासी नागरिक) और PIO (भारतीय मूल के व्यक्ति) का विलय कर देंगे। आपको हर पंद्रह दिन में थाने में जाने की जरूरत नहीं पड़ेगी।'

मार्स-ऑर्बिटर-मिशन (MOM) (मंगलयान) की सफलता पर इसरो (ISRO) के वैज्ञानिकों को बधाई देते हुए उन्होंने कहा,

> मॉम (माँ) और मंगल का मिलन हुआ है। मॉम आपको कभी निराश नहीं करती। इतिहास में पहली बार कोई मिशन (लक्ष्य) पहली बार में सफल हुआ है। आप लोगों ने इतिहास रचा है। और यह रिकॉर्ड समय में किया गया - फीजिबिलिटी रिपोर्ट (संभाव्यता रिपोर्ट) मिलने के तीन साल के अंदर। अब इसरो तीन देशों के कुलीन समूह में शामिल हो गया है। सभी पुर्जे भारत में छोटे-छोटे कारखानों द्वारा बनाए गए। मैं आपको बताऊँ, उस सुबह मेरे पास दो विकल्प थे, मिशन सफल होगा या नहीं होगा। मैं आपको विश्वास दिलाता हूँ कि यदि यह सफल न भी होता तो भी मैं निश्चित रूप से यहाँ होता। यदि योजनाएं शुभ (मंगल) हों तो सफलता भी मंगलमय ढंग से मिलती है।

आगे का मार्ग प्रशस्त करते हुए उन्होंने कहा,

> असफलता की आलोचना की जाती है और यदि आप सफल होते हैं तो आपको ईर्ष्या और जलन का सामना करना पड़ता है। आपकी सफलता ने नई चुनौतियाँ पैदा की हैं। आपको अब अगली पीढ़ी को प्रशिक्षित करना है। गुरु-शिष्य परंपरा का अनुपालन होना

> चाहिए। आपने हमारे पूर्वजों को सम्मानित किया है और अगली पीढ़ी को प्रेरणा देनी है। जैसे ही स्पेस टेक्नोलोजी (अंतरिक्ष प्रौद्योगिकी) कई प्रकार के डोमेन्स (क्षेत्रों) में नए-नए एप्लीकेशन्स (अनुप्रयोग) विकसित करेगी हम जिंदगियाँ बदल देंगे। अब हमें अंतरिक्ष प्रौद्योगिकी से स्पेस एप्लीकेशन्स (अंतरिक्ष अनुप्रयोगों) की ओर बढ़ना चाहिए। हमारे पास सार्क उपग्रह होना चाहिए। हमें और भी बड़ी-बड़ी उपलब्धियों के लिए अपनी सीमाओं को लांघना होगा।

अंत में उन्होंने यह कहकर अपना प्रेरक तीर छोड़ा, 'जब हमारी क्रिकेट टीम जीतती है तो पूरा देश नाचता है। यह उससे हजार गुना अधिक महत्वपूर्ण उपलब्धि है। कल नवरात्रि का शुभ दिन है, इस विजय को हर स्कूल में मनाया जाना चाहिए।'

जब टोरंटो, कनाडा के सभागार में भारतीय प्रवासियों द्वारा उनका स्वागत 'मोदी...मोदी' के नारों से किया गया तो उन्होंने कहा,

> आपने अपने परिश्रम की बिना पर कनाडा में नाम कमाया है। कनाडा 2003 के गुजरात-शिखर-सम्मेलन में हमारा भागीदार-देश बना था और अब तक है। इस राष्ट्र के साथ हमारे बहुत अच्छे संबंध हैं। हवाई-यात्रा से आप सत्रह घंटे में कनाडा पहुँच सकते हैं लेकिन एक भारतीय प्रधानमंत्री को यहाँ आने में बयालीस वर्ष लग गए। जो बयालीस वर्षों में नहीं हुआ था वह दस महीनों में हुआ है।

अपनी पार्टी की विजय व कनाडा में भारतीयों के योगदान के बारे में बात करते हुए मोदी ने कहा, 'चुनाव वहाँ हो रहे थे, नारे यहाँ लग रहे थे। परिणाम वहाँ घोषित किए जा रहे थे और मिठाइयाँ यहाँ बाँटी जा रही थीं।' फिर एक बात पर जोर देने के लिए उन्होंने अपनी तर्जनी को हवा में उठाया और कहा, 'सारी समस्याओं का केवल एक समाधान है', इतना कहकर वह लोगों पर अपनी बात का प्रभाव देखने के लिए रुके और फिर बोले, 'वह मोदी नहीं विकास है। हमारे पास शक्ति है, हमें अवसर चाहिए। हमारे पास 260 करोड़ हाथ हैं। हम क्या नहीं कर सकते? हम इस देश को सोने की चिड़िया बना सकते हैं।

2030 तक पूरी दुनिया के कामगार भारत से होंगे। हमें 'स्कैम इंडिया' (घोटालों-वाला-भारत) से 'स्किल इंडिया' (हुनरमंद भारत) बनना है।'

प्रधानमंत्री बनने के बाद 11 जनवरी 2015 को 'वाइब्रेंट गुजरात समिट' में - जिसमें 100 से अधिक देशों ने हिस्सा लिया - बोलते हुए मोदी ने कहा,

> किसी के सपने किसी के निर्देशों पर निर्भर करते हैं। यह दिल और दिमाग का मिलन है। समस्याएं ही अवसर पैदा करती हैं। हम पृथ्वी-ग्रह को रहने के लिए सुरक्षित व स्वस्थ स्थान बनाना चाहते हैं। भारत आज ही पैदा नहीं हुआ, इसकी विरासत हजारों साल पुरानी है। यह मुट्ठी-भर शहरों का समूह नहीं है, इसमें कस्बे हैं और लाखों गांव हैं। हमें संस्कृति, नैतिकता और मूल्यों पर काम करना है। योग को 177 देशों ने अपनाया है और हम 21 जून को विश्व योग दिवस के रूप में मनाएंगे।

मोदी की सबसे बड़ी योग्यता यह है कि वह नोट्स (संकेतों) के बिना बोलते हैं लेकिन फिर भी वह तथ्यों को उद्धृत कर सकते हैं, आँकड़ों और संख्याओं को आसानी से बयान कर सकते हैं। हर प्रकार के तथ्य व आँकड़े उनकी उंगलियों की नोक पर होते हैं। कुदरत ने उन्हें बड़ी प्रबल व फोटोग्राफिक स्मरणशक्ति प्रदान की है।

प्रबल स्मरणशक्ति व घटनाओं को सही अवसर पर सही ढंग से वक्तव्य के साथ जोड़कर प्रस्तुत कर सकने की क्षमता एक वक्ता को इस लायक बना देती है कि उसका हर भाषण श्रोताओं को मंत्रमुग्ध कर देने वाली विश्वसनीयता लिए होता है। आँकड़ों व तथ्यों का वर्णन भाषण को प्रामाणिकता प्रदान करता है जो खोखली बयानबाजी नहीं कर सकती। एक प्रधानमंत्री के लिए उसकी अत्यंत व्यस्त दिनचर्या के चलते इतने सारे तथ्यों व आँकड़ों को याद रख पाना आसान काम नहीं होता।

निम्नलिखित उदाहरण मोदी की इस योग्यता को दर्शाते हैं:

उन्होंने संयुक्त राष्ट्र महासचिव और कई प्रधानमंत्रियों सहित वाइब्रेंट गुजरात शिखर सम्मेलन में भाग लेने वाले सभी मेहमानों के नाम याद रखकर उस्तरे जैसी तेज स्मरण-शक्ति का प्रदर्शन किया।

भाजपा की एक कार्यशाला में बोलते हुए उन्होंने कहा, 'यमन में 24 घंटों की बमबारी हुई; हम इसे केवल दो घंटों के लिए रुकवा सके और हजारों भारतीयों को सकुशल वापस ले आए। यह कोई मामूली बात नहीं है। मैं जनरल वी.के. सिंह को सलाम करता हूँ, उन्होंने स्वयं खड़े रहकर यह काम करवाया। सुषमा स्वराज ने दस मिनट में काम शुरू कर दिया और इन कोशिशों से हम हजारों नर्सों और गरीबों को निकाल पाए।'

दिल्ली विश्वविद्यालय में उन्होंने कहा, 'गुजरात में पशु-संबंधी 120 बीमारियों के निवारण के लिए हमने 2,500 से 3,000 पशु-स्वास्थ्य शिविर आयोजित किए। दूध का उत्पादन 80 प्रतिशत बढ़ा है। गुजरात कभी पर्यटन-स्थल नहीं था, अब पर्यटकों की संख्या भी दोगुनी हुई है।'

राज्य-सभा में उन्होंने एक दुर्घटना-बीमा-पॉलिसी का वर्णन किया जिसमें उन्हें सब आँकड़े जबानी याद थे, '330 रुपये प्रति-वर्ष या फिर 12 रुपये प्रति-माह से भी कम दर पर आपको 2 लाख रुपयों का दुर्घटना-कवच मिलता है। बीस वर्ष के लिए 248 रुपये प्रति-वर्ष की दर से अटल पेंशन योजना साठ वर्ष की आयु के बाद आपको 5,000 रुपये प्रति-माह की पेंशन दिलवाती है। यदि पति-पत्नी दोनों की मृत्यु हो जाए तो बच्चों को 8.5 लाख रुपये दिये जाते हैं।'

नरेंद्र मोदी में तथ्यों को बयानबाजी से जोड़ने की योग्यता है। वह सही समय पर सही बात कहते हैं। उस हर व्यक्ति को जो एक अच्छा वक्ता बनना चाहता है तथ्यों और आँकड़ों को प्रभावी ढंग से उपयोग करने की कला आनी चाहिए।

भव्य रणनीतिक सोच पेश करना

नेतृत्व की एक प्रमुख विशेषता है अपनी सोच को सभी हितधारकों के साथ साझा करना। हो सकता है एक नेता कड़ी मेहनत करता रहा हो और महान विचार रखता हो लेकिन वह तब तक सफल नहीं हो सकता जब तक वह अपनी सोच और अपने मंसूबों को अपनी टीम और अपने कार्यकर्ताओं के साथ साझा नहीं करता। इसलिए नारायण मूर्ति, जिम

कॉलिन्स और स्टीव जॉब्स जैसे महान नेता अपने विचारों को 'टाउन हॉल' बैठकों में साझा किया करते थे।

मोदी अपनी सोच और आकांक्षाओं को साझा करने में बहुत मेधावी हैं और ऐसा करते हुए वह बड़े भावुक और प्रतिबद्ध दिखते हैं। फिर लोगों की धारणा बहुत महत्त्व रखती है। संचार से धारणा का निर्माण होना चाहिए। लोगों को अक्सर यह कहते हुए सुना जाता है, 'हमारे प्रधानमंत्री पर हम सब को गर्व है। हम दिल से उनका सम्मान करते हैं क्योंकि वह जानते हैं कि वह क्या कर रहे हैं और वह जो कर रहे हैं उसे कैसे करना है।' उनके भाषण आशावाद से भरे होते हैं।

सबसे बड़े लोकतंत्र के नेता के रूप में, वह जानते हैं कि यहाँ हजारों समस्याएं हैं लेकिन वह यह भी जानते हैं कि उनके लिए हजारों समाधान हैं और कई और अच्छी-अच्छी बातें हैं जो की जा सकती हैं, यदि वह करना चाहें तो। जन-धन योजना के बारे में बात करते हुए वह कहते हैं, 'हमने दूसरे कई सामंजस्यों पर ध्यान दिया है लेकिन वित्तीय सामंजस्य के बारे में कभी नहीं सोचा। हमें वित्तीय-समावेश के लिए काम करना होगा; हर व्यक्ति के पास एक बैंक खाता होना चाहिए। प्रतिस्पर्धा को प्रगति की कुंजी बताते हुए, वह कहते हैं कि हमें सहकारी प्रतिस्पर्धी संघवाद की जरूरत है। जरूरी है कि राज्य एक-दूसरे से प्रतिस्पर्धा करें, तभी हम आगे बढ़ेंगे।

'नीतियाँ बनाना ही काफी नहीं है, उन्हें क्रियान्वित किया जाना भी जरूरी है। सुधार अपने आप में किसी बात का हल नहीं होते उनके पीछे उद्देश्यों का समर्थन होना चाहे। बड़े इरादे और छोटे प्रोजेक्ट दोनों का महत्व होता है।'

अपनी नीति व रणनीतिक मंशा की बात करते हुए उन्होंने कहा, 'मैं अभी जो कर रहा हूँ उसमें कुछ समय लगेगा। यदि मैंने यह अपने कार्यकाल के अंतिम वर्ष में किया होता तो लोग कहते, 'अरे ये तो अब जाने वाले हैं अब कुछ नहीं होगा।'

26 जनवरी 2015 को भारत-अमेरिका व्यापार शिखर सम्मेलन को संबोधित करते हुए उन्होंने बताया,

आगे की राह लंबी है, लेकिन अर्थव्यवस्था, जीवन की गुणवत्ता और माँ-प्रकृति के निर्माण व संरक्षण के लिए हमने अथक परिश्रम किया है। यह रातों-रात नहीं होगा लेकिन हम यह कर सकते हैं क्योंकि हमारे पास युवाओं की ऊर्जा-शक्ति है, व्यापार का उद्यम है और पूरे राष्ट्र की आशाएँ हैं। हम एक पूर्वकथनीय एवं उपकारी शासन प्रदान करेंगे और अनिश्चितताओं को खत्म करेंगे। अपनी बौद्धिक संपदा को संभालकर रखें। पैमाने और सपने बड़े हैं, संभावनाएँ एवं अवसर भी विशाल हैं। रेलवेज, स्वच्छ गंगा, शहरी-कचरा-प्रबंधन; 6,000,000 गांव का डिजिटीकरण, 5 मिलियन आवासीय इकाइयों का निर्माण, ये सब अगले सात वर्षों में किया जाना है। हमें केवल रणनीति की ही आवश्यकता नहीं है बल्कि उद्यम, नवीकरण, निवेश और कल्पना की भी आवश्यकता है। 800 मिलियन युवा भारतीयों के साथ हम विश्व-स्थिरता के लिए प्रमुख लंगर का काम करेंगे। तीन मिलियन भारतीय-अमेरिकी हैं। आज अमेरिका में भारतीय आईटी कंपनियाँ रोजगार प्रदान कर रही हैं और अमेरिका में 100,000 भारतीय छात्र हैं। दुनिया के दो सबसे बड़े लोकतंत्र होने के नाते एक-दूसरे की सफलता में हमारा मौलिक हित निहित है। यदि हम एक साथ विजयी होते हैं तो यह बहुत बड़ी सफलता होगी।

स्कूली बच्चों से बात करते हुए, उन्होंने उनके सामने एक सोच और एक उद्देश्य रखा, 'क्या आप हफ्ते में एक घंटे के लिए गरीब बच्चों के पास जाकर उन्हें पढ़ा सकते हैं? हम शिक्षा को राष्ट्रीय प्राथमिकता कैसे बना सकते हैं? स्वस्थ रहने के लिए आपको दिन में चार बार पसीना बहाना जरूरी है। क्या आप ऐसा करेंगे? आपको बड़े लोगों की जीवनियाँ पढ़नी चाहिए। हमें हर प्रकार की किताबों की जरूरत है, हम इतिहास से भी बहुत कुछ सीखते हैं। गूगल आपको ज्ञान नहीं देता, केवल जानकारी देता है।'

इकोनॉमिक-टाइम्स-ग्लोबल-समिट को संबोधित करते हुए उन्होंने कहा, 'धनराशि का पूरा मूल्य वसूल करने के लिए हमने एक व्यय-आयोग का

गठन किया है। हमें पता होना चाहिए कि हम कहाँ खर्च कर रहे हैं। हमें सार्वजनिक वितरण प्रणाली को कम्प्यूटरीकृत करने की आवश्यकता है ताकि राशन-आपूर्ति भी कम्प्यूटरीकृत हो सके और छुट-पुट चोरी को रोका जा सके।'

राज्यसभा को संबोधित करते हुए उन्होंने अपने कुछ विचार प्रस्तुत किए: 'पूर्वोत्तर राज्य अंग्रेजी-भाषी हैं। वहाँ हम बड़े पैमाने पर बीपीओ उद्योग क्यों नहीं स्थापित करते? सोना एक मृत-धन है। हमारे पास 20,000 टन सोना है। अर्थव्यवस्था को तूल देने के लिए इसका उपयोग कर सकते हैं, सोना बैंकों में जमा करवाकर हम स्वर्ण-बांड जारी कर सकते हैं जो हमारे बहुत काम आ सकते हैं।'

यूनेस्को, पेरिस में 1300 राजनयिकों को संबोधित करते हुए उन्होंने कहा:

> हमारा (भारतीय) संविधान संस्कृति और उदारता के बारे में है। यह केवल विकास के नीरस आँकड़ों के बारे में नहीं है बल्कि विश्वास और आशा की उष्ण दीप्ति के बारे में भी है। हम हर नागरिक और हर धर्म के अधिकारों की रक्षा करेंगे। हम हर बच्चे को कौशल व शिक्षा प्रदान करेंगे। हमें अगले सात वर्षों में 175,000 मेगावाट स्वच्छ ऊर्जा की जरूरत पड़ेगी। सार्वजनिक स्वास्थ्य की खातिर हमें अपनी जीवन शैली को भी बदलना होगा। हम हर वर्ष 21 जून को विश्व योग दिवस के रूप में मनाएंगे।

अपने व्यावहारिक दृष्टिकोण और भव्य बयानबाजी के मिश्रण से वह संसद में भी शानदार प्रदर्शन करते हैं जैसा कि नीचे के भाषण में देखा जा सकता है:

> भारत महान लोगों का देश है जिन्होंने अनेक बलिदान दिए हैं। एक व्यक्ति विदेशी शासन के खिलाफ खड़ा हुआ और राष्ट्र के लिए खुशी-खुशी अपना जीवन बलिदान कर गया। फिर एक और आया और उसने भी वही किया। यह सिलसिला चलता रहा लेकिन हमें स्वतन्त्रता नहीं मिली, क्योंकि वे सब लोग अकेले थे। महात्मा

> गांधी भी अकेले थे लेकिन उन्होंने इसे एक जन-आंदोलन में तबदील कर दिया। उन्होंने हर गतिविधि, हर काम को आजादी से जोड़ दिया। स्कूल में पढ़ाने वाला हर शिक्षक आजादी के लिए पढ़ाने लगा। कारखानों में काम करने वाले हर मजदूर ने महसूस किया कि वह आजादी की लड़ाई में योगदान दे रहा था। हमारे देश को और हमारी प्रगति को बदलने के लिए सरकारी कार्यक्रम काम नहीं करेंगे। हमें जन-आंदोलन करना पड़ेगा, तभी सफलता मिलेगी। महात्मा गांधी की 150वीं वर्षगांठ पर उनके सम्मान में क्या हम उन्हें एक स्वच्छ भारत भेंट नहीं कर सकते? हमने इसी उद्देश्य से एक सफाई-अभियान शुरू किया है।

अपनी विशिष्ट प्रेरक-बयानबाजी का उपयोग करते हुए वह कहते हैं, 'मुझे मेरे देश के लिए मरने का मौका नहीं मिला लेकिन मैं इसके लिए जीने का मौका तो ले सकता हूँ।' अपने-आपको कड़ी मेहनत और पूर्ण-समर्पण के लिए प्रतिबद्ध करते हुए उन्होंने दिल्ली विश्वविद्यालय के छात्रों से कहा, 'हम कागजी कार्रवाई में सालों बिता देते हैं। हमें तेजी से आगे बढ़ने की जरूरत है। हमें कुशल जनशक्ति की आवश्यकता है। प्रगति के लिए कौशल, पैमाना और गति जरूरी है।'

वक्तृत्व कला में महारत हासिल करना

नरेंद्र मोदी केवल शब्दों के ही उस्ताद शिल्पकार नहीं हैं, बल्कि बयानबाजी में डींग, शेखी और कोरे तथ्यों के पुट मिलाने की कला में भी माहिर हैं। वह एक ही भाषण में पहले वर्तमान स्थिति और उसकी त्रुटियों की समीक्षा करते हैं और फिर अपने कार्यकाल की उपलब्धियाँ गिनवाने लगते हैं। फिर वह अपने विजन (सोच व दृष्टिकोण), अपनी रणनीति और कार्यों को पूरा करवाने की अपनी क्रियाविधि की व्याख्या करते हैं और अपने वादों को पूरा करने के तरीकों का वर्णन करते हैं। वह अपनी कमजोरियों, उपलब्धियों और विजन को दर्शकों तक पहुँचाने के लिए समय के संदर्भ में आगे-पीछे जाने की अपनी अनूठी क्षमता का

भी प्रदर्शन करते हैं। उन्होंने स्पष्ट रूप से उल्लेख किया है कि लोगों तक अपनी और अपनी सरकार की प्रतिबद्धता पहुँचाने के लिए आवश्यक है कि एक इको-इफेक्ट (गूंज-प्रभाव) पैदा किया जाए।

बढ़िया वक्तृत्व 'गूंज-प्रभाव' के बारे में ही है, यह धारणाओं के बारे में भी है क्योंकि 'पब्लिक स्पीकिंग' (सार्वजनिक भाषणकला) में धारणा ही हकीकत होती है। धारणा से अभिप्राय है - लोगों को प्रभावित करना और उनका विश्वास हासिल करना। इसलिए तथ्यों, दृढ़-विश्वासों और वाक्पटुता को विवेकपूर्ण ढंग से मिश्रित करने की आवश्यकता होती है।

एक शानदार नेता और वक्ता से सबक

- बयानबाजी और भावनाओं के सान्निध्य से तर्क और तथ्य ऐसी प्रबल शक्ति का निर्माण कर सकते हैं जो जिद्दी से जिद्दी दर्शकों को भी प्रभावित कर सकती है। तथ्यों और आँकड़ों को आसानी से झुठलाया नहीं जा सकता और इसलिए वे किसी भी वक्ता के लिए एक टेफ्लॉन शील्ड (मजबूत कवच) का काम करते हैं।
- लोगों को यह बताने के लिए कि 'हम कहाँ हैं, कहाँ जा सकते हैं और यह काम हम कैसे कर सकते हैं' नरेंद्र मोदी तर्क, व्यंग्य, हास्य और भावनाओं के संयोजन से एक अति-सुंदर सिम्फनी (वाद्य-वृंद) की रचना करते हैं। यह कला हर अच्छे वक्ता को सीखनी चाहिए।
- कटु-वास्तविकताओं को आँकड़ों द्वारा ही प्रस्तुत किया जा सकता है। राष्ट्र को पहली बार पता चला कि उचित स्वच्छता-स्तर कायम करने के लिए 4.25 लाख शौचालयों की आवश्यकता है। प्रधानमंत्री होते हुए उन्होंने यह कहने का दुस्साहस किया कि हमारे स्नातक रोजगार के लायक ही नहीं हैं। उन्होंने बताया कि देश को 175 गीगावाट ऊर्जा की आवश्यकता है जो केवल परमाणु-ऊर्जा से मिल सकती है। आँकड़े ही समस्या की विशालता को परिभाषित करते हैं।
- तथ्यों द्वारा गलत धारणाओं को दुरुस्त किया जा सकता है। मोदी ने एक बार राज्यसभा में बताया कि गोवा और नागालैंड में ईसाइयों की बहुतायत है, जम्मू-कश्मीर में मुसलमान हैं और पंजाब में सिख; फिर भी इन राज्यों में बीजेपी या उनके सहयोगी-दलों की सरकारें हैं। फिर कैसे कह सकते हैं कि भाजपा एक हिंदू पार्टी है?
- एक अच्छा वक्ता वास्तविक समस्याओं की पहचान करता है और फिर तथ्यों और आंकड़ों की मदद से अपनी बात प्रस्तुत करता है। मोदी ने उन 5.5 करोड़ लोगों के बारे में बताया जो

एक-एक दो-दो व्यक्तियों को रोजगार देते हुए छोटे-छोटे व्यवसायों में कार्यरत हैं लेकिन फिर भी देश में 11 करोड़ रोजगार पैदा कर रहे हैं। उन्होंने सरकार से आग्रह किया कि ऐसी योजनाएँ बनाई जाएँ जो ऐसे छोटे उद्यमियों की वित्तीय सहायता कर सकें। MUDRA की संकल्पना इसी विश्लेषण से पैदा हुई।

- प्रगति बयानबाजी अथवा भावनाओं द्वारा नहीं बल्कि आँकड़ों द्वारा परिलक्षित होती है और मापी जाती है। मोदी भी अपने दर्शकों के सामने अपनी उपलब्धियों का वर्णन तथ्यों और आँकड़ों की मदद से करते हैं। उदाहरण के लिए, उन्होंने बताया कि पहले गुजरात में कपास का उत्पादन 23 लाख गांठ प्रति वर्ष हुआ करता था जो अब बढ़कर 1 करोड़ 23 लाख गांठ प्रति वर्ष हो चुका है। ये आंकड़े बेहद प्रभावशाली हैं।
- एक अच्छा वक्ता एक अच्छा पर्यवेक्षक भी होता है जैसा कि जापान की ओलिम्पिक की तैयारी पर मोदी की टिप्पणियों से जाहिर होता है।
- महान नेता बड़ी-बड़ी घोषणाएँ करते हैं जो कार्रवाई का प्रदर्शन करती हैं, जैसे कि अमेरिका और कनाडा में प्रवासी भारतीयों को संबोधित करते हुए मोदी ने घोषणा की कि उनकी सरकार जल्द ही ओसीआई और पीआईओ का विलय कर देगी जो बड़े लंबे समय से उनकी मांग थी। एक अच्छे वक्ता को अपने अच्छे इरादे और उपलब्धियां दिखाने के लिए हर संभव अवसर का उपयोग करना चाहिए।

5

ग्रैंडमास्टर बनें

कथाएँ, उपमाएँ, नारे और बयानबाजी

'The difference between the right word and the almost right word is the difference between lightning and a lightning bug.

—Mark Twain

सही और लगभग सही शब्द के बीच का अंतर बिजली और जुगनूँ के बीच का अंतर होता है।

-मार्क ट्वेन

महान वक्ताओं के पास अपनी बात को साबित करने के लिए, इतिहास से किस्से-कहानियाँ उठाकर सुनाने का हुनर होता है। अनेक्डोट (उपाख्यान / किस्से-कहानियाँ) दर्शकों के साथ संबंध स्थापित करने में सहायता करते हैं और संवाद को मसालेदार और जीवंत भी बनाते हैं। जब वे एक वक्ता द्वारा सुनाये जाते हैं तो वे उसके दृष्टिकोण की पुष्टि भी करते हैं।

उपाख्यान इसलिए भी प्रभावी होते हैं क्योंकि वे वक्ता और श्रोताओं के बीच की बातचीत को थोड़ा अनौपचारिक और अधिक व्यक्तिगत बना देते हैं। एक वक्ता सरल और प्रभावी उपाख्यानों के उपयोग से दर्शकों और अपने बीच की दूरी और सभी प्रकार की बाधाएँ खत्म कर सकता

है। जो नेता और वक्ता अपनी प्रस्तुतियों को सरल बनाना चाहते हों उन्हें चाहिए कि वे ऐसे उपाख्यानों का उपयोग करें जिनसे लोग आसानी से जुड़ सकें। मूल बात यह है कि उपाख्यान एक वक्ता को अधिक ईमानदार लगने में मदद करते हैं।

लेखक मेव बिंची का कहना है कि, 'यदि आप अपनी आवाज में बात करें तो आप अधिक विश्वसनीय एवं संभावित लगेंगे।' किसी बात को सिद्ध करने के लिए अपने स्वयं के अनुभवों से लिए गए उपाख्यानों का उपयोग अधिक प्रभावी सिद्ध हो सकता है।

मोदी बड़े अच्छे 'वन-लाइनर्स' (छोटे लेकिन आकर्षक वाक्यांश) का प्रयोग भी करते हैं क्योंकि ये लंबे अर्से तक दर्शकों की स्मृति में बने रहते हैं। कामयाब वकील भी ज्युरी (न्यायपीठ) को प्रभावित करने के लिए या अपने दृष्टिकोण को प्रस्तुत करने के लिए उपाख्यानों का अक्सर उपयोग करते हैं।

कहते हैं कि एक बार ज्युरी के सम्मुख अपने मामले की पैरवी करते हुए अब्राहम लिंकन को लगा कि वह केस हारने जा रहे हैं हालांकि उनका मुवक्किल एकदम निर्दोष था। कहा जाता है कि उस वक्त उन्होंने ज्युरी को एक किस्सा सुनाया जो इस प्रकार है:

> एक किसान पोर्च में बैठा था जब उसका छह साल का बेटा अचानक दौड़ता हुआ आया और बोला, 'पापा, जिस आदमी को आपने काम पर रखा है वह मेरी बहन के साथ खेत में है। वह अपनी पतलून नीचे खिसका रहा है और बहन अपनी स्कर्ट ऊपर उठा रही है। मुझे डर है कि वे पेशाब करके सारी घास न खराब न कर दें!' किसान ने कहा, 'बेटा, तुम्हारे तथ्य तो सही हैं लेकिन तुम निष्कर्ष गलत निकाल रहे हो!'

इस पर ज्युरी के सदस्य जोर से हँसे और लिंकन केस जीत गए। इसी प्रकार यीशु ने भी अपनी शिक्षाओं में दृष्टान्तों का उपयोग किया जबकि 'ईस्ट जेन' की कहानियाँ भी लोगों को प्रेरित और प्रभावित करने का एक शक्तिशाली स्रोत रही हैं। प्रासंगिक ढांचे में रहकर उनका उपयोग भी दर्शकों तक पहुँचने के लिए बढ़िया जरिया बन सकता है।

मानवीय भावनाओं का आह्वान करने वाली कहानियाँ और उपाख्यान प्रस्तुतियों को यादगार बना देते हैं। लोग तथ्यों को अक्सर भूल जाते हैं लेकिन अच्छी और करारी कहानियों को प्रायः नहीं भूल पाते। और अच्छी बात यह है कि एक बार वे कहानी को याद करते हैं तो उससे जुड़े तथ्य भी उन्हें खुद-ब-खुद याद आ जाते हैं। इस प्रकार उनकी स्मृति से बनी बड़ी तस्वीर कभी नहीं मिटती। एक अच्छे वक्तव्य का यही उद्देश्य होता है। उसे केवल क्षणिक प्रभाव ही नहीं पैदा करना होता बल्कि दर्शकों पर स्थायी छाप छोड़नी होती है।

चुनने के लिए कहानियों के प्रकार

दिमाग में स्थायी छवियाँ सृजन करने के लिए कहानियाँ और भावनाएँ मिलकर काम करते हैं। एक संचार-सिद्धांतकार निक मॉर्गन के अनुसार, कहानियां / उद्धरण / नारे पाँच प्रकार के होते हैं:

1. क्वेस्ट-टाइप यानि खोजी प्रकार की कहानियाँ जो लोगों को उनके लक्ष्य की प्राप्ति के लिए कड़ी मेहनत करने के लिए प्रेरित करती हैं खासकर तब जबकि लक्ष्य उनकी पहुँच में हो।
2. 'स्ट्रेंजर-इन-द-लैंड' टाइप यानि अचरज-भरी कहानियाँ जो किसी ऐसे नायक पर आधारित होती हैं जो कुछ भी कर सकता है और घोर-निराशाजनक स्थिति में एक उद्धारकर्ता के रूप में उभरता है।
3. रैग्स-टू-रिचीज-टाइप यानि रंक से राजा की कहानियाँ जो ऐसे लोगों पर आधारित होती हैं जो विनम्र-पृष्ठभूमि से निकलकर बड़ी सफलताएँ प्राप्त करते हैं। ऐसी कहानियाँ साधारण व्यक्ति के जीवन में न केवल आशा का संचार करती हैं बल्कि उसे महत्वाकांक्षी लक्ष्यों की प्राप्ति के लिए प्रेरित भी करती हैं।
4. लव-स्टोरीस यानि प्रेम-कथाएँ जीवन में प्रेम-घृणा-संबंधों पर आधारित होती हैं। इनमें संगठनों के बीच के सहयोग अथवा लोगों के आपसी सम्बन्धों का वर्णन होता है जिन्हें समाधान तक पहुँचने के लिए कई प्रकार के उतार-चढ़ाव की स्थिति से गुजरना पड़ता है।

5. रिवेंज-स्टोरीस यानि बदले की भावना वाली कहानियाँ जो लोगों को प्रेरित करती हैं कि वे जीवन में हिसाब चुकता करते रहें और शोषित के लिए न्याय की माँग करें।

एक महान वक्ता सही संदर्भ में सही दर्शकों के लिए सही प्रकार की कहानी चुनता है और फिर एक मास्टर शिल्पकार की तरह उसे चुपचाप अपने भाषण में सँजो लेता है। अपनी बात स्पष्ट करने के लिए नरेंद्र मोदी भी बड़ी समझदारी से कहानियों, नारों और जोरदार भावों व उपाख्यानों का उपयोग करते हैं।

रैग्स-टू-रिचीज-फॉर्मेट (रंक से राजा प्रारूप) का इस्तेमाल करते हुए वह अपनी गरीब पृष्ठभूमि का उल्लेख करते हैं और दिखाते हैं कि वह फिर भी प्रधानमंत्री बन गए। फिर वह लोगों से आग्रह करते हैं कि अर्थव्यवस्था को दस गुना बढ़ाने के उनके भव्य आर्थिक विचार में उनका साथ दें।

उन्होंने अक्सर अपने-आपको 'सामान्य वर्ग का आदमी, एक चाय बेचने वाला व्यक्ति' बताया है। उनकी अपनी कहानी न केवल आम आदमी को प्रेरित करती है बल्कि उनके लिए सम्मान भी बटोरती है। लव स्टोरी फॉर्मेट (प्रेम-कथा प्रारूप) का इस्तेमाल करते हुए उन्होंने संसद में विपक्ष के बारे में अक्सर कहा है, 'हमारे कितने भी मत-भेद हो, हमें सब को साथ लेकर चलना है।' वे कहते हैं, 'हमें अपनी ईगो (अहंकार), अपने अभिमन को दूर रखना होगा।' लोगों को वह अक्सर उत्साहित करने और जीतने वाले किस्से सुनाते हैं: 'क्या हम इस देश की इकोनोमी (अर्थव्यवस्था) को 2 ट्रिलियन से 20 ट्रिलियन तक नहीं ले जा सकते हैं? क्या हम अपनी 1.25 करोड़ की डेमोक्रेसी (लोकतंत्र) को एक ताकत के रूप में दुनिया के सामने नहीं रख सकते?'

कहानी सुनाने की कला

नरेंद्र मोदी अपने भाषणों में लघु-कथाएँ और उपाख्यान बुनने की कला में महारत रखते हैं। अपने दृढ़-विश्वास को प्रदर्शित करने के लिए वह

आमतौर पर अपने व्यक्तिगत अनुभवों को कहानियाँ बनाकर सुनाते हैं और अपनी बात लोगों तक बड़े प्रभावी और विश्वासोत्पादक ढंग से पहुँचा देते हैं।

श्रीराम कॉलेज ऑफ कॉमर्स (एसआरसीसी) में दिल्ली विश्वविद्यालय के छात्रों को संबोधित करते हुए उन्होंने गुजरात मॉडल की बात की और भारत के सुदूर कोनों में एक किसान की आकांक्षाओं की सराहना करते हुए एक किस्सा सुनाया:

> महाराष्ट्र के सीमा-वर्ती इलाकों में एक आदिवासी क्षेत्र है, जहाँ मैं राजनीति में आने से पहले अक्सर जाया करता था। बाद में उस क्षेत्र के किसान मेरे पास आए और कहने लगे, 'कृपया हमारी सड़कों के बारे में कुछ कीजिए।' मैंने उत्तर दिया, 'लेकिन आपके पास तो अच्छी टार की सड़कें हैं, तो समस्या क्या है?' उन्होंने कहा, 'हाँ अच्छी टार की सड़कें तो हैं लेकिन उनमें भी सुधार की आवश्यकता है। हम निर्यात-गुणवत्ता वाले केले उगाते हैं जो फिनलैंड को निर्यात किए जाते हैं। जब हमारे केले ट्रकों द्वारा भेजे जाते हैं तो हमारी उपज का 20 प्रतिशत भाग खराब हो जाता है क्योंकि सफर हमवार नहीं होता। हमें पेवर-रोड्स (कोंक्रीट वाली पक्की सड़कें) चाहिए।'

मोदी ने आगे समझाया, 'दोस्तो, दिल्ली जैसी जगहों पर भी पेवर-रोड्स नहीं हैं। जरा इन किसानों की दूरदर्शिता और आदिवासी क्षेत्रों में भी उनकी आकांक्षाओं के बारे में सोचिए। यदि मेरे साथी-नागरिक इतना सब करने की महत्त्वाकांक्षा रखते हैं तो मैं अपने देश के लिए एक उज्ज्वल भविष्य स्पष्ट रूप से देख सकता हूँ।'

उन्होंने आगे कहा कि महान आकांक्षाएँ और कुछ अच्छा करने की इच्छा सफलता की पहचान हैं। कोई भी देश तब तक प्रगति नहीं कर सकता जब तक वह बड़ा नहीं सोचता, और ज्यादा की इच्छा नहीं करता। हमारा समय आ गया है और हम भी अब बड़े-बड़े काम करेंगे।

इस बिंदु को स्पष्ट करने के लिए, मोदी ने दक्षिण कोरिया और उसकी उपलब्धियों की बात की। 'एक राष्ट्र जिसे हमसे भी बाद में

आजादी मिली ओलिंपिक्स की मेजबानी कर चुका है। और जब उन्होंने खेलों की मेजबानी की तो पूरी दुनिया चकित रह गई। वही दक्षिण कोरिया के लिए टर्निंग प्वाइंट (बदलाव का बिन्दु) था। लोगों ने स्वीकार किया कि दक्षिण कोरिया राष्ट्र बन चुका था। उसका समय आ गया था।'

इस तथ्य की पुष्टि करने के लिए कि भारत भी अब एक महान शक्ति बनने की कगार पर है और यह भी कि दुनिया भारत को अब अलग नजरों से देखने लगी है, उन्होंने दिल्ली विश्वविद्यालय के छात्रों को संबोधित करते हुए उन्होंने कहा,

> हमें पूरे आत्मविश्वास के साथ दुनिया से निपटने की जरूरत है। हम किसी से कम नहीं हैं... जब राष्ट्रपति बिल क्लिंटन भारत आए थे तो वह जयपुर के पास एक गांव में गए थे; उन्होंने अपनी आँखों से देखा कैसे ग्रामीण महिलाएँ कंप्यूटर-सेंटर चला रही थीं।
>
> इसी यात्रा के दौरान एक दलित लड़का पता नहीं कहाँ से निकला और क्लिंटन से बात करने के लिए उनके पास गया। हर कोई हैरान था और चिंतित भी। वे चिंतित थे कि वह कुछ मूर्खतापूर्ण बात बोल देगा और उन्हें शर्मिंदा करेगा। लेकिन इस लड़के ने कुछ ऐसा कहा जिससे पूरे देश को सुखद आश्चर्य हुआ। उसने राष्ट्रपति से पूछा (जिसे पूरी दुनिया ने टीवी पर देखा) 'मिस्टर क्लिंटन, क्या आपको अब भी लगता है कि मेरा देश पिछड़ा हुआ है? क्या आप अब भी मानते हैं कि यह अब भी गरीबी और अंधविश्वास में डूबा हुआ है?' जब दुभाषिये ने इसका अनुवाद किया तो क्लिंटन ने उत्तर दिया, 'नहीं, अब मुझे ऐसा नहीं लगता। मैं जहाँ भी जाऊँगा दुनिया को बताऊँगा कि भारत वास्तव में क्या है।'

नरेंद्र मोदी के पास चीजों को जोड़ने की अद्‌भुत कला है। वह बड़ी आसानी से किसी प्रभावशाली घटना को कहानी का रूप दे सकते हैं। उनकी लघुकथाएँ, घटनाएँ और उपाख्यान बहुत प्रभावशाली होते हैं। वह अपनी कहानियों को बड़ी अच्छी तरह अपने भाषणों के संदर्भ से जोड़ सकते हैं।

वह घटनाओं का उल्लेख मार्मिक और प्रेरक कहानियों के रूप में करते हैं और इस प्रकार एक ठोस संदेश देते हैं कि भारत में सरल, बेफिक्र और जमीन-से-जुड़े-हुए लोग रहते हैं जो कमाल के काम कर सकते हैं और मुश्किल परिस्थितियों में भी रिकॉर्ड समय में विश्व- स्तरीय उत्पादों का निर्माण कर सकते हैं। ऐसा ही एक उल्लेख यहाँ प्रस्तुत है:

> जब मैं गुजरात का मुख्यमंत्री था तो एक दिन एक युवक मुझसे मिलने आया। वह देखने में बड़ा साधारण लग रहा था, प्रभावशाली तो कतई नहीं था और बातचीत करने में भी एकदम साधारण-सा था। वह एक गुजराती था जो अफ्रीका में पैदा हुआ था और बाद में कनाडा चला गया जहाँ वह पला-बढ़ा। हमने कुछ मिनट बात की लेकिन मुझे लगा कि वह मेरा समय बर्बाद कर रहा था। तो मैंने उसे बड़ौदा के कलेक्टर से मिलने के लिए कहा। मैंने अपने पीए से कहा उसे वहाँ से हटाए क्योंकि वह केवल मेरा समय बर्बाद कर रहा था। मेरे कार्यालय ने कलेक्टर को सूचित किया और वह मेरे कार्यालय से चला गया। तेरह महीने बाद वही व्यक्ति फिर मेरे कार्यालय में आया। मेरे पीए ने कहा, 'नहीं, सर, वह आपको आमंत्रित करने आया है।' मैंने कहा, 'आमंत्रित? ओह उसे अंदर भेजो।' वह अंदर आया और बोला, 'सर मैं आपसे पहले मिल चुका हूँ, अब मेरा कारखाना तैयार है और मैं चाहता हूँ कि आप इसका उद्घाटन करें।' मैं चकित रह गया। यह व्यक्ति जिसे मैंने बेकार समझकर भगा दिया था, मुझे उद्घाटन के लिए आमंत्रित कर रहा था। मैंने उसका निमंत्रण स्वीकार कर लिया। उसके छह महीने बाद उसने मुझे अपने प्रॉडक्ट- लॉन्च (उत्पाद के विमोचन) के लिए भी आमंत्रित किया। आपको आश्चर्य होगा। वह पहली बार मुझसे मिलने आया, तेरह महीने में उसने अपने कारखाने का उद्घाटन कर लिया और कारखाने के शुरू होने के छः महीने में ही उसने अपना पहला उत्पाद भी लॉन्च कर दिया। और उसने क्या उत्पाद बनाया? दिल्ली में जिस मेट्रो-ट्रेन पर आपको इतना गर्व है, मैंने उस मेट्रो-ट्रेन के कोच (डिब्बे) को लॉन्च किया!

इस प्रसंग में अपनी गलती स्वीकारकर जहाँ नरेंद्र मोदी ने दर्शकों के दिल जीते वहीं अपनी कहानी सुनाकर उन्होंने अपने-आपको एक ईमानदार, नेक व महान राजनीतिक नेता के रूप में भी प्रदर्शित कर दिया। यह वह व्यक्ति है जो दस वर्ष तक गुजरात का मुख्यमंत्री रहा और अब देश का प्रधानमंत्री है और वह स्वीकार कर रहा है कि वह उस व्यक्ति का उचित मूल्यांकन नहीं कर सका जो उससे मिलने आया था। सत्ता में ऐसे कितने लोग होंगे जो सार्वजनिक रूप से ऐसा कुछ स्वीकार करेंगे? दर्शक तो यही सोचेंगे।

ऐसी ही एक और सरल लेकिन मर्मस्पर्शी कहानी है जो उन्होंने तब सुनाई जब एक स्कूली बच्चे ने एक प्रश्नोत्तर सत्र के दौरान उनसे पूछा, 'राजनीति में लोग दबाव को कैसे संभालते हैं?'

मोदी ने उत्तर दिया, 'एक बार तीन साल का एक लड़का बहुत थका हुआ था और चल नहीं पा रहा था। उसकी बड़ी बहन जो केवल पांच वर्ष की थी, उसे अपनी पीठ पर बिठाकर ले गई। वह चिलचिलाती धूप में मीलों-मील चलती रही। एक महात्मा जो यह सब देख रहे थे उस लड़की से बोले, 'क्या तुम थकी नहीं हो?' लड़की ने उत्तर दिया, 'वह मेरा भाई है इसलिए मैं बिल्कुल नहीं थकी।' मैं भी इसीलिए नहीं थकता क्योंकि भारत के सवा-सौ करोड़ लोग मेरा परिवार हैं।'

नरेंद्र मोदी ने अपनी स्वयं की उपलब्धियाँ बताकर भारतीयों को प्रेरणा दी है। उन्होंने कभी भी उद्योग की आलोचना नहीं की; उनकी आलोचना सरकारी तंत्र, नौकरशाही व्यवस्था और विपक्ष के लिए ही आरक्षित होती है। वह विपक्ष व कुलीन राजनीतिक वर्ग को ही निशाना बनाते हैं और सुस्त सरकारी प्रक्रियाओं की आलोचना करते हैं। इस प्रकार वह जनता को यह एहसास करवाते हैं कि 'मैं आप में से ही एक हूँ, मैं आपका दर्द समझता हूँ। मैंने इस दर्द को सहा है और मैं उसे दूर करने के लिए ही यहाँ हूँ। मैं पुरातन व्यवस्थाओं को ध्वस्त करने के लिए ही यहाँ हूँ।'

भारतीय सॉफ्टवेयर उद्योग और हमारे युवाओं को श्रेय देते हुए मोदी देश-विदेश में भारतीय दर्शकों को एक दिलचस्प कहानी सुनाते हैं। यही वह तरीका है जिससे आदर्श नेता जनता को प्रेरित करते हैं।

> पंद्रह साल पहले मैं ताइवान गया था। यात्रा में मेरे साथ एक दुभाषिया था। मेरा दौरा खत्म होने तक हम एक दूसरे को अच्छी तरह जान चुके थे। इसलिए एक बार उसने झिझकते हुए मुझसे पूछा, 'सर, यदि आपको आपत्ति न हो तो तो क्या मैं आपसे एक सवाल पूछ सकता हूँ?' मैंने कहा, 'हाँ, पूछो। क्या पूछना चाहते हो?' उसने पूछा, 'क्या अब भी आपके देश में सांप और सपेरे होते हैं? क्या आप अब भी आत्माओं, भूत-प्रेतों और अंधविश्वासों की दुनिया में जीते हैं?' मैंने कहा, 'नहीं, इन दिनों हमने अवमूल्यन किया है।' उसने मुझसे पूछा कि उसका क्या अर्थ है तो मैंने बताया, 'हमारे पूर्वज सपेरे हुआ करते थे, सांपों को नचाते थे। हम वह योग्यता तो गंवा बैठे हैं लेकिन अब हम चूहों (माउस) को नचाते हैं।' दोस्तो, कंप्यूटर के माउस पर हमारे युवकों की उंगलियों ने दुनिया को हिला दिया है। यह युवा-शक्ति है; उन्होंने दुनिया को बाध्य कर दिया है कि वे भारत को अलग नजरिए से देखे।

कहानी के रूप में ऐसे सरल उदाहरण हमारे युवकों की आशाओं और आकांक्षाओं को जगाते हैं। उनके आत्म-सम्मान को बढ़ाते हैं और उनके होठों पर मुकुराहट लाते हैं क्योंकि यह प्रकरण वैसे भी काफी हास्यप्रद है।

मोदी लोगों में अच्छे मूल्यों का संचार करने वाले प्रकरणों का जिक्र करने का कोई अवसर नहीं गँवाते। वह अपने-आपको एक जिज्ञासु के रूप में पेश करते हैं जिसमें आज भी कुछ सीखने की लालसा है।

चीन में बसे भारतीयों को शंघाई में संबोधित करते हुए उन्होंने एक कहानी सुनाई जिसने न केवल दर्शकों को प्रभावित किया बल्कि एक महत्वपूर्ण राजनयिक संदेश भी दिया:

> जब मुझे प्रधानमंत्री के रूप में चुना गया, तो चीन के राष्ट्रपति श्री शी जिनपिंग ने मुझे बधाई देने के लिए फोन किया। उन्होंने बताया कि उन्होंने मेरी पृष्ठभूमि पर कुछ अध्ययन किया है और वह जानते हैं कि मैं कहाँ पैदा हुआ था। जब वह भारत आए तो उन्होंने गुजरात का दौरा किया और मेरे गांव जाने की इच्छा भी प्रकट की। लेकिन समय के अभाव के कारण न जा सके।..

... लोगों को लगता है कि महात्मा बुद्ध का प्रभाव केवल भारत के पूर्वी समुद्र-तट पर बसे इलाकों तक ही सीमित था। लेकिन चीनी दार्शनिक जुआन जांग, जो बहुत समय पहले भारत आया था, मेरे गांव वडनगर का दौरा भी कर चुका था और उसने अपनी एक किताब में लिखा कि वडनगर के पास बौद्ध-भिक्षुओं के लिए छात्रावास की सुविधा वाला एक शैक्षणिक संस्थान भी था। जब मैं गुजरात का मुख्य-मंत्री बना तो मैंने मेरी सरकार से उस क्षेत्र में खुदाई करवाने के लिए कहा। आश्चर्य की बात है कि हमें वह छात्रावास, इमारतें और कलाकृतियाँ सब वहाँ मिलीं जिनका उल्लेख जुआन जांग ने अपनी पुस्तक में किया था।

दोस्तो, जब मैं कल राष्ट्रपति शी जिनपिंग से मिला था तो उन्होंने मुझे बताया कि मेरे गांव वडनगर के दौरे के बाद जब जुआन जांग चीन लौटकर आया था तो उसने उनके (राष्ट्रपति के) गांव का भी दौरा किया। उनके गांव में एक बड़ा बौद्ध मंदिर है, जिसका उल्लेख जुआन जांग ने अपनी पुस्तक में भी किया है। राष्ट्रपति शी जिनपिंग ने वह पुस्तक संभालकर रखी थी और उस पन्ने को भी चिह्नित किया हुआ था जो उन्होंने मुझे दिखाया। उन्होंने कहा, 'देखो, यह तुम्हारे गाँव का नाम है और यह मेरे गाँव का नाम है, जिनके बारे में जुआन जुंग ने लिखा है।' जब दो राष्ट्राध्यक्ष भाईचारे की ऐसी भावनाएँ साझा करते हैं, ऐसा सान्निध्य, ऐसी निकटता और ऐसी गर्मजोशी दिखाते हैं तो इससे दो देशों के बीच आपसी समझ और विश्वास की महान भावना पैदा होती है।

फिर चर्चा को चीन में बड़ी संख्या में रह रहे भारतीयों से जोड़ते हुए उन्होंने कहा, 'जब आप चीन आए थे तो आपके मन में उनके खान-पान व रीति-रिवाजों के बारे में बहुत सारी आशंकाएँ रही होंगी। क्या आपके यहाँ आने के बाद वे दूर नहीं हुईं? भाईचारे और एकता की जो भावना दो राष्ट्रों के लोग आपस में मिलकर पैदा कर सकते हैं, वह न तो नरेंद्र मोदी कर सकता है और न ही हमारे राजदूत।'

उस्तादों वाले एक ही दाव में उन्होंने दो देशों के लोगों को आपस में जोड़ दिया, विदेशों में बसे भारतीयों को प्रेरित किया और चीनी शीर्ष-अधिकारियों तक अपना संदेश भी एकदम साफ शब्दों में पहुँचा दिया कि वह उनके साथ स्थायी, मैत्रीपूर्ण और फलदायी संबंध बनाना चाहते हैं।

बहुत कम राजनीतिक अथवा कॉरपोरेट (निगमित) नेता हैं जिन्होंने छोटे-छोटे सार्थक किस्से-कहानियों या फिर अपने व्यक्तिगत अनुभवों को अपने आख्यानों में खूबसूरती से बुनने की कला में महारत हासिल की है। नरेंद्र मोदी ने एक कहानीकार के उस कौशल में महारत हासिल की है जिसे महान वक्ता बनने के इच्छुक हर व्यक्ति को सीखना चाहिए।

भाषणों में उपमाओं (सिमिलीज) व तुलनाओं (कम्पेरिजंस) का उपयोग

मोदी तुलनाओं (कम्पेरिजंस) का उपयोग बड़े प्रभावी ढंग से करते हैं। उदाहरण के लिए, 'हमें देश की प्रगति के लिए जन-आंदोलन चलाना होगा, जैसा जन-आंदोलन महात्मा गांधी ने आजादी के लिए चलाया था।'

लेकिन आपके पास समान अर्थ वाली दो महान उपमाएं (सिमिलीज) हों तो आप क्या करेंगे? उदाहरण के लिए, 'झील का पानी ऐसे स्थिर था जैसे एक सर्जन के हाथ,' या 'झील का पानी एक मूर्ति की तरह स्थिर था।' आप कैसे जानेंगे कि किसे चुनें? बहुत आसान है, आप उसी को चुनेंगे जो आपके संदर्भ से बेहतर मेल खाएगी। यदि आप किसी डॉक्टर की कहानी सुना रहे हैं तो पहले वाली उपमा ज्यादा उचित रहेगी। यदि आप इसे किसी आर्किटेक्ट अथवा डिजाइनर के संदर्भ में उपयोग कर रहे हैं तो बाद वाली बेहतर होगी। आध्यात्मिक वृत्ति वाले श्रोताओं को संबोधित करते समय आप इसी उपमा को यूँ भी पेश कर सकते हैं: 'झील का पानी इस तरह स्थिर और शांत था जैसे समाधि की अवस्था में किसी व्यक्ति का मन।'

रूपकों (मेटाफर्ज) का उपयोग

प्रस्तुतिकरण और बिक्री-विशेषज्ञ ऐनी मिलर कहते हैं, 'संकल्पना (इमेजरी) - जिसे रूपक (मेटाफर) की भाषा का मूल कहा जा सकता है - आपके पाठकों (दर्शकों) को आश्चर्यचकित करने, उन्हें बांधकर रखने, उन्हें सूचित एवं राजी करने का काम कर सकती है, जो कोरा स्पष्टीकरण नहीं कर सकता। सुस्पष्ट एवं शोख भाषा भीड़ में भी आपकी पहचान बना सकती है, आपकी आवाज को ड्रोन (नर-मधुमक्खी) के शोर से भी ऊपर उभार सकती है और आपको वह विरला व्यक्ति बना सकती है, एक अद्‌भुत संचारक, एक वक्ता जो अपने शब्दों से सब कर दिखाता है।'

उदाहरण के लिए, मोदी ने योग की भूमिका और शक्ति पर जोर देने के लिए एक असामान्य रूपक का इस्तेमाल किया। उन्होंने कहा, 'लोग मोबाइल फोन खरीदते हैं लेकिन उसके साथ मिलने वाले यूजर-मैनुअल (उपयोगकर्ता-पुस्तिका) को कभी नहीं पढ़ते। इसी तरह, हम नहीं जानते कि भगवान ने हमें क्या कुछ दिया है। क्योंकि हमने अपने यूजर-मैनुअल को कभी नहीं पढ़ा। योग उस यूजर-मैनुअल को पढ़ने का एक तरीका है।'

रूपक जटिल विषयों को समझाने में भी मदद करते हैं। कहानियों की तरह ही वे हमारे दाहिने मस्तिष्क यानि मस्तिष्क के रचनात्मक पक्ष को उत्तेजित करते हैं। इस प्रकार वे बाएं-मस्तिष्क की तर्कसंगतता को ध्वस्त करते हैं और दर्शकों को चिंता-मुक्त होने में मदद करते हैं।

सरल शब्दों में कहें तो रूपक किसी चीज के बारे किसी दूसरी चीज के माध्यम से सोचने अथवा व्यक्त करने का सरल तरीका है। उदाहरण के लिए, पाब्लो पिकासो ने कला के प्रभाव को रोजमर्रा जिंदगी से जोड़ दिया जब उन्होंने कहा, 'कला आत्मा पर जमी रोजमर्रा की जिंदगी की धूल को धो डालती है,' और खलील जिब्रान ने व्यक्ति के आम वक्तव्यों को उसके दिमाग में दिन-रात चलाने वाले विचारों से जोड़ दिया जब बड़ी खूबसूरती से उन्होंने कहा, 'हमारे शब्द महज हमारे दिमाग की दावत से गिरने वाले टुकड़े हैं।' ऐसे विचारोत्तेजक रूपक मिलने बहुत मुश्किल हैं।

इसरो में मंगल-अभियान की सफलता पर वैज्ञानिकों को बधाई देते हुए, मोदी ने कुछ बहुत ही सुंदर और हर भारतीय के दिल को छूने वाली बात कही, 'आज मॉम (MOM) मंगल से मिली और मंगल को मॉम मिल गई।' उन्होंने मार्स-ऑर्बिटर-मिशन के इस संक्षिप्त नाम MOM (जो अँग्रेजी में माँ का पर्यायवाची शब्द है) का उपयोग बहुत रचनात्मक रूप से किया जब उन्होंने कहा, 'और माँ कभी निराश नहीं करेगी।'

नारों (स्लोगंस) और उद्धरणों (कोट्स) का उपयोग

नारे (स्लोगंस)

नारे किसी भी कथा-कहानी के लिए जरूरी होते हैं और भाषण में जोड़ दिये जाएँ तो उसमें एक अद्‌भुत जोश, उत्साह और ओजस्विता पैदा कर सकते हैं। नारे राजनीति, उत्पादों की बिक्री अथवा ब्रांडिंग, विज्ञापन और यहाँ तक कि बोर्डरूम के किसी प्रस्तुतिकरण आदि में अच्छा काम करते हैं। हर नारे में एक शैली और सार होने चाहिए। शैली बहुत जरूरी है और कई बार तो यह सार पर भी हावी हो जाती है। शैली का तात्पर्य है कि एक नारे का अपना एक स्वाद, एक मिजाज होना चाहिए; वह सही लगना चाहिए, आसानी से स्मरण हो सकने लायक होना चाहिए और बोलने में भी आसान होना चाहिए। नारे का अर्थ अथवा सार क्रम में शैली के बाद आता है। लब्बो-लुआब यह है कि नारा सार्थक होना चाहिए।

उदाहरण के लिए इस नारे को लीजिए, 'येस, वी कैन (हां, हम कर सकते हैं)!' इस नारे में, जिसने बराक ओबामा को अद्‌भुत प्रसिद्धि दिलवाई, शैली भी अच्छी है और अर्थ / सार भी। शैली कला का एक रूप है और क्योंकि सही शैली अपनाना पूर्णतः कला का ही विषय है, ऐसा कोई सूत्र नहीं है जिसे लागू करने से आपको सही नारा मिल सके। यह एक पुस्तक के लिए सही शीर्षक खोजने जैसा है; एक हिट फिल्म बनाने के लिए किसी फॉमूले की तलाश करने जैसा अथवा किसी गीत को अमर कर देने वाली धुन बनाने जैसा जटिल हो सकता है। एंड्रे बोसेली के द्वारा

गाया गया कॉन्सुएलो वेलाजक्वेज का लिखा 1940 का गीत 'बेसेम मुचो' आज भी इतना मशहूर क्यों है, या फिर बीटल्स का 'इट्स ए हार्ड डेज नाइट' आज भी लोगों को क्यों मस्त कर देता है और किसी भी उस्ताद संगीज्ञ द्वारा चर्चा अथवा विच्छेदन का विषय नहीं बनता?

अंततः एक नारा आकर्षक और यादगारी होना चाहिए। यह छोटा और कुरकुरा भी होना चाहिए।

'ब्रिटेन डिजर्व्स बेटर' (ब्रिटेन बेहतर का हकदार है) 1997 के आम चुनावों में ब्रिटिश लेबर पार्टी का नारा था; 'डोंट मेस विद टेक्सस' (टेक्सस से पंगा न लें) टेक्सस, अमेरिका में एक कूड़ा-कचरा-विरोधी अभियान का नारा था; 'बेटर डेड दैन रेड' (लाल से मृत भले) एक शक्तिशाली कम्युनिस्ट-विरोधी नारा था; जबकि 'ड्रिल, बेबी ड्रिल' (खोदो, प्रिय खोदो) रिपब्लिकन पार्टी द्वारा अमेरिका में तेल के अधिक देशीय उत्पादन के लिए इस्तेमाल किया गया नारा था; और सुभाष चंद्र बोस का 'तुम मुझे खून दो, मैं तुम्हें आजादी दूँगा' भारतीय स्वतंत्रता आंदोलन के दौरान एक शक्तिशाली नारा था।

मोदी के कुछ यादगारी नारे हैं: 'जीरो डिफेक्ट एंड जीरो इफेक्ट' (शून्य दोष और शून्य (कु)प्रभाव), उद्योग से ऐसे उत्पाद बनाने का आग्रह करता है जिनमें न तो कोई दोष हो और न ही उनसे पर्यावरण पर कोई बुरा प्रभाव पड़े। उन्होंने भारत की शक्ति को भी तीन शब्दों के बड़े आकर्षक नारे में परिभाषित किया है: 'डेमोक्रेसी, डेमोग्राफी, डिमांड (लोकतंत्र, जनसांख्यिकी, माँग)।

कृषि क्षेत्र को प्रोत्साहित करने के लिए वे कहते हैं 'मोर क्रॉप पर ड्रॉप' (प्रति बूंद अधिक फसल); भारत की बड़ी आबादी और युवा जनशक्ति को हमारी ताकत के रूप में परिभाषित करने के लिए वह इसे' डेमोग्राफिक डिवीडेंट' (जनसांख्यिकीय लाभांश) कहते हैं।

उद्धरण (कोट्स) और एक-वाक्यांश (वन-लाइनर्स)

आम तौर पर ये दार्शनिक विचारों से लैस सार्थक बयान होते हैं जबकि नारे विशिष्ट वाक्यांश अथवा ललकार / पुकार होते हैं जो हमें कुछ

करने के लिए प्रेरित करते हैं और हमारे मोटो (आदर्श वाक्य) का काम करते हैं।

नरेंद्र मोदी में योग्यता है कि वह बढ़िया शैली वाले नारे व उद्धरण ईजाद कर सकते हैं जो उनके दृष्टिकोण व उद्देश्यों को बड़ी स्पष्टता से व्यक्त कर सकें। सेवा करने के अपने आशय की घोषणा करते हुए वे कहते हैं, 'मैं प्रधानमंत्री नहीं, प्रधान-सेवक हूँ' जो हिन्दी में बहुत दोहराया जाने वाला उद्धरण बन गया है। उनका नारा, 'मोर क्रॉप पर ड्रॉप' (प्रति बूंद अधिक फसल) किसानों और वैज्ञानिकों को एक साथ काम करने का आग्रह करता है जिससे कम-से-कम पानी के उपयोग से ज्यादा-से-ज्यादा फसल उगाई जा सके।

मोदी का एक और प्रभावशाली उद्धरण है: 'मुझे देश के लिए मरने का मौका नहीं मिला, लेकिन देश के लिए जीने का मौका तो मिला है'। ऐसा ही एक और लोकप्रिय उद्धरण है, 'द गवर्नमेंट हैज नो बिजनेस टु बी इन बिजनेस' (सरकार का व्यवसाय में होने का कोई मतलब नहीं है)।

बयानबाजी (रेहट्रिक) के उस्ताद

रेहट्रिक (बयानबाजी अथवा लफ्फाजी) को प्राय: 'अलंकारों एवं अन्य रचनात्मक तकनीकों को इस्तेमाल करते हुए प्रभावी एवं प्रेरक ढंग से बोलने अथवा लिखने की कला' के रूप में परिभाषित किया जाता है। रेहट्रिक द्वारा एक अच्छा वक्ता न केवल अपनी बात प्रभावी ढंग से व्यक्त कर सकता है बल्कि दर्शकों को अपनी ईमानदारी का विश्वास भी दिला सकता है।

विंस्टन चर्चिल, हैरी एस ट्रूमैन और ऐसे कई अन्य राजनीतिक नेताओं ने कुछ यादगारी व मंत्रमुग्ध कर देने वाले भाषणों के लिए रेहट्रिक (बयानबाजी) का ही प्रयोग किया।

द्वितीय विश्व युद्ध के अंत में जर्मनी के आत्मसमर्पण की घोषणा करते हुए हैरी ट्रूमैन ने कहा, 'बलिदान, निष्ठा एवं भगवान के आशीर्वाद से एलाइड आर्मीज (मित्र देशों की सेनाओं) ने जर्मनी से अंतिम व शर्तरहित आत्मसमर्पण निकलवाया है।'

कुछ महान वक्ता अपने भाषण स्वयं लिखते हैं, जबकि कई अन्य भाषण-लेखकों से लिखवाते हैं लेकिन वे भी यह जरूर सुनिश्चित कर लेते हैं कि उनके अपने विचार उनके भाषणों में बरकरार रहें। विंस्टन चर्चिल अपने सभी भाषण स्वयं लिखा करते थे और प्रत्येक शब्द खुद लिखने में गर्व महसूस करते थे। एक बार उन्होंने बताया कि उन्हें हर एक मिनट का भाषण लिखने के लिए एक घंटा मेहनत करनी पड़ती है। जिन लोगों ने उनके भाषण लिखने की कला का अध्ययन किया है वे बताते हैं कि उनकी रचनात्मक प्रक्रिया अत्यंत असाधारण थी। मॉर्गन लाइब्रेरी, न्यूयॉर्क में पांडुलिपियों के क्यूरेटर (संग्रहाध्यक्ष) डेक्लन कीली का कहना है कि, 'उनका पहला मसौदा एक सामान्य टाइपस्क्रिप्ट की तरह लगता था, लेकिन अंतिम मसौदा एक कविता की तरह होता था।' नरेंद्र मोदी ने भी रेहट्रिक की कला में महारत हासिल की है और यह उनकी सरल परंतु ठोस शब्दावली से स्पष्ट जाहिर होता है।

न्युयॉर्क के मैडिसन स्क्वायर गार्डन में प्रवासी भारतीयों के सामने बोलते हुए उन्होंने कहा, 'चुनावों में आप में से कई लोग वोट नहीं डाल सके। लेकिन जिस दिन परिणाम घोषित हुए, आप सो नहीं सके होंगे।' इस पर दर्शकों ने 'मोदी, मोदी, मोदी' के नारे लगाते हुए एक शानदार प्रतिक्रिया दी। मोदी ने कोलाहल कम होने की प्रतीक्षा की और कहा, 'कोई राजनीतिक पंडित (परिणामों की) भविष्यवाणी नहीं कर पाया। लेकिन गरीब- ग्रामीण जनता ने राय देने वालों को अपनी राय सुना दी।' जनता को अपनी प्रतिबद्धता का आश्वासन दिलाते हुए उन्होंने कहा,

> हम आपको कभी निराश नहीं करेंगे। हम कभी ऐसा काम नहीं करेंगे जिससे आपको नजरें झुकानी पड़ें या शर्मिंदगी उठानी पड़े... यह बहुत बड़ी जिम्मेदारी है। जब से मैं प्रधानमंत्री बना हूँ, मैंने पंद्रह मिनट का भी अवकाश नहीं लिया। मुख्य-मंत्री के रूप में मैं कहा करता था जिसे भारत आना है वह जल्दी आए। अब आपको भी लगता है कि आपकी एक टाँग भारत में होनी चाहिए।

रेहट्रिक से लैस एक और तीर से उन्होंने दर्शकों को यह कहकर मंत्रमुग्ध कर दिया, 'अमेरिका सबसे पुराना लोकतंत्र है और भारत सबसे बड़ा

लोकतंत्र। सारी दुनिया के लोग अमेरिका में बसे हैं और भारत के लोग दुनिया के हर देश मैं बसे हैं।'

अमेरिका में भारतीयों के योगदान को सराहते हुए उन्होंने कहा, 'आप वही खाना खाते हैं जो हम खाते हैं, वही पानी पीते हैं जो हम पीते हैं। यदि आप यह सब कर सकते हैं तो हम क्यों नहीं कर सकते?'

मंगल मिशन की सफलता के लिए भारत के वैज्ञानिक-समुदाय की प्रशंसा करते हुए उन्होंने कहा, 'गुजरात में आप ऑटोरिक्शा से भी यात्रा करें तो आपको दस रुपये प्रति किलोमीटर की दर से भाड़ा देना पड़ता है, लेकिन दोस्तो, हमने मंगल मिशन केवल सात रुपये प्रति किलोमीटर की दर से हासिल किया है। यह हॉलीवुड की एक फिल्म के बजट से भी कम है। और हमने यह पहले प्रयास में ही कर दिखाया है।' यह एक राष्ट्र के रूप में हमारी उपलब्धि का एक शानदार उदाहरण था।

वित्तीय समावेशन के बारे में बात करते हुए उन्होंने कहा, 'हमारे बैंकों का राष्ट्रीयकरण बहुत पहले हो गया था, फिर भी हमारे 50 प्रतिशत लोगों के पास बैंक खाते नहीं हैं; गरीब आदमी आज भी कर्ज के लिए खून-चूसने वाले साहूकारों के पास जाता है।'

उद्यमियों को आह्वान करते हुए उन्होंने कहा, 'नौकरी ढूँढने वाले नहीं, नौकरी देने वाले बनो।'

सुशासन की बात करते हुए वह कहते हैं, 'पहले की सरकारें कानून बनाने में गर्व महसूस करती थीं, लेकिन मैं पुराने कानूनों और सारे पुराने कानूनों को ध्वस्त करना चाहता हूँ, ताकि व्यवस्था को और सरल बनाया जा सके।'

सरकारी व्यवस्था को उन्होंने कैसे अधिक प्रभावी व उत्तरदायी बनाया है उसका उल्लेख करते हुए मोदी ने कहा, 'मैंने कुछ समाचार-पत्रों में पढ़ा कि सरकारी अधिकारी अब समय पर कार्यालय आते हैं। आपको लगता है कि यह समाचार-पत्र में छपने वाली बात है? ऐसी खबरें देखकर मुझे बहुत दुख और पीड़ा होती है।' इस तरह उन्होंने सरकारी-कर्मचारियों को अधिक जवाबदेह बनाने की अपनी उपलब्धि को जता भी दिया और यह भी बता दिया कि उनसे पहले की सरकारें यह काम करने में

विफल रही थीं और इसीलिए यह बात भारतीय लोगों के लिए अच्छी खबर का विषय बनी।

अमेरिका में उन्होंने पूछा, 'क्या आप सब गंगा में स्नान करना चाहते हैं? क्या हमारी गंगा साफ होनी चाहिए? तो हर देशवासी को मदद करनी चाहिए। क्या आप सब मदद करेंगे?' दर्शकों में मौजूद लोगों ने बड़े उत्साह के साथ जवाब दिया, 'मोदी!' 'मोदी!'

गंगा को साफ करना बहुत कठिन काम है और उन्होंने कहा, 'लोग मुझसे पूछते हैं कि आप ऐसे मुश्किल कामों का बीड़ा क्यों उठाते हैं? मैं उनसे कहता हूँ, आपने मुझे छोटे-छोटे और आसान काम करने के लिए तो नहीं चुना था।'

महान नेता समय के उतार-चढ़ाव को भाँप लेते हैं, वे जनता के मूड को भाँप लेते हैं, वे समस्याओं और स्थितियों की गंभीरता को भाँपने में भी सक्षम होते हैं और यह उनके भाषणों में शानदार रेहट्रिक अथवा बयानबाजी के रूप में परिलक्षित होता है। जब हिटलर की सेनाएं यूरोप में एक के बाद एक देश को तहस-नहस कर रही थीं, तब विंस्टन चर्चिल ने ब्रितानियों और एल्लाइस (मित्र राष्ट्रों) को एक सच्चाई बताई थी। 13 मई 1940 को हाउस ऑफ कॉमन्स में उन्होंने कहा, 'मेरे पास रक्त, परिश्रम, आँसू और पसीने के अलावा देने के लिए कुछ नहीं है।' ये शब्द इतिहास में बड़े कारगर सिद्ध हुए और द्वितीय विश्व युद्ध के बाद स्वयं एल्लाइस ने इतिहास को फिर से लिखा। चर्चिल ने सच्चाई को बड़े सीधे और सरल ढंग से अपने लोगों के सामने पेश किया था।

मोदी ने भी लोगों को यह बताने के लिए कि वास्तविकता क्या है इसी तरह के तरीकों का इस्तेमाल किया है। सिविल-सेवा-दिवस पर सिविल-सेवकों को संबोधित करते हुए उन्होंने कहा, '2001 तक, सूखा और बाढ़ केवल दो आपदाएँ थीं जिन्हें हम घोर विपत्तियों के रूप में देखते थे। इनसे हमारी कृषि प्रभावित होती थी। गुजरात भूकंप ने हमें दिखाया कि आपदाएँ आम आदमी के जीवन को भी प्रभावित कर सकती हैं और इसीलिए हमें इन्हें कृषि-क्षेत्र से हटकर भी देखना चाहिए।'

एसआरसीसी (महाविद्यालय) में छात्रों को संबोधित करते हुए उन्होंने बयानबाजी का एक अद्‌भुत नमूना पेश किया जब उन्होंने कहा, 'लोग गिलास

को आधा भरा हुआ अथवा आधा खाली देखते हैं। मेरे पास इसे देखने का एक तीसरा तरीका भी है। गिलास आधा भरा हुआ है और बाकी आधे में हवा भरी है।' तालियों की अनंत गड़गड़ाहट से उनकी प्रशंसा की गई।

26 जनवरी 2015 को अमेरिकी व्यापार-शिखर-सम्मेलन को संबोधित करते हुए उन्होंने राष्ट्रपति बराक ओबामा की उपस्थिति में कहा, 'हम विश्व के दो सबसे बड़े लोकतंत्र हैं और आपका (राष्ट्रपति ओबामा का) अल्प समय में दो बार भारत आना हमारे बदलते हुए संबंधों का प्रमाण है। हम अधिक भागीदारी के साथ एक महत्वपूर्ण पार्टनर्शिप (साझेदारी) शुरू कर रहे हैं। राष्ट्रपति ओबामा और मेरे बीच एक हॉटलाइन (सीधी सेवा) कायम होने वाली है।'

अपने सभी भाषणों में मोदी भारतीयों को प्रेरित करने का प्रयास करते हैं कि वे अपनी क्षमता को पहचानें। उन्हें बताते हैं कि निराशाजनक दिखने वाली स्थिति में भी कहीं आशा की किरण जगमगा रही है; देश अब भी आगे बढ़ सकता है।

टोरंटो में प्रवासी भारतीयों को संबोधित करते हुए मोदी ने यह कहकर उनके दिलों को जीता,

> चुनाव वहाँ (भारत में) हो रहे थे और समर्थन के नारे यहाँ लग रहे थे। परिणाम वहाँ घोषित हो रहे थे और मिठाइयाँ यहाँ बाँटी जा रही थीं। वहाँ वे दिन में जश्न मना रहे थे और आप यहाँ रात में। लोग बोलते हैं सरकार बदली तो क्या बदला। दस महीने के बाद जनता का मन भी बदला।

फिर मोदी ने एक प्रसिद्ध हिंदी फिल्म गीत का हवाला दिया, 'देख तेरे इंसान की हालत क्या हो गई भगवान, कितना बदल गया इंसान।' उसके बाद वह बोले,

> अब इंसान कितना अच्छा हो गया है। मैंने बैंकों को गरीबों के जीरो डिपॉजिट (शून्य जमा-धन) वाले खाते खोलने को कहा। बैंक के अफसर भी बदल गए, सौ दिन में 14 करोड़ खाते खोल दिए गए जो कि तीन कनाडा के बराबर हैं। गरीब के पास पैसा नहीं

है पर गरीब की अमीरी की ताकत देखो, 14,000 करोड़ रुपया जमा करा दिया। सरकार बदली तो जन-मन बदला है।

मोदी के भाषण प्रेरणा से भरे होते हैं, सर्वव्यापी न भी हों तो।

महान वक्तृत्व और वाक्पटुता काफी हद तक कहानियों, उपमाओं, रूपकों और रेहट्रिक (बयानबाजी) पर टिकी होती है। इन्हें शेष संदर्भ के साथ कैसे जोड़ा जाता है या उसमें कैसे पिरोया जाता है वह एक महान कला है।

दुनिया में बहुत कम वक्ता हैं और भारतीय राजनीतिक परिदृश्य में तो शायद कोई भी नहीं, जिन्होंने नरेंद्र मोदी की तरह वक्तृत्व / भाषण-कला का उपयोग एक राष्ट्र को प्रेरित करने और लोगों के दिलों को जीतने के लिए किया हो और उसका पूरा फायदा भी उठाया हो। मोदी ने राजनीतिक क्षेत्र में सकारात्मक रेहट्रिक (बयानबाजी) के लिए नए मानदंड स्थापित किये हैं।

एक शानदार वक्ता से वक्तृत्व और नेतृत्व के सबक

- महान वक्ता इतिहास व अपने जीवन की कहानियाँ सुनाकर अपने भाषणों को जीवंत बनाते हैं। अपनी बात को प्रमाणित करने के लिए वे उपमाओं नारों और उद्धरणों का प्रयोग करते हैं। उपाख्यानों का उपयोग करते हुए और अपने व्यक्तिगत अनुभवों को साझा करते हुए वे दर्शकों और अपने बीच की बाधाओं को मिटा देते हैं।
- प्रभावी वक्ता सही प्रकार की कहानियाँ और उपाख्यान चुनते हैं, जो उनकी समग्र योजना के अनुकूल हों और जो संदेश वे देना चाहते हैं उसकी पुष्टि करते हों। मोदी इस कला के माहिर हैं। वे अपने भाषणों के लिए यथोचित कहानियाँ और उपाख्यान चुनते हैं और विविध प्रकार के श्रोताओं को संबोधित करने के लिए बड़े प्रभावी ढंग से उनका प्रयोग करते हैं।
- उपमाओं का उपयोग भी एक कला है जो हर संभावित वक्ता को सीखनी चाहिए। महान वक्ताओं को विदित होता है कि एक विशेष लक्षित दर्शकों की पसंद क्या है। उपमाएँ भी उसी के हिसाब से और भाषण के संदर्भ के अनुसार होनी चाहिए।
- नारों का प्रयोग भाषण में प्राण फूंकने का शानदार तरीका है। अच्छे नारों में बड़ी रिकॉल वैल्यू (याद रहने का गुण) होता है और वे एक वक्ता की ब्रांड इक्विटी (अमिट छाप / पहचान-पूंजी) बनाने में भी मदद करते हैं। नारे में वह कुछ खास होना चाहिए जो सुनने में प्रिय हो और याद रखने के लिए आसान हो। एक शक्तिशाली नारा न केवल बहुत कुछ कह जाता है बल्कि लोगों को लंबे समय तक याद भी रहता है।
- सही कहानी चुनना भाषण तैयार करने का सबसे आसान भाग होता है। कठिन भाग होता है उस कहानी को श्रोताओं के सम्मुख प्रस्तुत करना। इस भाग का संबंध अधिकतर संवाद की अदायगी और थोड़ी-बहुत अदाकारी से भी होता है। मूलतः

कहानियाँ श्रोताओं का ध्यान आकर्षित करने के लिए और फिर शेष प्रवचन में उन्हें बांधे रखने के लिए प्रयोग की जाती हैं - नरेंद्र मोदी यह काम शानदार ढंग से करते हैं।

- विंस्टन चर्चिल, हैरी ट्रूमैन और जॉन कैनेडी जैसे वक्ताओं ने रेहट्रिक (बयानबाजी) की कला में महारत हासिल की। वे पिछली सदी के सबसे प्रेरक वक्ता थे। अलंकारों और अन्य रचनात्मक तकनीकों के उपयोग से वे अपने दर्शकों का विश्वास जीत लेते थे। अभ्यास द्वारा उन्होंने सीख लिया था कि लाखों दर्शकों के सामने अपने-आपको सच्चे और ईनमानदार व्यक्ति की तरह कैसे पेश किया जाए। प्रभावी वक्ता बनने के अभिलाषी लोगों को उनके भाषणों को अवश्य सुनना चाहिए।

6

आशा की प्रबलता

दर्शन रणनीति क्रिया सादगी

'We must accept finite disappointment,
but never lose infinite hope.'

—Martin Luther King Jr

'हमें सीमित निराशा को स्वीकार करना चाहिए,
लेकिन अनंत आशा कभी नहीं खोनी चाहिए।'

–मार्टिन लूथर किंग जूनियर

हम में से अधिकांश लोगों के पास विचार तो होते हैं लेकिन हममें से कितनों के पास उन्हें सरल शब्दों में बिठाने और लाखों लोगों के सामने इस तरह व्यक्त करने की क्षमता होती है कि वे उन्हें प्रेरणा दे सकें और आशा जगा सकें?

मोदी के दर्शन, उनके विचारों और जटिल समस्याओं को हल करने के उनके दृष्टिकोण ने भारतीय राजनीतिक क्षेत्र में ताज़ी हवा के झोंके का काम किया है, दुनिया के सबसे बड़े लोकतंत्र में आशा की किरण जगाई है और लाखों लोगों के दिलों में आकांक्षाएँ पैदा की हैं।

उन्होंने लोगों के राजनीतिक वर्ग को देखने के नजरिए को बदला है, उस वर्ग को जिसके अधिकांश के पास आजादी के पिछले लगभग

सत्तर वर्ष में लोगों को देने के लिए कुछ भी नया नहीं था। लोग ऐसे नेतृत्व से ऊब चुके थे जो उनका विश्वास नहीं जीत सकता, उनमें प्रेरणा का संचार नहीं करता; वे राजनीतिक वर्ग द्वारा बार-बार वही बातें सुन-सुनकर थक चुके थे जिनका न तो अर्थ होता था और न परिणाम।

कहने की आवश्यकता नहीं है कि हर राजनीतिक नेता और पार्टी निरंतर सार्वजनिक जांच के दायरे में होते हैं और मीडिया द्वारा भी उनके भावों एवं विचारों का निरंतर अवलोकन किया जाता है, उस मीडिया द्वारा जो दुनिया की हर चीज पर बहस करना पसंद करता है। ऐसी परिस्थितियों में एक नेता/पार्टी में स्थिरता होनी चाहिए, आत्मविश्वास होना चाहिए और सबसे बड़ी बात उसमें असीम साहस होना चाहिए, जो कि मोदी में हैं। वह विचारों की स्पष्टता और तुरंत निर्णायक कार्रवाई करने की क्षमता रखते हैं।

समाधानः आउट-ऑफ-द-बॉक्स (लकीर से हटकर) अथवा अपरंपरागत?

आउट-ऑफ-द-बॉक्स (लकीर-से-हटकर) सोच प्रबंधन-शास्त्र की एक अभिव्यक्ति है, जिसका अर्थ है अलग अथवा अपरंपरागत रूप से सोचना। जो लोग समस्याओं को अलग तरह से देखते हैं और आम व साधारण उपायों के बजाय अद्वितीय समाधान प्रदान कर सकते हैं वे रचनात्मक दिमाग वाले लोग होते हैं।

जैसा कि कहा जाता है, 'आवश्यकता आविष्कार की जननी है'। समाधान-प्रदाता के संदर्भ में, आउट-ऑफ-द-बॉक्स (अपरंपरागत) विचारक ही वास्तविक आविष्कारक होते हैं। वे किसी मशीन का आविष्कार न भी करें समाधानों का आविष्कार जरूर कर सकते हैं। ऐसे लोग रचनात्मक ही नहीं होते यथास्थिति को चुनौती देने लायक साहसी भी होते हैं - जो एक अच्छे नेता के सबसे अधिक वांछनीय गुणों में से एक है। जब एक अच्छे नेता को लगता है कि समाधान खोजने के लिए कुछ अलग करने की जरूरत है तो वह यथास्थिति को चुनौती देता है।

समकालीन इतिहास में ऐसे बहुत कम राजनीतिक नेता होंगे जिन्होंने विचारों की इतनी स्पष्टता का प्रदर्शन किया है जितना नरेंद्र मोदी ने किया

है। वह लीक से हटकर सोचते हैं, सामान्य-ज्ञान का उपयोग करते हैं और सरल लेकिन व्यावहारिक समाधान प्रस्तुत करते हैं। समस्याएँ भ्रामक हों, काल-कोठरी जैसी विषम हों या बच्चों के खेल जैसी मामूली प्रतीत होती हों वह अपने दिल और दिमाग का इस्तेमाल एक समान उत्साह के साथ करते हैं।

दूसरी ओर, इनसाइड-द-बॉक्स (परंपरागत) विचारक, अपनी विचार-प्रक्रिया को चीजों को देखने के पारंपरिक तरीकों तक सीमित रखते हैं। वे वही करते हैं जो पहले किया जा चुका है; वे समाधानों की तलाश में परिपाटियों, नियम-पुस्तिकाओं और ऐतिहासिक रूप से स्वीकृत दिशा-निर्देशों का अनुपालन करते हैं - इस प्रकार उनका दिमाग एक काल्पनिक बॉक्स (पेटी) में बंद रहता है; इसलिए वे 'बॉक्स के अंदर ही सोचते हैं'। उनका दिमाग एक दायरे के बाहर नहीं सोच पाता

नेतृत्व केवल सही सोचने के बारे में है

मोदी बड़ी फुर्ती से सोचते हैं और आसानी से चलते-फिरते हुए स्पष्ट और सटीक समाधान ढूंढ लेते हैं। स्वतंत्रता के बाद से देश जिन समस्याओं से जूझ रहा है मोदी के दिमाग में उन सब के समाधान हैं, उनके लिए अनेक विचार हैं, कई रणनीतियाँ हैं। उन्हें देखकर लगता है कि उनमें वह सब है - हमेशा और हर समय। आलोचना तो दूर, उनकी रणनीतिक सोच को कोई चुनौती भी नहीं दे पाया। 'टीम इंडिया' का उनका दर्शन एकदम दमदार और निष्कपट है।

मोदी उन वक्ताओं में से नहीं हैं जो दर्शकों के लिए कुछ अलग कहने या करने के अवसर अक्सर गंवा देते हैं और संदर्भ एवं सामग्री की तुलना में स्वर और/या शारीरिक भंगिमाओं पर जोर देते हैं; मोदी हर बार दर्शकों के लिए कुछ नया लेकर आते हैं चाहे वे दर्शक आम-जनता से हों, वैज्ञानिक हों, नौकरशाह अथवा बाबू-लोग हों।

एक के बाद एक शानदार भाषण देने के लिए जाने जाने वाले मोदी जैसे वक्ता जब मंच, टीवी अथवा रेडियो पर आते हैं, तो दर्शक सोचने पर बाध्य हो जाते हैं कि इस बार वह क्या कहने वाले हैं।

उनमें उम्मीद व प्रत्याशा की ऐसी भावना उत्पन्न होती है जो मोदी के मंच पर पहुंचने से पहले ही उनमें असीम उत्साह पैदा कर देती है।

नरेंद्र मोदी प्राय: हर बार दर्शकों को आचंभित करने की क्षमता का प्रदर्शन करते हैं। उनके जैसा योग्य विचारक देश के समकालीन इतिहास में दूसरा देखने को नहीं मिलता। उन्होंने अपनी क्रांतिकारी विचार-प्रक्रिया से, जिसे वह बड़ी खूबसूरती से व्यक्त करते हैं, लाखों दिलों को छुआ है।

प्रधानमंत्री के रूप में मोदी ने शासन के सभी पहलुओं पर ध्यान दिया है और उन सब समस्याओं पर दिमाग लगाया है जो समाज के हर वर्ग, उद्योग के हर क्षेत्र और हर आयु-वर्ग को एक साथ और एक समान पीड़ित करती रही हैं। प्रधानमंत्री के रूप में उन्होंने सबसे पहला काम जो किया वह था शीर्ष अधिकारियों में जवाबदेही, समय की पाबंदी और अनुशासन की आदत पैदा करना।

भारत सरकार के सचिवों को भाषण देते हुए उन्होंने उन्हें तुरंत व त्वरित निर्णय लेने के लिए प्रेरित किया। उन्होंने उनके साथ अपना मोबाइल नंबर भी साझा किया और उन्हें प्रोत्साहित किया कि किसी भी कठिनाई की स्थिति में वे उनसे सीधा संपर्क करें।

21 अप्रैल 2015 को सिविल सेवा दिवस के मौके पर नौकरशाहों को संबोधित करते हुए मोदी ने उनसे आग्रह किया कि वे अपने कार्य-जीवन में उचित संतुलन बनाकर रखें। उन्होंने सुझाव दिया कि वे अपने परिवारों के साथ समय बिताएं और कहा कि इतने बड़े देश को चलाने के लिए जरूरी है कि वे खुश और स्वस्थ रहें। उन्होंने उनसे पूछा, 'आप थक गए तो फिर काम कैसे कर सकेंगे?'

उन्होंने सुझाव दिया कि हर साल वे दस शीर्ष-परियोजनाओं का चुनाव करें और उनपर यह सोचकर चर्चा एवं कार्य करें जैसे वे सब पुरस्कार जीतने वाली परियोजनाएँ हैं। सब उनपर ध्यान दें और उनसे कुछ सीखें। उन्होंने आगे कहा, 'आप जिस तरह की नीतियाँ बनाते हैं, देश के लिए जो अच्छे काम करते हैं, वह कारों और बंगलों के आधिपत्य से अधिक महत्व रखती हैं। आपके अपने बच्चे भी आपका आकलन इन्हीं मापदंडों पर करेंगे।'

युवाओं को सिविल सेवाओं में शामिल होने के लिए प्रोत्साहित करने के लिए और सेवाओं में अधिकाधिक प्रतिभा आकर्षित करने के लिए, उन्होंने सिविल सेवकों से आग्रह किया कि वे हर वर्ष कम-से-कम पाँच दिन का समय निकालकर कॉलेजों में पढ़ाने जाएँ और छात्रों से बातचीत करें। उन्होंने कहा, 'युवाओं को बताएँ कि बड़े-बड़े काम आप कैसे करते हैं, इस नौकरी से आपको क्या संतुष्टि मिलती है, ताकि सिविल सर्विसेज में बेहतरीन टैलेंट (प्रतिभा) आए।'

उन्होंने पचहत्तर वर्ष की आयु वाले सेवानिवृत्त सिविल सेवकों को सम्मानित करने का एक नया विचार भी पेश किया। उन्होंने कहा, 'हमें उनसे सीखना चाहिए। वे अपने-आप में एक महान संस्थागत-स्मृति हैं, उनके पास बहुत सारा अनुभव है।' फिर उन्होंने एक संस्थागत नॉलेज-बैंक (ज्ञान-बैंक) स्थापित करने का सुझाव भी दिया,

> क्या हम ऐसा सिस्टम (व्यवस्था) नहीं बना सकते हैं, जिसमें रिटायरमेंट (सेवा-निवृत्ति) के समय चपरासी से लेकर मुख्य सचिव तक सभी दो से पांच पन्नों में अपने-अपने अनुभव लिखें? इससे न केवल अनुभवों का आदान-प्रदान होगा बल्कि इतिहास को संरक्षित किया जा सकेगा। ऐसे प्रत्येक साझाकरण को क्लाउड पर अपलोड किया जा सकता है ताकि वह भावी पीढ़ियों के लिए भी बना रहे। ऐसे नॉलेज-बैंक से संस्था को भी काफी फायदा हो सकता है।

अपनी बात को स्पष्ट करते हुए उन्होंने कहा,

> अंग्रेजों ने हर 20 किलोमीटर की दूरी पर बड़े-बड़े गेस्ट हाउस और सर्किट हाउस (अतिथि-गृह) बनाए। ये बड़ी अच्छी तरह से सुसज्जित होते थे और कइयों में तो लकड़ी की नक्काशी और अन्य सुविधाएँ भी पाई जाती थीं। क्या आप जानते हैं कि इन्हें हर 20 किलोमीटर पर ही क्यों बनाया जाता था? क्योंकि उन दिनों में ब्रिटिश-अधिकारी हाथी अथवा घोड़ों से यात्रा करते थे, और एक दिन में वे केवल इतनी ही दूरी तय कर पाते थे। ऐसा ज्ञान हमें इतिहास से मिलता है।

नई दिल्ली में भाजपा सांसदों की कार्यशाला में अपनी पार्टी के सदस्यों को 19 अप्रैल 2015 को संबोधित करते हुए उन्होंने अपनी लीक-से-हटकर-सोच का एक और उदाहरण प्रदर्शित किया।

> जब हमने ग्रामीण इलाकों सहित देश के प्रत्येक गरीब व्यक्ति को गैस-सिलेंडर देने की योजना बनाई तो लोगों ने कहा, 'लेकिन उनके पास गैस-बर्नर (गैस के चूल्हे) रखने के लिए टेबल (मेज) नहीं हैं; बर्नर फर्श पर और सिलेंडर उनकी बगल में रखे जाएंगे तो वे खाना पकाने के लिए गैस का उपयोग कैसे करेंगे?' और मैंने कहा, 'फर्श में एक खड्डा खोदो, गैस-सिलेंडर उसमें रखो और उसे फर्श पर पड़े बर्नर से जोड़ दो!' कितना आसान है।

संसाधन अनुकूलन (रिसोर्स ऑप्टीमाईजेशन)

कृषि के विषय पर बात करते हुए मोदी ने एक नया विचार सुझाया और कहा, 'हम क्षतिग्रस्त फसल खरीदेंगे और उसका सर्वोत्तम तरीके से उपयोग करेंगे। इससे वेस्टेज (अपव्यय) कम होगी।'

मोदी हमारे अंदर आशा का संचार उनके आउट-ऑफ-द-बॉक्स (लकीर-से-हटकर) रवैये से ही कर पाते हैं जो हमें निरंतर विश्वास दिलाता रहता है कि हम कितने संसाधन-संपन्न हैं। यदि इनका उपयोग किया जा सकता है तो वह अवश्य ऐसा करने की कोशिश करेंगे। संगठन मृत-संसाधनों के कारण ही विफल होते हैं। मौजूदा संसाधनों के उचित उपयोग से एक महान नेता या सीईओ घाटे में चल रहे संगठन को भी लाभदायक बना सकता है और उसी से लोगों के दिलों में आशा पैदा होती है। नरेंद्र मोदी ने ऐसे कई सरकारी संसाधनों पर अपना दिमाग लगाया है जिनका पूरा उपयोग नहीं हो रहा।

किसानों के लिए मिट्टी-स्वास्थ्य-पत्र (Soil Health Card) के बारे में बात करते हुए उन्होंने कहा,

> मिट्टी का परीक्षण करने के लिए हमें नई प्रयोगशालाओं की आवश्यकता नहीं है। हमारे पास हर स्कूल में इमारतें और प्रयोगशालाएँ हैं। तो क्यों न हम गांवों के लड़के- लड़कियों को ही मिट्टी की जांच करने के लिए प्रशिक्षित कर दें। इसके लिए वे स्कूल-समय के बाद स्कूल-लैब (प्रयोगशाला) का उपयोग कर सकते हैं। इस तरह हम लाखों उद्यमी पैदा करेंगे, रोजगार पैदा करेंगे और इसके साथ-साथ किसानों को मिट्टी- स्वास्थ्य-कार्ड से भी फायदा होगा। नई प्रयोगशालाएँ बनाने की कोई जरूरत नहीं है।

जैसा कि इस पुस्तक में पहले भी उल्लेख किया गया है, एक अवसर पर उन्होंने कहा, 'हजारों रेलवे स्टेशन ऐसे हैं जहाँ दिन में केवल एक या दो ट्रेनें ही आती हैं। इन रेलवे स्टेशनों में भवन हैं, वे सड़कों से जुड़े हैं, वहाँ बिजली-पानी भी है। हम इन रेलवे स्टेशनों पर कौशल-विकास-केंद्र क्यों नहीं बना सकते?' जब लोग ऐसे विचारों को सुनते हैं तो उन्हें आश्चर्य होता है कि किसी ने इनके बारे में पहले क्यों नहीं सोचा।

'संसाधनों को कभी बर्बाद न करें' वाला दृष्टिकोण मोदी की आधिकारिक यात्राओं पर भी लागू होता है। लोकसभा के सदस्यों को 2014 में अपनी जापान-यात्रा के पीछे का कारण बताते हुए उन्होंने कहा, 'मैं एक नोबेल-पुरस्कार विजेता से मिलने जापान गया था। एक यही मकसद था। मैं वहाँ शिन्या यामानाका से मिलने गया था - जो स्टेम-सेल अनुसंधान के क्षेत्र में अग्रणी हैं और 2012 के नोबेल-पुरस्कार विजेता हैं। क्योंकि भारत के आदिवासी क्षेत्रों में व्यापक 'सिकल-सेल-एनीमिया का समाधान स्टेम-सेल अनुसंधान से ही किया जा सकता है। भारत और जापान मिलकर इस पर काम कर सकते हैं।'

उन्होंने गरीब लोगों को पोषण-युक्त भोजन उपलब्ध कराने के महत्वपूर्ण प्रश्न को भी आंशिक रूप से ही सही लेकिन हल करने का तरीका ढूंढ निकाला। संसद को संबोधित करते हुए उन्होंने कहा, 'केले में सबसे अधिक न्यूट्रीशन-वेल्यु (पोषण-तत्त्व) होती हैं और इसीलिए यह गरीबों के लिए सबसे अच्छा फल है। ऑस्ट्रेलिया में एक 'सुपर-केला' लैब (प्रयोगशाला) है जो केले की ऐसी किस्में विकसित कर रही है जो

विटामिन-ए और आयरन (लोहे) से भरपूर होंगी। इसी तरह, ऑस्ट्रेलिया से हम यह भी जानना चाहेंगे कि सबसे बेकार किस्म की मिट्टी में दाल और चने कैसे उगाए जाएँ।'

मोदी को भारत की भौगोलिक विविधता की विशाल क्षमता का एहसास है। उनका कहना है, 'पूर्वोत्तर में जैविक उत्पादों के उत्पादन की काफी संभावना है। हमें इसे भारत की जैविक-राजधानी बना देना चाहिए। इससे पूर्वोत्तर के सभी राज्य दूसरे राज्यों की बराबरी पर भी आ सकेंगे।'

भविष्यवादी सोच

नरेंद्र मोदी को इन्फॉर्मेशन-टेक्नालजी (सूचना-प्रौद्योगिकी) की क्षमता की भी पूरी समझ है और वह 1.25 अरब भारतीयों के लिए 'डिजिटल इंक्लूजन' (समावेशन) भी करना चाहते हैं। वह इस प्रकार की कनेक्टिविटी (संयोजकता) पैदा करना चाहते हैं जिससे भारतवासी हर प्रकार की सूचना प्राप्त कर सकें और सरकार से भी जुड सकें। उन्हें विश्वास है कि एक संबद्ध भारत व प्रौद्योगिकी न केवल हमारी कार्य-शैली में पारदर्शिता लाएँगे बल्कि कागजी कार्रवाई को घटाएंगे और लोगों के लिए चीजों को आसान बनाएंगे। इससे डिजिटल साक्षरता को भी बढ़ावा मिलेगा और लाखों नौकरियां पैदा होंगी। उन्हें लगता है कि एक बार सब के पास मोबाइल आ गया तो देश का प्रशासन आसान हो जाएगा। यह परियोजना उनके दिल के बहुत करीब है और इसके लिए करोड़ों रुपये के निजी निवेश की प्रतिबद्धता भी प्राप्त की जा चुकी है। इससे नौकरियां पैदा होंगी और पूरे देश को कनेक्टिविटी मिलेगी। एक उदाहरण देते हुए वह कहते हैं, 'गुजरात में हमने सार्वजनिक-वितरण-प्रणाली को ऑटोमेटिड (स्वचालित) किया। इससे सोलह लाख जाली कार्डों का भंडाफोड़ हुआ। और यह सब तकनीक के कारण संभव हो सका।

मोदी अपने विचारों की पुष्टि अपने कार्य-निष्पादन रिकॉर्ड से करते हैं। उन्होंने महाराष्ट्र, राजस्थान और मध्य प्रदेश से लगी हुई गुजरात की सीमाओं पर स्थित चौदह टोल-संग्रह-स्टेशनों को स्वचालित किया, जबकि पड़ोसी राज्य ऐसा न कर पाए थे। परिणाम-स्वरूप टोल-नाकों पर हो

रही चोरी एकदम बंद हो गई और गुजरात ने दूसरे राज्यों की तुलना में 2,000 करोड़ रुपये अधिक कर एकत्रित किया।

मोदी सामने से नेतृत्व करने की योग्यता का परिचय देते हैं और नए-नए विचारों से प्रयोग करने का साहस भी दिखाते हैं। एक कर्मठ व्यक्ति होने के नाते उनमें अपने विचारों को लागू करने की हिम्मत भी है।

2013 में इंडिया-टुडे-कॉन्क्लेव को संबोधित करते हुए मोदी ने कहा, 'यदि हम एक वैश्विक-अर्थव्यवस्था बनना चाहते हैं, तो हमारे पास उत्कृष्ट व विश्व-स्तरीय बंदरगाह होनी चाहिए। केवल बंदरगाहें होना ही काफी नहीं है, वे रेलवे से जुड़ी भी होनी चाइएँ।' वर्तमान राजनीतिक मानसिकता की आलोचना करते हुए उन्होंने कहा, 'रेल बजट के दौरान राजनीतिक दबाव के कारण सरकारें केवल यात्री-ट्रेनों की संख्या बढ़ाने और उनमें अतिरिक्त कोच जोड़ने पर ही ध्यान देती रहती हैं। माल-गाड़ियों की संख्या बढ़ाने और बंदरगाहों को रेलवे-प्रणाली से जोड़ने के बारे में कोई नहीं सोचता, हालाँकि यह काम बड़े पैमाने पर और प्राथमिकता से किया जाना चाहिए।'

मुद्दे को दूसरे नजरिए से पेश करते हुए उन्होंने पूछा,

> सरकार सड़कें बनाती है लेकिन उन पर निजी वाहन चलते हैं या नहीं? हवाई-अड्डे सरकार द्वारा बनाए जाते हैं लेकिन निजी विमान भी उनका उपयोग करते हैं। फिर सरकार द्वारा बनाई गई रेल-पटरियों पर सिर्फ सरकारी रेलगाड़ियां ही क्यों चलती हैं? हमारे पास दो प्रकार की रेलगाडियाँ हैं—यात्री और मालगाड़ियाँ। हम एक और किस्म की रेलगाडियाँ क्यों नहीं बना सकते? हम 'परिक्रमा-ट्रेनें' शुरू कर सकते हैं जो धार्मिक स्थलों को बड़े शहरों से जोड़ती हों। यह सौ करोड़ के मूल्य का उद्योग है। हिंदू कुछ खास शहरों में स्थित मंदिरों को देखना चाहते हैं। इसी तरह मुसलमान अजमेर शरीफ जाना चाहेंगे, ईसाई गोवा और सिख अमृतसर। ये थीमैटिक ट्रेन्स (विषयगत रेलगाड़ियों) हो सकती हैं जिनका निजीकरण किया जा सकता है। इससे हमारा राजस्व बढ़ेगा, उपलब्ध संसाधनों का बेहतर उपयोग होगा और हम देशवासियों को एक नई सेवा प्रदान कर सकेंगे।

मोदी का भी मानना है कि हमें शासन करने का अपना ढंग बदलना चाहिए। 'विचारों को संस्थागत बनाने की जरूरत है। नेता-केंद्रित, व्यक्तित्व-केंद्रित अथवा व्यक्तिगत-केंद्रित विचार कुछ वर्ष ही चलते हैं और फिर लुप्त हो जाते हैं।'

नया दृष्टिकोण

एक प्रस्तोता अथवा वक्ता तभी अच्छा ओरेटर (सुवक्ता) बनता है जब वह एक नया दृष्टिकोण प्रस्तुत करता है। लोग नए विचारों को शीघ्र ग्रहण कर लेते हैं। दर-असल वे कुछ नया सुनने के लिए उत्सुक होते हैं। मोदी में वह प्रतिभा है कि वह चीजों को पूरी ईमानदारी से उनके सही परिप्रेक्ष्य में प्रस्तुत कर सकते हैं। वह ऐसी तस्वीर उतारते हैं जो नई भी लगती है और नया परिप्रेक्ष्य भी प्रस्तुत करती है। याद रहे कि आपके दर्शक वास्तविकता से भली-भांति वाकिफ होते हैं लेकिन फिर भी वे इसे आपसे सुनने के इच्छुक होते हैं।

उदाहरण के तौर पर, 2013 में इंडिया-टुडे-कॉन्क्लेव में सवाल-जवाब सत्र के दौरान मोदी से पूछा गया, 'हमारी सबसे बड़ी समस्या क्या है?' उन्होंने खरा-खरा उत्तर दिया, 'हम स्वयं सबसे बड़ी समस्या हैं। हमारी मानसिकता ही हमारी समस्या है।' फिर जैसे कि स्वयं ही इसका समाधान सुझा रहे हों, वह बोले,

> मैं हर आपदा को एक अवसर के रूप में देखता हूँ। हमें अपनी मानसिकता को इसी ढब पर लाना है। जब गुजरात में भूकंप आया तो हमने यही किया। हमने आपदा-प्रबंधन के बारे में ज्ञान प्राप्त किया, प्रक्रियाओं को संस्थागत किया और आपदा को अच्छी तरह से संभाला। हमें लोगों को, विशेषकर महिलाओं को अपने साथ लेकर चलना होता है, इससे हमारी शक्ति दोगुनी हो जाएगी। हमने एक प्रयोग किया जिसमें गांवों की 25 लाख महिलाओं को शामिल किया गया। इस समय वे 1,700 करोड़ रुपये सालाना का कारोबार कर रही हैं जो निकट भविष्य में बढ़कर 5,000 करोड़ रुपये होने वाला है।

भ्रष्टाचार-उन्मूलन पर एक प्रश्न का उत्तर देते हुए उन्होंने कहा, 'हमें सरकारी अधिकारियों को कार्यकाल की स्थिरता प्रदान करने की आवश्यकता है। जब आप किसी बुरे आदमी को ट्रांसफर (स्थानांतरित) करते हैं आप केवल प्रॉब्लम (समस्या) को ट्रांसफर कर रहे होते हैं लेकिन जब आप उनसे काम के पूर्ण हो जाने की रिपोर्ट माँगने लगते हैं तो सब काम सुचारू ढंग से होने लगता है। भ्रष्टाचार शुरू होता है जब आप अधिकारियों की तैनाती में पक्षपात करने लगते हैं। इस संबंध में मेरे कार्यालय में एक भी आवेदन नहीं आता।' उन्होंने आगे कहा, 'यह काम ऊपर से शुरू होना चाहिए। यदि आपका कोई निहित स्वार्थ नहीं है तो आप यह कर सकते हैं।'

जब उनसे पूछा गया कि, 'चुनावों के लिए आपको धन की आवश्यकता होती है। आप उसका प्रबंध कैसे करेंगे?' तो उन्होंने उत्तर दिया, 'डोनेशन (दान अथवा चंदा) लेने में कोई बुराई नहीं है। हम दान से पैसा इकट्ठा करते हैं। समस्या तब होती हैं जब राजनेता ठेकों के लिए रिश्वत माँगने लगते हैं। वे 10 प्रतिशत कटौती की माँग करते हैं और इसकी परवाह नहीं करते कि पुल घटिया बनता है या बढ़िया। लेकिन डोनेशन स्वीकार करने से हमें नोट भी मिलते हैं और वोट भी।'

फिर उन्होंने ग्रामीण क्षेत्रों में बिजली की कमी के प्रबंधन पर एक अलग दृष्टिकोण प्रस्तुत किया,

> दुर्भाग्य से, हम हर काम सरकारी तरीके से करते हैं। इसलिए हमें समाधान नहीं मिलते। क्या आप किसानों की बिजली-आपूर्ति कम कर सकते हैं? बिल्कुल नहीं, वे विरोध करने लगेंगे। किसानों को मैं बिजली कम दूँगा, रजनीति में यह कहने में ताकत लगती है। लेकिन हमने इसका एक अनूठा हल निकाला है। मैंने किसानों से कहा कि वे बिजली की बजाय पानी पर अधिक ध्यान दें। गुजरात में दस में से सात साल सूखा पड़ता है। इसलिए हमने माइक्रो इर्रिगेशन (सूक्ष्म सिंचाई) शुरू की है।

सुशासन की व्याख्या करते हुए उन्होंने कहा,

> कॉरपोरेट जगत में आप मंथन करते हैं। हम हर साल चिंतन शिविर करते हैं और 250 से 300 अधिकारी तीन दिन के लिए कहीं जाते हैं। इससे क्या अच्छा हुआ? एप्रोच (दृष्टिकोण) बदली। जब हम पे अंग्रेज राज करते थे तो ऑफिसर्स (अधिकारियों) का काम था ब्रिटिश (अँग्रेजी) सल्तनत को खुश रखना। आज हम इंडिपेंडेंट कंट्री (स्वतंत्र देश) हैं। ऑफिसर्स को सरकार को खुश करने के लिए काम नहीं करना, बल्कि जनता के लिए काम करना है।
>
> प्रणाली में शिकायतों के निवारण के लिए एक उप-प्रणाली होनी चाहिए। गुजरात में हमने 'स्वागत' ऑनलाइन पोर्टल शुरू किया है। कोई सरकारी अधिकारी आपका काम करने से इनकार करता है तो आप उससे कह सकते हैं, 'या तो काम करो या मैं ऑनलाइन साइट पर जाकर शिकायत दर्ज कराऊंगा।' यही सशक्तिकरण है। मैं महीने में एक दिन इसी काम को समर्पित करता हूँ। मैं समस्याओं का विश्लेषण करता हूँ, यह जानने के लिए कि उनमें से कौन-कौन-सी नीतियों के कारण हैं, कौन-सी किसी व्यक्ति के कारण हैं और कौन-सी दोषपूर्ण प्रक्रिया की वजह से हैं।

मोदी ने यह भी कहा कि अकेले सरकार सब कुछ नहीं कर सकती। इसे स्पष्ट करने के लिए उन्होंने एक उदाहरण दिया, 'गुजरात में सरदार-सरोवर-बांध-परियोजना पंडित नेहरू के समय में शुरू की गई थी। करीब 400 किलोमीटर लंबी एक नहर बनाई जानी थी। वह अब तक पूरी नहीं हुई। हमने हाल ही में एक नई परियोजना शुरू की जिसकी नहर की लंबाई भी लगभग उतनी ही थी। मैंने उन दस जिलों के किसानों को भी इसमें शामिल कर लिया जिन्हें इस परियोजना से फायदा होने वाला था। सारा काम दो साल में पूरा हो गया।'

भाषण जो काम का प्रदर्शन करते हैं

मोदी एक ऐसे काम करने वाले व्यक्ति के रूप में उभर कर सामने आए हैं जो किसी प्रकार की बकवास बर्दाश्त नहीं करता। वह कड़े

फैसले लेते हैं और फिर उन पर अडिग रहते हैं। इंडिया-टुडे-कॉन्क्लेव में बोलते हुए उन्होंने काम करने वाले लोगों के सामने पेश आने वाली समस्याओं का जिक्र करते हुए बताया कि तमाम रुकावटों के बावजूद वह काम करने के अपने संकल्प पर कैसे टिके रहते हैं :

> हमने गुजरात में 'शहरी-विकास-वर्ष' मनाने का फैसला किया। यदि विकास को बढ़ावा देना है तो अतिक्रमणों से भी निपटना होगा। जब सरकारी-तंत्र ने अनाधिकृत निर्माण हटाने शुरू किये तो बहुत शोर-शराबा हुआ। प्रेस (समाचार-पत्रों) ने हमारी घोर निंदा की। मुझ पर मेरी पार्टी (राजनीतिक दल) का भी बहुत दबाव आया। मैंने यह नहीं सोचा था कि कुछ महीने बाद ही नगर-निगम के चुनाव होने वाले थे। मेरी पार्टी ने कहा कि इससे चुनावों में हमारा नुकसान होगा। मैंने उनसे कहा कि चूंकि निर्णय लिया जा चुका है हम अपने फैसले से पीछे नहीं हटेंगे। इसलिए हमने कार्रवाई शुरू की और 900 करोड़ रुपये से अधिक की संपत्ति को गिराना पड़ा। हमारा नाम खराब हुआ लेकिन कई लोगों ने कहा, 'कम से कम कोई तो कुछ कर रहा है।'
>
> इस अभियान के दौरान बहुत सारी छुपी हुई बातों का पता चला और अधिकारियों ने कई बड़े लोगों के नाम निकाले जिन्होंने करों का भुगतान नहीं किया था। हमने देखा कि प्रायः 98 प्रतिशत लोग भुगतान कर देते हैं लेकिन बड़ी मछलियाँ बचकर निकल जाती हैं। मैंने अपने अधिकारियों से कहा कि यदि आप कानूनी तरीके अपनाएंगे तो कर की वसूली नहीं कर पाएंगे क्योंकि कानूनी प्रक्रियाएँ लंबी होती है और ये लोग बड़े-बड़े वकीलों का खर्च उठा सकते हैं। तो सवाल यह था कि ऐसे लोगों से पैसा कैसे वसूल किया जाए।

फिर उन्होंने बताया कि उन्होंने क्या किया।

> हमने कुछ बहुत अलग किया। मेरे अधिकारी उनके पास गए और उन्हें बताया कि वे निर्धारित समय-सीमा के अंदर भुगतान कर दें

अन्यथा हम ढोल पीटने वालों को भेजेंगे जो हर दिन उनके घरों के बाहर हंगामा करेंगे। उनकी पूरी कॉलोनी (मुहल्ले) जान जाएगी कि वे डिफॉल्टर (बाकीदार / दोषी) हैं। यह सुनकर उन सब ने अपने-अपने कर जमा करा दिए। न कोई विवाद हुआ और न ही अदालतों में जाने की नौबत आई।

विजन की प्रस्तुति–आशा का संचार

बर्लिन में प्रवासी भारतीयों को संबोधित करते हुए मोदी ने हिंदी में भाषण दिया। विदेश में बसा हर भारतीय अपनी भाषा में बोलना पसंद करता है और इसीलिए मोदी भी जब विदेशों में भारतीयों को संबोधित करते हैं, वह हिंदी में ही बात करना पसंद करते हैं।

जैसे कि दर्शकों को प्रेरित कर रहे हों, उन्होंने कहा,

हम लोग हर चीज को अपने हिसाब से मॉडिफाई (संशोधित) कर लेते हैं। हमारी महिलाएँ पिझा, चाइनीज फूड और मैक्सिकन फूड (चीनी व मेक्सिकन खाना) भी कुछ इंडियन (भारतीय) तरीके से बना लेती हैं। हम लोग ओबजर्व (अवलोकन) भी अच्छा करते हैं। मैं यहाँ एक इंडस्ट्रियल एग्जीबिशन (औद्योगिक प्रदर्शनी) में गया तो उन्होंने एक स्टाल (दुकान) पर मुझे टेक्नॉलॉजी दिखाई जो कि कार के डिफेक्ट (दोष) ढूंढ़ती है और रिजल्ट (परिणाम) स्क्रीन पर आ जाता है। मैंने पूछा क्या हम इसे सिक्योरिटी (सुरक्षा) के लिए डिवेल्प (विकसित) नहीं कर सकते? उन्होंने कहा कि हमने ये कभी सोचा ही नहीं।'

मेक-इन-इंडिया (भारत में निर्माण) के बारे में अपनी बात दोहराते हुए उन्होंने कहा,

जब औद्योगिक क्रांति हुई, हम (अंग्रेजों के) गुलाम थे। हम क्रांति का फायदा न उठा पाये। जब अगली क्रांति हुई, जो कि आई टी क्रांति थी, हमने उस पर अपनी मुहर लगा दी, क्योंकि तब तक हम स्वतंत्र हो चुके थे। हमारे युवकों ने भारत को गौरवान्वित

> किया। अब हमें भारत को मैन्युफैक्चरिंग हब (निर्माण केंद्र) बनाना है। अगर हम इस मौके को गँवाते हैं तो यह हमारे लिए बहुत बड़ी क्षति होगी।

प्रवासी भारतीयों से राष्ट्र के लिए योगदान करने का आग्रह करते हुए उन्होंने कहा, 'हमारे इंजीनियर यहाँ काम कर रहे हैं। आपके पास ज्ञान है, अनुभव है। यह सब आपने अपनी मेहनत से हासिल किया है। क्या आप एक पुल नहीं बना सकते–दो देशों के बीच का पुल नहीं बल्कि वह पुल जो भारत को आगे बढ़ने में सक्षम बनाएगा?'

मोदी केवल अच्छे पर्यवेक्षक ही नहीं हैं, वह एक तेज शिक्षार्थी भी हैं। वह कुछ नया सीखने का कोई मौका नहीं गँवाते। वह अपने भाषणों में जान फूंकने के लिए अपने विचारों का शानदार ढंग से उपयोग करते हैं। इसका उदाहरण देते हुए उन्होंने कहा,

> मैं अमेरिका में ओलिम्पिक्स देखने गया था। मैं जानना चाहता था कि इतनी बड़ी प्रतियोगिता का आयोजन कैसे किया जाता है। मैं अटलांटा विश्वविद्यालय के छात्रों से मिला। विश्वविद्यालय में कई देशों के छात्र थे। मैं उनसे मिला और यह समझने की कोशिश करने लगा कि भविष्य में वे क्या करना चाहते हैं। चीनी छात्रों के मन में कोई शंका नहीं थी–उन्होंने कहा कि वे यहाँ (अमेरिका में) दस साल तक काम करेंगे फिर वापस जाकर अपने अनुभव का उपयोग अपने देश के फायदे के लिए करेंगे। उन सब में यह आग थी; यह हम में भी होनी चाहिए।

उन्हें दृढ़ विश्वास है कि विनिर्माण ही भारत की अगली बड़ी उपलब्धि होगी। हमारे विनिर्माण क्षेत्र की माँग इतनी अधिक है कि दूसरे देश इसके स्तर का भी अंदाजा नहीं लगा सकते।

एक भाषण में उन्होंने वेल्यू-एडिशन (मूल्यवर्धन) के अर्थ और महत्व को शानदार ढंग से चित्रित किया:

> एग्री-प्रॉसेसिंग (कृषि प्रसंस्करण) एक ऐसा क्षेत्र है जहाँ मूल्यवर्धन करना आवश्यक है। उदाहरण के लिए, यदि हम एक आम उगाते

हैं और उसमें से आचार बनाते हैं, तो वह मूल्यवर्धन होता है। यदि आचार को अच्छी तरह से पैकेज किया जाए तो इससे एक और मूल्यवर्धन होता है। फिर यदि आप आचार की शीशी पर किसी सुंदर अभिनेत्री की तस्वीर लगा देते हैं तो यह एक और मूल्यवर्धन होगा। हमें टेक्नोलॉजी (तकनीक) चाहिए ताकि सब्जी पैदा हो, कटे, पके और फिर खाई जा सके। यह हम सारी दुनिया में एक्सपोर्ट (निर्यात) कर सकते हैं। यह हमने चाय के उत्पादन में करके दिखाया है। यह अब बाकी चीजों में भी करना है।

पर्यटन-उद्योग के बारे में बात करते हुए उन्होंने जर्मनी में प्रवासी भारतीयों से कहा कि वे भारत के ब्रांड-एंबेसडर (ट्रेडमार्क-राजदूत) हैं। उन्होंने उन्हें भारत आने के लिए वर्ष में पांच जर्मन परिवारों को प्रेरित करने का प्रयास करने के लिए कहा: 'अगर आप भगत सिंह नहीं बन सकते हैं तो कुछ और कर सकते हैं।' पर्यटन पर चर्चा को आगे बढ़ाते हुए उन्होंने कहा,

हमने एक और गलती की है। हम पर्यटकों को ऐसे व्यंजन परोसते हैं जो पेरिस या अमेरिका में परोसे जाते हैं। हमें वे खाद्य-पदार्थ परोसने चाहिए जो हमारे भारत की विशेषता हैं। हमारे पास कैसे-कैसे महान मंदिर और हेरिटेज-बिल्डिंग्स (विरासत- भवन) हैं। अमेरिका में जब मैंने उनका सबसे पुराना स्मारक देखना चाहा तो उन्होंने मुझे पेंसिल्वेनिया में वाशिंगटन-बेल (घड़ियाल) दिखलाया। क्या इसकी तुलना अजंता-एलोरा अथवा सूर्यवंशी मंदिर से की जा सकती है जो एक हजार साल पुराना है?

फिर उन्होंने पूछा,

हमें पहले स्वाभिमान वापस लाना होगा। हमें दूसरों से सीखना होगा। मैं कल बर्लिन रेलवे स्टेशन देखने जा रहा हूँ। कोई प्रधानमंत्री रेलवे स्टेशन जाता है? मैं देखने जा रहा हूँ कि अच्छा स्टेशन कैसा होता है और हम भी ऐसे स्टेशन बनायें। क्या हम निर्यातक बन सकते हैं आयातक नहीं?

नए विचार, नए गठबंधन

मोदी कई शानदार परियोजनाओं के सुझाव दे सकते हैं। उन्होंने एक बार बताया कि कैसे उन्होंने पूर्व प्रधानमंत्री मनमोहन सिंह को सुझाव दिया था कि 1 किलोमीटर नहर पर सोलर-पैनल (सौर-पैनल) लगाकर हम 1 मेगावाट बिजली पैदा कर सकते हैं। इससे 1 करोड़ लीटर पानी की बचत भी होगी क्योंकि पानी वाष्पित नहीं होगा।

गुजरात के मुख्यमंत्री के रूप में 9 सितंबर 2013 को गांधीनगर में वाइब्रेंट-गुजरात-ग्लोबल-एग्रीकल्चरल-समिट में पूरे भारत से आए हजारों किसानों को संबोधित करते हुए मोदी ने कुछ शानदार विचार प्रस्तुत किए।

> मैंने प्रधानमंत्री मनमोहन सिंह को सुझाव दिया कि बड़े शहरों के 50 किलोमीटर के दायरे में रहने वाले किसानों को सब्जियाँ उगानी चाहिए क्योंकि उनके पास उसे बेचने के लिए बाजार तैयार है। 500 कस्बों को चुना जाना चाहिए और वहाँ का कचरा-प्रबंधन इस प्रकार से किया जाना चाहिए कि वह किसानों के लिए नि:शुल्क जैविक खाद का उत्पादन कर सके। उन्हें बताएँ कि वे केवल जैविक खाद का ही प्रयोग करें। इससे आप रासायनिक खाद पर दी जाने वाली सब्सिडी (अनुवृत्ति) पर भी पैसे बचाएंगे और लोगों को जैविक सब्जियां भी मिलेंगी।

उन्होंने आगे कहा, 'फिर मैंने प्रधानमंत्री को एक और सुझाव दिया। भारत को ऐसे देशों का एक गुट बनाना चाहिए जिन्हें प्रकृति की ओर से धूप की भरमार का वरदान हासिल है। चलिए इसे 'सनसन आंदोलन' का नाम देते हैं। भारत को इसका नेतृत्व करना चाहिए। सस्ती सौर ऊर्जा पैदा करने के लिए होने वाले अनुसंधान के लिए एक कोष भी तैयार किया जाना चाहिए। इससे विश्व को स्वच्छ ऊर्जा मिलेगी।'

मोदी बड़े शानदार और नवीन विचार पेश कर सकते हैं। वह उन्हें ग्राउंड पर क्रियान्वित करने की योग्यता भी रखते हैं। सबसे महत्वपूर्ण बात यह है कि वह अपने विचारों के समर्थन के लिए राजनीतिक इच्छाशक्ति भी जुटा सकते हैं। मोदी से पहले भारत में कुछ भी नया करने की

राजनीतिक इच्छाशक्ति का अभाव था; राजनीतिक नेताओं ने कभी भी लीक से हटकर सोचने की क्षमता नहीं दिखाई थी और लगभग सात दशकों तक वे उन्हीं पुराने विचारों की पुनरावृत्ति करते रहे।

एक वक्ता के तौर पर, मोदी एक ऐसे व्यक्ति के रूप में सामने आते हैं, जो अपने दर्शकों में विश्वास जगाते हैं, जो विचारों के धनी हैं और काम करने वाले व्यक्ति हैं। श्रोताओं में बैठा प्रत्येक व्यक्ति उन्हें एक अच्छे और वास्तविक नेता के रूप में देखता है जो काम करवा सकता है और यही बात मायने रखती है।

'Simplicity is the ultimate sophistication.'

—Leonardo da Vinci

'सादगी परम सुसंस्करण है'

-लियोनार्डो दा विंसी

एक महान वक्ता से वक्तृत्व और नेतृत्व के सबक

- महान वक्ता कार्यान्वित हो सकने वाले विचार प्रस्तुत करते हैं। वे लोगों की चिंताओं और उनकी समस्याओं की बात करते हैं। वे बातचीत के माध्यम से समाधान सुझाने में सक्षम होते हैं। ऐसे नेताओं में आशा जगाने और विश्वास पैदा करने की क्षमता होती है। महान वक्ता अपने दर्शकों को अपनी ठोस सामग्री / विषय-वस्तु से प्रभावित करते हैं, क्योंकि बयानबाजी तभी काम आती है जब आपके पास कहने लायक कुछ हो। एक के बाद एक भाषण में नरेंद्र मोदी ने दिखा दिया है कि वह उन समस्याओं को भी सुलझा सकते हैं जो लगभग सात दशकों से भारत को त्रस्त कर रही हैं। उन्होंने राजनीतिक इच्छाशक्ति के अभाव का, राजनीतिक साहस की कमी का और राजनीतिक रूप से समर्थित व्यावहारिक विचारों की कमी का पूरा फायदा उठाया है और खुद को एक ऐसे व्यक्ति के रूप में प्रस्तुत किया है जो यह सब कर सकता है।
- दिमाग से एकदम विशुद्ध होना जरूरी है। मोदी ने अपने सार्वजनिक संवाद के माध्यम से बार-बार यह प्रदर्शित किया है कि उन्हें पता है कि उन्हें क्या करना है और कैसे करना है। ये दोनों उन वक्ताओं के लिए सबसे महत्वपूर्ण सबक हैं जो अपने विचारों को दूसरों के सामने दृढ़ता से प्रस्तुत करना चाहते हैं।
- लीक-से-हटकर-सोच हमेशा दर्शकों का ध्यान आकर्षित करती है। मोदी ऐसे समाधान पेश करके दर्शकों को प्रभावित करते हैं, जिनके बारे में अतीत में कभी कोई सोच भी नहीं सकता था। सरल लेकिन व्यावहारिक विचार बुद्धिमान लोगों के साथ-साथ सामान्य समझ रखने वाले लोगों को भी प्रभावित करते हैं।
- अपने उदाहरण से नेतृत्व करना दर्शकों को प्रेरित करता है। यह एक वक्ता की साख बनाए रखने के लिए भी बहुत महत्वपूर्ण है। आप स्वयं समय के पाबंद नहीं हैं तो पंक्चुएलिटी (समय

की पाबंदी) का प्रचार नहीं कर सकते। मोदी ने अपने घर को व्यवस्थित करने का काम ऊपर से शुरू किया और लोगों को बताया कि वह क्या कर रहे हैं।

- एक वक्ता को भविष्यवादी सोच का प्रदर्शन करना चाहिए। मोदी ने अपने दर्शकों को दिखाया है कि वह हमेशा समय से आगे होते हैं। वह एप्लाइड टेक्नोलोजी (व्यावहारिक प्रौद्योगिकी) की भी अच्छी-खासी समझ रखते हैं। यह उनकी परियोजनाओं और नीतियों में साफ दिखाई देता है। उनके भाषण हमेशा प्रौद्योगिकी पर आधारित मानचित्र पेश करते हैं।
- एक वक्ता को हमेशा एक नया दृष्टिकोण प्रस्तुत करना चाहिए। मोदी ने भी कई मौकों पर सदियों पुरानी समस्याओं पर एक नए दृष्टिकोण का परिचय दिया है। 'किसानों की समस्या बिजली नहीं, पानी है' के उनके विचार ने बिजली की कमी की समस्या के समाधान को एक नई दिशा प्रदान की है।
- महान वक्ता श्रोताओं में आशा का संचार करने के लिए उनसे गठजोड़ कर लेते हैं। एक वक्ता को अपने भाषणों के माध्यम से ही अपने श्रोताओं को प्रेरित करना होता है। मोदी यह काम आशा पैदा करके करते हैं। वह अपने दर्शकों को बताते हैं कि भारत और भारतीयों के पास प्रतिभा और संसाधन हैं और यदि वह कुछ करने का निर्णय ले लें तो बहुत कुछ हासिल किया जा सकता है।

7

भविष्य को प्रेरित करने के लिए अतीत का प्रयोग

इतिहास अभिनय विनोद पौराणिक कथाएँ सामान्य ज्ञान संस्कृति

'Study the past if you would define the future'

—Confucius

भविष्य को परिभाषित करना है तो अतीत का अध्ययन करें

-कन्फ्यूशियस

भारत अपनी पौराणिक कथाओं, रीति रिवाजों, परम्पराओं, धारणाओं, संस्कृति और विरासत के बलबूते पर आगे बढ़ रहा है। हमारी कई पीढ़ियाँ रामायण और महाभारत पढ़-पढ़कर बड़ी हुई हैं। हम हिन्दू शिव की पूजा करते हैं, हनुमान की पूजा करते हैं, विष्णु और उनके अवतारों की पूजा करते हैं। हम कई अन्य देवी-देवताओं की पूजा करते हैं। हम आस्था में विश्वास रखते हैं। हमें अपने वेद-पुराणों पर गर्व है। हम समावेश की नीति में विश्वास रखते हैं और सब के प्रति सहिष्णुता दर्शाते हैं। हम अपनी विरासत और अपने बड़ों का सम्मान करते हैं। हमें टेगोर, विवेकानंद, गांधी और सुभाष चंद्र बोस पर गर्व है। विश्व की सबसे

प्राचीन सभ्यताओं में से एक होने के नाते हमारी कुछ धरोहर है जिसके बारे में बात करना हम पसंद करते हैं।

अच्छे भाषण को इतिहास, परंपरा, संस्कृति व पौराणिक कथाओं से सुसज्जित करना

आधुनिक भारत के इतिहास में शायद ही किसी नेता ने इस बात को इतनी गहराई से समझा होगा और ऐसे अभिनव ढंग से इसे अपनी राजनीतिक भाषण - कला से जोड़ा होगा जैसा कि नरेंद्र मोदी ने किया है। एतिहासिक तथ्यों, परम्पराओं और पौराणिक कथाओं से युक्त उनके भाषण सदैव सम्मोहक और मनोरम होते हैं। व्यावहारिक दृष्टिकोण अपनाते हुए वह अपनी बात अत्यंत सरल उदाहरणों द्वारा इतनी स्पष्टता से कह देते हैं कि न्यूनतम बुद्धि वाले दर्शकों को भी उसे समझने में कोई कठिनाई नहीं होती। मोदी इस कला का प्रयोग संयम व सावधानी बरतते हुए बड़े विवेकपूर्ण ढंग से करते हैं। इस प्रकार वह श्रोताओं से तुरंत संपर्क स्थापित कर लेते हैं और क्षण भर में उनके लिए लाखों हृदयों के द्वार खुल जाते हैं। हर भाषण में आवश्यकतानुसार, भारतीय संस्कृति से दो-एक सरल उदाहरण जोड़कर वह अपने विद्वान वक्ता होने का सबूत भी प्रस्तुत कर देते हैं।

अध्यापक दिवस पर बच्चों को संबोधित करते हुए उन्होंने कहा,

> 'हम हर साल सुनते हैं कि पिछले साल से इस साल सर्दी ज्यादा हो गई है। ऐसा नहीं है। हम बदल गए हैं। हमारी आदत खराब हो गई है। अगर हमें अपना वातावरण बचाना है तो मनुष्य प्रकृति से झगड़ा न करे। हमारी संस्कृति में हम चाँद को चन्दा मामा कहते हैं। जब हम सोकर सुबह उठते हैं तो हमारी माँ कहती है, 'बेटे धरती पर कदम रखने से पहले धरती से माफी मांगो क्योंकि तुम उस पर वजन डाल रहे हो।' यह हमारी संस्कृति में है। नागपुर में पूर्णिमा की रात सारी स्ट्रीट-लाइट्स बंद कर दी जाती हैं। लोग चाँदनी का मजा लेते हैं और बिजली भी बचाते हैं।'

जलवायु परिवर्तन के प्रबंधन के लिए भारत-चीन सहयोग के बारे में चीन में बसे भारतीयों को संबोधित करते हुए, मोदी ने कहा,

> 'यह मुसीबत आदमी ने पैदा की है तो इससे मुक्ति भी आदमी ही दिला सकता है। आज से हजारों साल पहले जब पानी साफ था, पेड़-पौधे ठीक थे, तब भी हमें ऋषि-मुनि कहते थे कि प्रकृति से प्यार करो। पूरा ब्रह्मांड तुम्हारा परिवार है।'

संसाधनों, विशेष रूप से पानी के संरक्षण के बारे में हमारे ऋषियों की सोच के जो उद्धरण वह हमारे इतिहास और परंपराओं से निकाल कर उद्धृत करते हैं वे भारत के साथ-साथ विदेशों में बसे भारतीयों पर भी गहरा प्रभाव डालते हैं।

ऑस्ट्रेलिया में गांधी जी की प्रतिमा का अनावरण करते हुए मोदी ने कहा,

> 'गांधी जी अब भी बहुत प्रासंगिक हैं। उनकी शिक्षाओं से दुनिया का बड़ा फायदा हो सकता है। गांधी जी ने अहिंसा का उपदेश दिया और यही मेरी आस्था का विषय है। गांधी जी ने कहा था, 'शब्द से भी हिंसा न करें।' लेकिन आज हम होलिअर-दैन-दाउ (मैं-तुमसे-अधिक-पवित्र) हैं, अपने को सबसे बड़ा मानते हैं। इसी लिए टेररिस्म (आतंकवाद) बढ़ रहा है। हमने प्रकृति का शोषण किया है। इसीलिए ग्लोबल वार्मिंग (वैश्विक उष्मता) हो रही है। 1925 में साबरमती नदी पानी से पूरी भरी हुई थी। गांधी जी तब भी कहते थे कि पानी बचाओ। अगर आज हम पानी बचाएँ तो ग्लोबल वार्मिंग को ठीक किया जा सकता है।'

कर्म-योग के दर्शन के बारे में बात करते हुए मोदी ने कहा:

> 'मैं एक ट्रेन में सफर कर रहा था। मैंने एक बालक को देखा जो मुश्किल से चल पा रहा था। लेकिन वह बूट पॉलिश कर रहा था, ट्रेन के डिब्बे में उसके पास एक टाइम्स ऑफ इंडिया का न्यूजपेपर (समाचार पत्र) था। जब तक वह पॉलिश करता, उसका

ग्राहक न्यूजपेपर पढ़कर वक्त गुजारता था। यह ही कर्म-योग है। अपना काम अच्छी तरह करना ही कर्म-योग है।'

अपनी बर्लिन यात्रा के दौरान भारतीयों को संबोधित करते हुए मोदी ने भारत की समृद्ध विरासत के बारे में बोलकर उन्हें प्रेरणा दी। उन्होंने कहा कि हमें अपनी विरासत पर गर्व होना चाहिए।

'मैंने एक बार 800 साल पुरानी मूर्ति देखी। वह मूर्ति एक प्रेग्नेंट (गर्भवती) औरत की थी। उसका पेट कटा हुआ था और उसमें बच्चे की पोजिशन (स्थिति) दिखाई गई थी। स्किन (त्वचा) की एक एक लेअर (परत) दर्शाई गई थी। हमारे लोगों को 800 साल पहले इतना ज्ञान था। हमें इस पर गर्व होना चाहिए।'

पुनरावृत्ति के बारे में बोलते हुए उन्होंने एक बार कहा, 'हम तो घर पर भी रिसाइक्लिंग (पुनरावृत्ति) करते हैं। जब बड़े बच्चे का स्वैटर छोटा हो जाता है तो माँ उसको संभालकर रखती है, और वही स्वैटर, बाद में छोटे लड़के के काम आ जाता है।'

मुंबई में एक अस्पताल का उद्घाटन करते हुए मोदी ने कहा, 'एक समय में हमारे देश ने चिकित्सा विज्ञान के क्षेत्र जो उपलब्धि हासिल कर ली थी उसपर हम गर्व कर सकते हैं। हम सब ने महाभारत में कर्ण के बारे में पढ़ा है। वह अपनी माता की कोख से नहीं जन्मा था। इसका मतलब है कि उस समय भी जेनेटिक साइंस (आनुवांशिक-विज्ञान) मौजूद था। गणेश जी पर हाथी का सर प्लास्टिक-सर्जरी (शल्य- चिकित्सा) से ही लगाया गया होगा।'

इस बयान की कई लोगों द्वारा आलोचना की गई। लेकिन इसे इस दृष्टिकोण से भी देखा जा सकता है कि प्राचीन भारतीय सभ्यता में हमारे पास अच्छी खासी विचार-प्रक्रिया और कल्पना-शक्ति उपलब्ध थी।

पश्चिमी दार्शनिकों, विज्ञान-कथा लेखकों और विचारकों ने तो कुछ सदियों पहले ही वैज्ञानिक प्रगति के बारे में कल्पना करना शुरू किया है जबकि भारत के लोग हजारों साल पहले ऐसे विचारों को जन्म दे चुके थे। इस उदाहरण से मोदी हजारों साल पहले एक सभ्यता के रूप

में अकल्पनीय की कल्पना करने की हमारी क्षमता का भी संकेत देते हैं। अन्य सभ्यताओं ने विज्ञान-कथा के क्षेत्र में सोचना बहुत बाद में शुरू किया।

उदाहरण के तौर पर ज्यूल्ज वर्न ने अपनी विज्ञान-कथाएँ, *फ्रोम द अर्थ टु द मून* 1877 में और *ऑफ ऑन ए कॉमेट* उससे कुछ वर्ष पहले 1865 में लिखीं यानि उस समय जब रॉकेट-विज्ञान ज्यादा दूर का सपना नहीं रह गया था, हालाँकि इन पुस्तकों ने वैज्ञानिकों को काफी प्रोत्साहित किया।

विनोद व व्यंग्य

किसी पर व्यंग्य करते समय मोदी बहुत सावधान रहते हैं। वह व्यंग्यात्मक रूप से विनोदी हैं परंतु इस योग्यता का उपयोग कभी-कभार ही करते हैं। उदाहरण के तौर पर, वर्तमान सरकारी व्यवस्था पर कटाक्ष करते हुए, जहाँ जरूरत से कहीं अधिक कानून और अधिनियम उपलब्ध हैं, उन्होंने एक किस्सा सुनाकर समझाया कि बिना कार्यवाई के कागजी नियम और कानून कैसे निरर्थक होते हैं।

> 'दो दोस्त जंगल में शेर का शिकार करने गए। वे थोड़ी जल्दी पहुँच गए तो वो थोड़ा टहलने के लिए निकल पड़े। वे गन (बंदूक) अपनी जीप में ही छोड़ गए। वे थोड़ी दूर गए तो सामने से शेर आ गया। अब गन तो थी नहीं और शेर सामने था, क्या करते? उन्होंने पॉकेट (जेब) में से गन का लाइसेन्स (अनुज्ञप्ति) निकाला और शेर को दिखा दिया!'

एक बार संसद को संबोधित करते हुए उन्होंने बताया कि कैसे यूपीए सरकार को यह शिकायत है कि हम उनके विचारों की नकल कर रहे हैं।

> 'आप कहते हैं कि यह तो नई बॉटल (शीशी) में पुरानी शराब है। हमारी तो बातें हैं, शराब में आपकी तो बात ही और है। अगर यही बात है तो आप यह तो मानते हैं कि जो हम कर रहे हैं, वह आपको भी पता था।'

पूर्व यूपीए सरकार के रवैये के बारे में बात करते हुए वह कहते हैं,

> 'महाभारत में दुर्योधन को किसी ने पूछा कि तुम्हें सच और झूठ की समझ है? दुर्योधन ने जवाब दिया, मैं धर्म को जानता हूँ, मैं सही और गलत का भी मतलब समझता हूँ। पर क्या करूँ, सही काम करना तो मेरी फितरत में ही नहीं है। यह मेरे डी एन ए में नहीं है।'

किसी राष्ट्र पर शासन करने में पेश आने वाली कठिनाइयों की डिग्री पर कटाक्ष करते हुए और यह बताते हुए कि पहले की सरकारें कैसे देश पर बेरहमी से शासन करती रही हैं, उन्होंने अपने श्रोताओं से कहा,

> 'एक बार एक मंत्री जी ने अपने ड्राइवर (चालक) से कहा कि वो उस दिन खुद गाड़ी चलाएँगे। ड्राइवर, ने जवाब दिया, 'मंत्री जी यह कार है, सरकार नहीं जो कोई भी चला ले।'

एक टॉक-शो में सोनिया गांधी की 'मौत का सौदागर' वाली टिप्पणी के बारे में पूछे जाने पर उन्होंने परेशान होने की बजाए यह जवाब दिया कि सोनिया ने अंजाने में गलत शब्द का इस्तेमाल किया हो सकता है।

> 'उनकी मातृ-भाषा इटेलियन है, उसके कारण वह शब्द को समझ नहीं पाई। हकीकत में तो था 'मत का सौदागर', वह बेचारी बोल गई 'मौत का सौदागर'।

उनका एक और वन-लाइनर (वाक्यांश) जिसने श्रोताओं पर गहरा प्रभाव छोड़ा, उनकी आम चुनाव के दौरान कही गई वह उक्ति थी जिसमें उन्होंने कहा,

> '2014 का चुनाव बताएगा कि किस को प्रधानमंत्री बनना है - देश बेचने वालों को या देश बचाने वालों को।'

अभिनय कला

वह चाहे संसद के पटल पर खड़े हों, स्कूली बच्चों से बात कर रहे हों या फिर बौद्धिक रूप से सक्रिय मंच को संबोधित कर रहे हों, मोदी सब तक पहुँच सकते हैं। लोग उनकी अभिनय-कला के आशिक हैं। उनके दर्शकों को महसूस होने लगता है कि वह उनमें से एक हैं, उनके पड़ोस में रहने वाले व्यक्ति हैं, उनके अपने हैं।

मोदी में यह गुण है कि वह किसी भी बात का परोक्ष रूप से ही सही, बड़े प्रभावी ढंग से जवाब दे सकते हैं। एक बार संसद में यह पूछे जाने पर कि वह कैसे सुनिश्चित करेंगे कि भारत में मुसलमान सुरक्षित रहेंगे, उन्होंने कहा,

> 'जब मैं बिहार में अपनी रैली में बोल रहा था, तो वहाँ बॉम्ब-धमाके हो रहे थे, खून की नदियाँ बह रही थीं। मैंने पूछा क्या हिन्दू मुसलमान से लड़ना चाहता है, और मुसलमान हिन्दू से, या सब मिलकर गरीबी से लड़ना चाहते हो....? आज लोग विकास चाहते हैं, लोग धर्म, जाति से ऊपर उठना चाहते हैं।'

मोदी किसी भी बात का जवाब देने के लिए सदैव तत्पर रहते हैं और एक मंझे हुए कलाकार की तरह अपनी बात बड़े नाटकीय ढंग से कह जाते हैं। वह आलोचना, इतिहास और हास्य-व्यंग्य को ऐसी चतुराई और सहजता से जोड़ लेते हैं जैसी कोई कुशल नर्तकी डांस के किसी रिएलिटी-शो में भारतनाट्यम की मुद्राओं को हिप-हॉप की आधुनिक शैली से जोड़ दे। मोदी का यह गुण उन्हें एक आकर्षक वक्ता बनाता है जो अपने हर भाषण से दर्शकों को मंत्र-मुग्ध कर देता है। इस गुण को अर्जित करना पड़ता है और इसमें प्रवीणता प्राप्त करने के लिए निरंतर व अविरोध प्रयास करने की जरूरत होती है।

विभिन्न श्रोता, समान संदेश

मोदी जानते हैं कि भारतीय इतिहास और संस्कृति से लिए गए उदाहरणों

को अलग-अलग श्रोताओं के सामने पुनरावृत्ति किए बिना, अलग-अलग ढंग से कैसे पेश किया जा सकता है। युनेस्को की एक सभा में 1300 राजनयिकों को संबोधित करते हुए उन्होंने स्वच्छ गंगा परियोजना को एकता की दिशा में एक प्रयास के रूप में संदर्भित करते हुए कहा,

> 'संस्कृति का काम है लोगों को जोड़ना, न कि उन्हें विभाजित करना। गंगा हमारी संस्कृति का हिस्सा है, हमारे धर्म का हिस्सा है और यह हर भारतवासी के लिए ज्ञान का प्रतीक है।'

विदेश में प्रवासी भारतीयों को संबोधित करते हुए, एक बार उन्होंने भावनात्मक पैंतरा फेंका और उनसे पूछा, 'क्या आप सभी माँ गंगा में स्नान करना चाहेंगे या नहीं, साफ और शुद्ध माँ गंगा में?' और इस प्रकार दर्शकों की तालियाँ बटोर लीं। मोदी जानते हैं कि विदेशों में बसे भारतीय आज भी गंगा से भावनात्मक रूप से बेहद जुड़े हुए हैं और इसके गंगा-जल से जुड़ी आध्यात्मिक शुद्धता से भी। इसलिए गंगा से जुड़ी हर सकारात्मक टिप्पणी, स्कारात्मक प्रतिक्रिया ही पैदा करेगी।

A sense of humour... is needed armour. Joy in one's heart and some laughter on one's lips is a sign that the person down deep has a pretty good grasp of life.

—Hugh Sidey

मनुष्य के लिए हास्य-वृत्ति ... एक आवश्यक कवच है। हृदय में खुशी और होंटों पर थोड़ी हंसी इस बात का संकेत है कि जीवन पर आपकी अच्छी-खासी पकड़ है।

-ह्यू सिडे

एक शानदार वक्ता से वक्तृत्व व नेतृत्व के सबक

- अधिकांश सभ्यताएँ अपनी पौराणिक कथाओं और मान्यताओं के आधार पर फलती-फूलती हैं। हम सबको कहानियाँ और दंत-कथाएँ अच्छी लगती हैं। जब इन्हें समझदारी से विषय-वस्तु में बुना जाता है तो यह एक साधारण भाषण को भी श्रेष्ठ भाषण बना सकती हैं। नरेंद्र मोदी ने हिन्दू-भारतीय संस्कृति, इसके रीति-रिवाजों और आस्थाओं को अपनी विचार-प्रक्रिया की मुख्यधारा में पिरोने की कला में महारत हासिल की है।
- मोदी के पास दर्शकों को पूरी तरह समझने की अद्‌भुत कला है और वह एक ही बात अलग-अलग लक्षित-क्षेत्रों के सामने अलग-अलग ढंग से पेश कर सकते हैं। उदाहरण के लिए, विदेशों में बसे भारतीयों से बात करते समय वह गंगा का उल्लेख एक खास ढंग से करेंगे और किसी आर्थिक मंच को संबोधित करते हुए किसी दूसरे ढंग से।
- नरेंद्र मोदी जानते हैं कि दर्शकों का भावनात्मक उत्तेजना-बिन्दु क्या है। मसलन, उन्होंने योग को बढ़ावा देकर लाखों भारतीयों के दिलों में जगह बनाई है। एक पत्थर से दो शिकार करते हुए, 21 जून 2015 को अंतर्राष्ट्रीय योग दिवस घोषित कर उन्होंने दुनिया भर में भारतीय संस्कृति की महान छवि भी बना दी है।
- एक महान वक्ता हमारी संस्कृति और विरासत को हमारे दैनिक जीवन से जोड़ने की क्षमता रखता है और उसे दर्शकों के लिए प्रासंगिक संदर्भ में रखकर पेश कर सकता है जैसे, ग्लोबल-वार्मिंग जैसे विषय को मोदी गांधी से जोड़ देते हैं और आजीविका कमाने के लिए जूते पॉलिश करने वाले बच्चे को कर्म के सिद्धान्त से।
- मोदी विज्ञान को पौराणिक कथाओं से जोड़ने में सक्षम हैं। वह महाभारत को रॉकेट-साइंस से जोड़ सकते हैं। एक महान वक्ता दर्शकों को और उनके 'पौराणिक हृदय' के करीब क्या है, यह समझने की सूझ-बूझ रखता है।

8

मुझे रोक सको तो रोको

विचारों की पैकेजिंग और उनका प्रभावी प्रस्तुतीकरण

'Great minds discuss ideas;
average minds discuss events;
small minds discuss people.'

—Eleanor Roosevelt

महान दिमाग विचारों पर चर्चा करते हैं;
साधारण दिमाग घटनाओं पर और छोटे दिमाग
लोगों पर चर्चा करते हैं

-इलिनोर रूजवेल्ट

नए विचार पेश करना बुद्धिमत्ता की निशानी है। लेकिन विचार बाजार में बिकने वाले उत्पादों की तरह होते हैं। लोगों को उन्हें खरीदने के लिए उनका अच्छी तरह पैकेज और प्रस्तुत किया जाना बहुत जरूरी होता है। महान नेता अपने विविध मिशन (लक्ष्य) वक्तव्यों को आकर्षक पैकेजों में प्रस्तुत करते हैं और इनका प्रयोग करते हुए अपने समग्र दृष्टिकोण को दोहराते रहते हैं। वह कार्पोरेट बोर्डरूम में कोई पिच हो या किसी कॉलेज की डिबेट में शिरकत, विचारों की सही पैकेजिंग बहुत मायने

रखती है। फिर भी कई वक्ता वक्तृत्त्व के इस महत्वपूर्ण पहलू पर ध्यान देने में विफल रहते हैं।

नरेंद्र मोदी ने विचारों को पैक करने की कला में भी महारत हासिल की है। वह इन्हें इस प्रकार पेश करते हैं कि न्यूनतम समझ रखने वाले श्रोता भी उन्हें आसानी से समझ सकें।

मोदी का चुनाव से पहले का रुख

आम चुनावों के लिए प्रचार करते हुए मोदी को अपने-आपको भारत के उद्धारकर्ता और मसीहा के रूप में पेश करना था और साथ ही बिना ज्यादा आक्रामक हुए विपक्ष पर प्रहार भी करना था। इसलिए उन्होंने अपना ध्यान अपने खुद के दृष्टिकोण पर ही केन्द्रित किया और कभी-कभी, बड़ी सावधानी से यू पी ए शासन की कमियों को भी इंगित करते रहे। गोधरा दंगों के लिए काँग्रेस द्वारा उनकी आलोचना की जा रही थी। उनकी आधिकारिक शैली और अपनी उपलब्धियों को बढ़ा-चढ़ाकर पेश करने के लिए भी उनकी आलोचना होने लगी थी। फिर भी काँग्रेस तथा अन्य विरोधी पार्टियां मोदी को उकसाने में और उसका ध्यान भंग करने में सफल न हो पाईं।

ऐसी आलोचना के जवाब में मोदी ने केवल इतना कहा, 'तुम मुझ पर जितना कीचड़ उछालोगे, उतने ही कमल खिलेंगे।' एक ही वाक्य में उन्होंने श्रोताओं को बता दिया कि विपक्ष की आलोचना उन्हें परेशान नहीं करती, बल्कि एक तरह से उनकी मदद ही करती है।

मोदी मतदाताओं को बार-बार याद दिलाते रहे कि भारत को एक स्थिर और मजबूत सरकार की जरूरत है और गठबंधन सरकार की ओर ले जाने वाला खंडित जनादेश लोकतन्त्र के लिए एक आपदा साबित हो सकता है। इस तथ्य को भारत जैसे भौगोलिक दृष्टि से विशाल देश के 125 करोड़ मतदाताओं के दिमाग में अंकित किया जाना था जिसके लिए मोदी ने बड़े सकारात्मक ढंग से अपनी चिंता व्यक्त करते हुए कहा, 'तुम मुझे एक स्थिर सरकार दो, मैं तुम्हें एक मजबूत भारत दूँगा।' उन्होंने 'प्रो-पीपल, गुड गवर्नेंस' की अपील के साथ लोगों के अनुकूल

और सु:शासन वाली सरकार का वादा किया।

उन्होंने भारत की आर्थिक क्षमता की व्याख्या अंग्रेजी अक्षर 'डी' से शुरू होने वाले तीन अंग्रेजी शब्दों का बड़ा सुंदर प्रयोग करते हुए की - डेमोक्रेसी (लोकतन्त्र), डेमोग्राफी (जनसांखियकी) और डिमांड (मांग)।

गंतव्य भारत के लिए दुनिया को लुभाना

मोदी जानते थे कि उनके दर्शन व दृष्टिकोण को आगे बढ़ाने के लिए बड़े पैमाने पर निवेश की आवश्यकता पड़ेगी और यह बात उन्होंने 25 सितंबर 2014 को 'मेक इन इंडिया' (भारत में निर्माण) नाम की वैश्विक पहल के शुभारंभ पर कही भी। उनके 'थिंक ईस्ट, लिंक वेस्ट' (पूर्व में सोचें और पश्चिम से जुड़ें) के विचार ने अंतर्राष्ट्रीय समुदाय को एक मजबूत संकेत दिया जिसमें उनसे यह आग्रह किया गया कि वे इस बात को समझें कि अब पूर्व और पश्चिम दोनों को एक साथ काम करने की जरूरत है।

प्रत्यक्ष-विदेशी-निवेश (एफ डी आई) समय की मांग थी और मोदी इसके पूरे हक में थे। फिर भी उन्होंने विदेशी निवेश के मूल-सिद्धान्त के रूप में विकास पर ही जोर दिया और कहा, 'पहले भारत का विकास फिर प्रत्यक्ष-विदेशी-निवेश।' 'मेक इन इंडिया' के अपने सपने की संकल्पना का स्पष्टीकरण करते हुए वह कहते हैं, 'कहीं भी बेचें लेकिन निर्माण यहाँ करें।'

प्रतिबद्धता के प्रति प्रतिबद्धता

मोदी ने दिखा दिया है कि वह ऊर्जा का पावरहाउस हैं और भारत को ऊँचाई की बुलंदियों पर ले जाने के लिए वह इस ऊर्जा का एक-एक अंश खर्च करने के लिए तैयार हैं। अपने वर्कोहोलिक (काम-में-डूबे-रहने-वाले) स्वभाव का वर्णन वह कुछ इस प्रकार करते हैं, 'मेरे जीवन में मिशन (लक्ष्य) ही सब कुछ है। यदि मैं नगरपालिका- अध्यक्ष होता तब भी मैं उतनी ही मेहनत करता जितनी मुख्यमंत्री के रूप में कर रहा हूँ।'

वह अक्सर कहते हैं, 'कड़ी मेहनत से कभी थकान नहीं मिलती। इससे संतुष्टि मिलती है। 'उनका सफलता का मंत्र एकदम सरल और सीधा है।

इच्छा + रणनीति = संकल्प

संकल्प + परिश्रम = सफलता

मोदी जनता से राष्ट्र निर्माण की दिशा में सामूहिक रूप से काम करने की गुहार लगाते रहे हैं। 'अगर हर भारतवासी एक कदम आगे बढ़ाएगा तो देश 125 करोड़ कदम आगे बढ़ेगा।' उन्होंने एक बार कहा, 'हमारा मन हमारी समस्या नहीं है, हमारी मानसिकता है। हमें अपनी मानसिकता को बदलना है।' प्रधानमंत्री के रूप में लाल किले की प्राचीर से पहली बार राष्ट्र को संबोधित करते हुए उन्होंने कहा, 'आज हम निराशा के माहौल में जी रहे हैं। लेकिन डेमोक्रेसी (लोकतन्त्र) की स्ट्रेंथ (शक्ति) ऐसी है कि एक गरीब आदमी आज आपके सामने खड़ा है।'

उन्होंने कहा, 'हमें अपनी सोच बदलनी है। हम जब काम करें तो यह न सोचें कि इसमें मेरा क्या, मुझे क्या?' वह मानते हैं कि सरकारें सब कुछ नहीं कर सकतीं। सरकारें अच्छी नीतियाँ बना सकती हैं, कुछ बुनियादी ढांचों का निर्माण कर सकती हैं, लेकिन देश लोगों की भागीदारी से ही प्रगति कर सकता है। उनका मानना है कि महात्मा गांधी की सफलता का बड़ा कारण यह था कि उन्होंने स्वतन्त्रता-संग्राम को जन-क्रान्ति में तबदील कर दिया। स्वच्छ भारत के अपने अभियान के लिए महात्मा गांधी का जिक्र करते हुए उन्होंने कहा, 'महात्मा गांधी ने सत्याग्रह शुरू किया अब मुझे स्वच्छताग्रह शुरू करना है।'

गरीबों की सहायता और इसके द्वारा देश की प्रगति के लिए उन्होंने अमीरों से एल पी जी गैस सिलेंडर की सब्सिडी (अनुवृत्ति) त्यागने का आग्रह किया ताकि गरीब लोगों को और ज्यादा गैस कनेक्शन प्रदान किए जा सकें। इस संबंध में उन्होंने कहा, 'जो आदमी होटल में रहने के लिए 20,000 रुपए देता है, उसको एल पी जी सब्सिडी चाहिए क्या? सब्सिडी से पका खाना शोभा देता है क्या?'

अपने चुनाव अभियान के दौरान मोदी ने खुद को न केवल एक परिश्रमी व प्रतिबद्ध नेता के रूप में, बल्कि एक ईमानदार नेता के रूप में भी पेश किया। पिछली यू पी ए सरकार कई घोटालों के झटके खा

चुकी थी। अब मोदी ने भी उस पर तीखा प्रहार करना शुरू कर दिया।

टोरेंटों में प्रवासी भारतीयों को संबोधित करते हुए उन्होंने कहा, 'जिन्होंने गंदगी करनी थी वे कर गए। हम अब साफ करेंगे।' उन्होंने यहाँ तक कह डाला, 'न मैं खाऊँगा न खाने दूँगा।' और 'हमें स्कैम इंडिया (घोटालों वाले भारत) से स्किल इंडिया (हुनरमंद भारत) बनना है।'

जरूरत पड़ने पर मोदी अपने आपको विपक्ष के सामने बड़े विनम्र तरीके से पेश करने की कला भी रखते हैं। राज्यसभा में अपने पहले संबोधन में उन्होंने बे-झिझक स्वीकार किया कि, 'मैं बहुत नया हूँ, मेरी रक्षा करना।' इस प्रकार उन्होंने उन विपक्षी दलों को निशस्त्र कर दिया जो अन्यथा उन पर अच्छा-खासा प्रहार करने के लिए उत्सुक थे।

उचित रूप से आलोचना करने की क्षमता

कई बार मोदी को बहुत उग्र व घमंडी कहकर उनकी आलोचना की जाती है। इस पर उन्होंने एक बार जवाब दिया था, 'यह मेरे एरोगेन्स (उद्दंडता) की बात करते हैं। 1982 में जब राजीव गांधी काँग्रेस के जनरल सेक्रेटरी थे और उन्हें आंध्रा प्रदेश के चीफ मिनिस्टर टी अंजय्या हैदराबाद के बेगमपेट एअरपोर्ट पर रिसीव (स्वागत) करने आए तो राजीव गांधी ने सबके सामने उनकी बे-इज्जती कर दी। इस बात से श्री अंजय्या बहुत अपसेट (परेशान) हुए। और उस समय राजीव गांधी कोई गोरमेंट-पोजीशन (सरकारी-पद) पर भी नहीं थे।'

मोदी नारे गढ़ने, मजाकिया बयान-बाजी करने और समझदारी एवं तत्परता से श्रोताओं की भावनाओं को छू लेने की कला में भी माहिर हैं। वह दर्शकों के लिए उपयुक्त अभिव्यक्ति और भावों की रचना बड़ी आसानी से कर लेते हैं। वह किसी प्रकार की भी आलोचना की प्रतिक्रिया बहुत माप-तौलकर देते हैं और विरोधियों की आलोचना करते समय कभी सीमाएं नहीं लांघते, भले ही वे उन्हें भड़काने की लाख कोशिश क्यों न करें।

'The word is looking at Asia. I don't have to waste time in inviting people. I need to give them the address.

—Narendra Modi

'दुनिया एशिया की ओर देख रही है। मुझे लोगों को आमंत्रित करने में समय बर्बाद नहीं करना है। मुझे केवल उन्हें पता बताना है।

–नरेंद्र मोदी

एक शानदार वक्ता से वक्तृत्व व नेतृत्व के सबक

- विचारों की सही पैकेजिंग व सुंदर प्रस्तुतीकरण की कला सार्वजनिक भाषण को सजाने-सँवारने के लिए बहुत जरूरी है। विचार उत्पादों की तरह होते हैं, अच्छी तरह पैकेज न किए जाएँ तो दर्शकों को लुभा नहीं पाते।
- मोदी ने अपने आपको भारत के उद्धारकर्ता के रूप में प्रस्तुत किया है; वह उन लोगों के सामने आशा का प्रतीक बनकर उभरे हैं जो वर्तमान राजनीतिक व्यवस्था से और उसके पिछले कुछ दशकों के शासन से पूरी तरह मोहमुक्त हो चुके थे।
- एक अच्छे वक्ता को लोगों के दिलों में अपनी जगह बनानी चाहिए। मोदी ने ऐसा ही किया; उन्होंने पहले तो अपने आपको ऊर्जा के एक पावरहाउस और ऐसे व्यकि के रूप में प्रस्तुत किया जो बदलाव ला सकता था; फिर उन्होंने देशवासियों को विश्वास दिलाया कि बदलाव संभव है। उन्होंने विदेशी निवेशकों को भी यही बात कहकर आकर्षित किया कि भारत बदल रहा है और यह समय उनके निवेश के लिए बहुत उपयुक्त समय है।
- मोदी ने एक सकारात्मक माहौल की रचना की है। 'सबका साथ, सबका विकास' और रिश्वत के संदर्भ में, 'न मैं खाऊँगा, न खाने दूंगा' जैसे सार्थक नारों द्वारा सबके दिलों में अपने लिए एक सद्भावना उत्पन्न की है। पी2जी2, यानि 'प्रो-पीपल, गुड-गवर्नेंस' (जन-समर्थक, सुःशासन) जैसे आदिवर्णिक (एक्रोनिम) शब्दों द्वारा उन्होंने लोगों को विश्वास दिलाया है कि उनकी सरकार केवल लोगों के लिए काम करेगी।
- भारत को उत्पादन का गढ़ बनाने के अपने सपने के लिए, उन्होंने 'मेक इन इंडिया' (भारत में बनाएँ) का नारा गढ़ा, और इसके लिए एक सहायक तर्क भी ईजाद किया, 'कहीं भी बेचें लेकिन निर्माण यहाँ करें।'

- अच्छे नेता आलोचना को सकारात्मक ढंग से स्वीकार करना जानते हैं। वे किसी प्रकार की छेड़छाड़ अथवा उत्तेजना-पूर्ण टिप्पणियों पर सख्त प्रतिक्रिया नहीं देते। मोदी भी अपने विरोधियों की आलोचना करते हैं तो वह मापी-तौली और न्यूनतम ही होती है।

9

बराबर वालों में प्रथम

अद्वितीय शब्दकोष का सर्जन

'No poet or orator has ever existed who believed there was any better than himself.'

—Marcus Tullius Cicero

ऐसा कोई कवि या वक्ता नहीं हुआ जो मानता हो कि उससे भी कोई बेहतर है

-मार्कस टुल्लियस सिसरो

अटल बिहारी बाजपेयी, अरुण जेटली और सुषमा स्वराज जैसे सक्षम वक्ता पैदा करने वाले राजनीतिक दल में अपना विशेष स्थान बनाने के लिए जरूरी था कि नरेंद्र मोदी भी अपनी असाधारण प्रतिभा का परिचय देते। ऐसे अनुभवी दिग्गजों के बराबर खड़ा होने के लिए, जो राष्ट्रीय स्तर पर, संसद के पटल पर और कई दशकों तक चले अभियानों में बार-बार अपना सिक्का जमा चुके थे, मोदी का सबसे अलग और सबसे इक्कीस होना बहुत आवश्यक था। आज मोदी न केवल देश के वक्ताओं पर भारी पड़ रहे हैं बल्कि विंस्टन चर्चिल, जॉन एफ कैनेडी, बराक ओबामा, मार्टिन लूथर किंग, डग्लस मैकआर्थर, फ्रेंकलिन डी रूजवेल्ट, फाइडल केस्ट्रो, गोल्डा मीअर, चार्ल्स डी गौल और माइकल गोर्बाचौफ

जैसे महान लोगों के बीच एक रॉक स्टार की तरह खड़े हैं।

इनमें से हर वक्ता श्रोताओं को मंत्रमुग्ध करने और इतिहास में अपनी अमिट छाप छोड़ने में सक्षम रहा है। इसलिए, एक की दूसरे से तुलना करना न केवल उसके साथ बल्कि वक्तृत्व और सार्वजनिक भाषण-कला के साथ अन्याय होगा। फिर भी उनमें से हर वक्ता की अपनी विशेष शैली रही है और वह अपने अद्वितीय शब्दकोष के सर्जन द्वारा दुनिया-भर को प्रभावित करता रहा है।

दुनिया के लगभग सभी महान वक्ता अपने भाषणों में दृष्टान्तों और कहानियों का उपयोग करते रहें हैं। दर्शकों का ध्यान जुटाने का शायद यह सबसे प्रभावी तरीका रहा है। यहाँ तक कि गहन सत्यों को विस्थापित करने के लिए ईसा मसीह भी दृष्टान्तों का सहारा लिया करते थे; दैनिक जीवन में सामान्यत: प्रयोग होने वाले भेड़, रोटी और नमक जैसे प्रतीकों का उपयोग किया करते थे क्योंकि आम जनता द्वारा इन्हें समझना और इनसे जुड़ पाना बहुत आसान व स्वाभाविक था। वैसे भी इस प्रकार के किस्से-कहानियाँ अपने साहसी चरित्र-चित्रण व गहरे अर्थ रखने वाले प्रतीकों के कारण लोगों को याद रहते हैं... इन्हें भूल पाना आसान नहीं होता।

मोदी अपने भाषणों में उपाख्यानों, दृष्टांतों और पौराणिक कथाओं का उपयोग बड़े प्रभावी ढंग से करते हैं, जबकि धर्म के विषय की संवेदनशीलता के मद्दे-नजर उसे छूने से भी कतराते हैं। यह सार्वजनिक भाषण-कला का वह महत्त्वपूर्ण पहलू है जो जिसे विषम श्रोताओं की बड़ी संख्या को संबोधित करने वाले हर वक्ता को ध्यान में रखना चाहिए।

मोदी में लगभग वे सब गुण मौजूद जो विश्व के महान वक्ताओं में पाए जाते हैं। इसके इलावा, उन्होंने अपनी अनूठी शैली, शब्दकोष और वक्तृत्त्व के ऐसे कौशल का निर्माण किया है जो बहुत खास है और दूसरे वक्ताओं के लिए ईर्ष्या का विषय बन सकता है। लाइव टेलीकास्ट, रेडियो चैट-शो अथवा मंच के भाषणों से पहले, मोदी के श्रोताओं में उनसे कुछ नया, कुछ अलग और कुछ अभिनव सुनने की आशा जागृत होती है और मोदी उन्हें कभी निराश नहीं करते।

मोदी चाहे भारत में बोल रहे हों या विदेशों के अपने तूफानी दौरों

में, उनके वक्तव्य श्रोताओं पर अमिट छाप छोड़ने में नहीं चूकते। यहाँ वाक्पटुता के क्षेत्र में उनकी तरह कामयाबी के झंडे गाड़ने वाले, वर्तमान और अतीत के महान वक्ताओं से मोदी की तुलना करना लाभप्रद होगा। ऐसे विश्लेषण से पाठक को दुनिया के महानतम वक्ताओं की शैली, उनके शिल्प की बारीकियों और उनके द्वारा अपनाए गए बेजोड़ तौर-तरीकों को समझने में भी मदद मिलेगी।

अटल बिहारी वाजपेयी

भारत के भूतपूर्व प्रधानमंत्री, अटल बिहारी वाजपेयी, जिन्हें अरुण जेटली 'जेंटल जाइंट' भी कहा करते थे, विंस्टन चर्चिल की तरह महान शब्दकार थे। शब्दों के चयन और उनके नपे-तुले प्रयोग का उनका अपना ही अंदाज था जो श्रोताओं का मन मोह लेता था। विश्व में ऐसे राजनीतिज्ञ बहुत कम हुए होंगे जिन्होंने अपने भाषणों में गद्य के साथ कविता का उपयोग इतनी सुंदरता से किया हो जैसा कि वाजपेयी ने किया। दर्शकों को मंत्रमुग्ध कर देने वाले उनके शानदार भाषणों की गणना करना असंभव है। वह धीरे बोलते थे परंतु अपनी बात बड़े जोरदार ढंग से कह जाते थे। मंच पर उनकी उपस्थिति ही बहुत मायने रखती थी। श्रोताओं पर स्थायी प्रभाव डालने के लिए वह अपने भाषणों में हास्य और व्यंग्य की पुट लगाने में कभी नहीं चूकते थे और अपने भाषणों में अभिनय-कला एवं नाटकीय कौशल का प्रयोग भी बड़े खुले मन से करते थे।

वाजपेयी शब्दों के धनी थे और किसी भी विषय पर, किसी भी पूर्व तैयारी के बिना घंटों तक बोल सकने की क्षमता रखते थे। वह क्षण भर में विचारों के ताने-बाने बुन लेते थे और बड़े स्वाभाविक लेकिन प्रभावी ढंग से श्रोताओं तक पहुंचा देते थे। संसद के पटल पर दी गई उनकी तात्कालिक प्रतिक्रियाएँ सुनने वालों को स्तंभित कर देती थीं।

एक बार राजनेता व विपक्ष के सांसद रामविलास पासवान ने चुटकी लेते हुए कहा कि बी जे पी राम और राम मंदिर की बात तो करती है, लेकिन बी जे पी में राम नाम का एक भी व्यक्ति नहीं है जबकि राम विलास पासवान के नाम में ही राम हैं। वाजपेयी ने चंद शब्दों में

ऐसा जवाब दिया कि पासवान को निरुत्तर कर दिया, 'पासवान जी, राम तो 'हराम' शब्द में भी है!' ऐसे हाजिर-जवाब थे, वाजपेयी।

दूसरी ओर मोदी न तो कवि हैं और न ही दार्शनिक, फिर भी वह हर बात ऐसे अनोखे ढंग से पेश करते हैं कि वह सीधी दर्शकों तक पहुँचती है। वह दर्शकों को साथ लेकर चलते हैं। उनके लिए बोलते हैं, और बराक ओबामा की तरह हमेशा 'मैं' के स्थान पर 'हम' शब्द का प्रयोग करते हैं। उनकी वेश-भूषा - रंगीन कुर्ते, कुर्तों से मेल खाती हुई मोदी जैकेट और सही किस्म के जूते - दर्शकों के सामने एक ऐसे व्यक्ति को पेश करती है जो आत्म-विश्वास से भरा है, स्वयं पर पूरा नियंत्रण रखता है और हर प्रकार से बेदाग है।

मोदी का सबसे बड़ा गुण यह है कि वह बोलते समय नोट्स (संकेतों) का सहारा नहीं लेते और अपने भाषणों की संरचना सभागार में उपस्थित दर्शकों के सामर्थ्य व योग्यता के अनुसार कर सकते हैं। बड़े जन-समूह की रैलियाँ हों तो वह राजनीतिक बयानबाजी करना पसंद करते हैं, निवेशकों की सभा में उनकी बातें नपी-तुली और व्यावसायिक ढंग की होती हैं और संसद के पटल पर तो वह गूढ़ राजनीतिक सूझ-बूझ का प्रदर्शन करते हैं। वह अधिकतर उसी भाषा में बोलना पसंद करते हैं जिसमें वह सहज महसूस करते हैं अर्थात - हिंदी।

मोदी अपने भाषणों में उन्हीं शब्दों पर जोर देते हैं जो महत्त्व रखते हों और यही बात उन्हें मेघावी बनाती है। वे कठिन शब्दों का प्रयोग बिल्कुल नहीं करते, हालांकि भाषण को प्रभावी बनाने के लिए कभी-कभी संस्कृत श्लोकों का उपयोग अवश्य कर लेते हैं। वह अच्छी तरह समझते हैं कि केवल भारी-भरकम शब्दों से श्रोताओं को प्रभावित नहीं किया जा सकता। वास्तव में, बात जितनी सरलता से कही जाए, उतनी ही अच्छी लगती है।

मार्क ट्वेन ने एक बार मिस्सूरी के एक किसान की कथा का वर्णन करते हुए बताया था कि किस प्रकार वह अपने भाषणों में भारी-भरकम और कठिन शब्दों का प्रयोग किया करता था और पांच बार राज्य-विधानसभा के चुनाव में हारा। एक दिन, जब वह अपनी गायों को दूध दोहते हुए अपने भाषण का अभ्यास कर रहा था, तो एक गाय

ने उसके मुँह पर ऐसी लात मारी कि उसके सामने के कई दांत गिर गए। इससे वह केवल एक अक्षर वाले शब्द बोलने लायक ही रह गया और इसी से वह अपना अगला चुनाव जीतने में सफल हुआ। कहानी का अभिप्राय यह है कि जो नेता सरलता से अपनी बात कहते हैं, वे सामान्यत: मतदाताओं का दिल जीतने में अधिक सफ़ल होते हैं।

विंस्टन चर्चिल

विश्व के महान आधुनिक वक्ताओं और सबसे प्रसिद्ध प्रधानमंत्रियों में से एक, विंस्टन चर्चिल एक विशाल शब्दावली के स्वामी थे क्योंकि वह एक उत्सुक व उत्साही पाठक भी थे। जहाँ एक औसत व्यक्ति की शब्दावली में 25000 शब्द होते होंगे, अनुमान लगाया जाता था कि चर्चिल की शब्दावली में 65000 शब्द थे। मौरिस ड्रूऑन ने तो यहाँ तक कह दिया कि, 'मैं अँग्रेजी भाषा से प्रेम करता हूँ। मैंने इसे चर्चिल के भाषणों से सीखा है।'

चर्चिल की स्मरणशक्ति भी बहुत तेज थी जैसी कि मोदी की है। उनके पास उपाख्यानों का एक विशाल भंडार रहता था जिसमें से सही समय पर सही उपाख्यान आसानी से निकाला जा सकता था। और, मोदी की तरह, चर्चिल भी अपने भाषणों में शब्द-चित्रों की रचना किया करते थे। उदाहरण के तौर पर, 4 जून, 1940 को संसद के पटल पर दिया गया उनका भाषण, जिसे 'हम उनसे समुद्र तटों पर लड़ेंगे...' के रूप में भी जाना जाता है, उनका सबसे स्मरणीय भाषण माना जाता है। उसका एक अंश नीचे प्रस्तुत किया गया है:

> 'हम अंत तक लड़ेंगे, हम फ्रांस में लड़ेंगे, हम समुद्रों और महासागरों में लड़ेंगे, हम और भी आत्मविश्वास एवं शक्ति के साथ आकाश में भी लड़ेंगे, हम किसी भी कीमत पर अपने द्वीप की रक्षा करेंगे, हम समुद्र-तटों पर लड़ेंगे, हम हवाई-अड्डों पर लड़ेंगे, हम गलियों और मैदानों में लड़ेंगे, हम पहाड़ों की चोटियों पर लड़ेंगे, हम कभी आत्मसमर्पण नहीं करेंगे, और भले ही ऐसी स्थिति

> उत्पन्न हो जाए, जिसकी मुझे रत्ती भर भी संभावना नहीं लगती, कि हमारे द्वीप अथवा इसके बड़े हिस्से को दुश्मन अपने कब्जे में ले ले और हमारी भूखों मरने की नौबत आ जाए, तो भी सशस्त्र ब्रिटिश बेड़े द्वारा संरक्षित समुद्र के पार का हमारा साम्राज्य, तब तक संघर्षरत रहेगा जब तक कि भगवान की असीम कृपा से, 'नया संसार' अपनी पूर्ण शक्ति व पराक्रम के साथ पुराने के बचाव और मुक्ति के लिए आ खड़ा नहीं होता।'

चर्चिल की भाषा काफी समृद्ध और सुंदर होते हुए भी संवादात्मक होती थी। इसके लिए उनकी तुलना मोदी से अधिक वाजपेयी से की जा सकती है - और उनकी आवाज में बड़ी गहराई थी, बड़ा मर्म था जिससे उनके भाषणों का आकर्षण और भी बढ़ जाता था। मोदी की आवाज भी वैसी ही दमदार है।

अब्राहम लिंकन

लिंकन अपने श्रोताओं का दिल जीतने के लिए तर्क का इस्तेमाल करते थे न कि ब्यानबाजी का। वह अभिव्यक्ति में माहिर थे और श्रोताओं तक अपनी बात स्पष्टता से पहुंचाने की क्षमता रखते थे। वह एक गंभीर व्यक्ति थे और प्राय उदास दिखाई देते थे, लेकिन भाषण के लिए तैयार हो जाते थे तो उनकी सारी उदासी गायब हो जाती थी।

लिंकन एक विचारक-दार्शनिक थे, हर विषय पर सुघड़ विचार रखते थे और उन्हें बड़े सधे हुए उचित शब्दों में व्यक्त करते थे। वह सत्यवादी थे, ईमानदार थे, सतर्क व चिंताशील थे और कभी तानाशाहों की तरह अथवा निंदनीय बात नहीं करते थे। मंच पर नाटकीय प्रभाव पैदा करने के लिए वह हाव-भाव अथवा इशारेबाजी का सहारा नहीं लेते थे। यहाँ तक कि बोलते समय अपने हाथों का प्रयोग भी बड़े संयम से किया करते थे।

कहा जाता है कि लिंकन अपने भाषणों की संरचना सैर के वक्त किया करते थे। उन्हें वह टुकड़ों में लिखा करते थे और बाद में टुकड़ों

को जोड़-जोड़कर अंतिम मसौदा तैयार किया करते थे जो दर्शकों तक पहुँचते-पहुँचते पूर्ण रूप इख्तियार कर लेता था। उनके भाषणों की शक्ति व प्रभाव उनकी ठोस व सम्मोहक विषय-वस्तु में होता था न कि उनके बोलने के ढंग में।

लिंकन की तरह, मोदी के भाषणों में भी ठोस व शक्तिशाली विषय-वस्तु पाई जाती है जिसे वह बड़े खूबसूरत अंदाज में व्यक्त करते हैं। इसके अलावा, मंच पर मोदी की उपस्थिति भी बहुत गरिमाशाली होती है और इस तरह वह अत्यंत प्रभावशाली भाषण दे पाते हैं।

लिंकन अनुनय की जबरदस्त शक्तियों के लिए भी जाने जाते थे, जो बहुत कम लोगों में पाई जाती हैं। वह अपने दर्शकों को घंटों तक बांधे रख सकते थे; उनके तर्क इतने प्रेरक व निशस्त्र कर देने वाले होते थे कि उन्हें चुनौती देना असंभव माना जाता था। उनके एक भाषण पर टिप्पणी करते हुए शिकागो (इलिनोइस) प्रेस और ट्रिब्यून के एक संवाददाता ने 15 अक्टूबर 1858 को लिखा था, 'उनके भाषण के बारे में, मैं इतना ही कह सकता हूँ कि यह तीन घंटे तक चला और इस दौरान पूरा दर्शक-समूह पूरी तन्मयता से ध्यान-मग्न होकर सुनता रहा। और यह भी कि प्रभाव, करुणा एवं वाक्पटुता की दृष्टि से देखा जाए तो मैंने इसके जैसा भाषण कभी नहीं सुना।'

मोदी भी अपने दर्शकों को बोर किए बिना घंटों तक बोल सकते हैं। आदत के तौर पर अपनी कलाई की घड़ी को देखकर वह दर्शकों से अधिक समय लेने की इच्छा व्यक्त करते हैं और दर्शक उन्हें कभी निराश नहीं करते। उनकी ओर से भी फर्माइश आने लगती है कि उन्हें और चाहिए।

ड्वाइट डी आइसेंहोवर

अमेरिकी राष्ट्रपति ड्वाइट डी आइसेंहोवर, उनके जैसे कई महान वक्ताओं में से हैं जिनका ध्येय भाषण के उद्देश्य व परिणाम पर केंद्रित रहता है। दूसरे शब्दों में कहें तो, भाषण का गंतव्य ही उनका केंद्र-बिन्दु होता है। एक बार वह इसे जान लें तो अपने भाषण की संरचना इसी गंतव्य

के इर्द-गिर्द कर ली जाती है। आइसेंहोवर अपने भाषण लिखने वालों से पहला सवाल यही किया करते थे कि भाषण का उद्देश्य क्या है अर्थात हम साबित क्या करना चाहते हैं।

इसके विपरीत, मोदी एक ही भाषण में कई बिंदुओं पर विचार करना पसंद करते हैं। एक ही उद्देश्य अथवा गंतव्य से जुड़े रहने की बजाय वह ऐसे कई धागों को लेकर बढ़िया सूत बुन देते हैं।

बराक ओबामा

ओबामा पहले दर्शकों की भावनाओं एवं मनोवृत्तियों के बारे में सोचते हैं और फिर उनके अनुकूल ही अपने भाषणों की संरचना कर लेते हैं। चीजों को सरल रखने के लिए, वह विरामों का उपयोग करते हैं और भाषण देते समय एकदम शांत, बेफिक्र लेकिन दृढ़ मुद्रा का प्रदर्शन करते हैं। बोलते हुए वह स्पष्ट उच्चारण और शब्दों के उतार-चढ़ाव पर जोर देते हैं। एक एक शब्द को चबा-चबाकर बोलते हैं। मोदी की तरह, ओबामा भी दर्शकों में बैठे हर व्यक्ति के साथ समनव्य एवं संपर्क स्थापित करने की भावना से नजरों के इशारों व शारीरिक हाव-भाव का पूर्ण उपयोग करते हैं। प्रतिबद्धता प्रदर्शित करने के लिए वह अपना हाथ हृदय पर रख लेते हैं, संकल्प जताना हो उंगली से चुटकी लेने लगते हैं और किसी बिंदु पर दर्शकों का ध्यान केन्द्रित करना हो तो बढ़े हुए हाथ से इशारे करने लगते हैं।

ओबामा 'पहले 180 सेकंड' की उक्ति में विश्वास रखते हैं और इसलिए अपने दर्शकों का ध्यान आकर्षित करने के लिए अपने भाषण की जानदार शुरुआत किसी किस्से अथवा उद्धरण के साथ करते हैं। मोदी के भाषण प्राय धीरे-धीरे शुरू होते हैं लेकिन थोड़े समय में ही गति पकड़ लेते हैं। लेकिन यह बात दर्शकों पर भी निर्भर करती है। संसद को संबोधित करते हुए उनकी शुरुआत बड़ी सतर्कता एवं धीमी गति से होती है, जबकि भारतीय प्रवासियों को संबोधित करते हुए, वह अक्सर किसी प्रभावशाली संवाद के साथ जबरदस्त शुरुआत करते हैं।

मोदी की तरह, बराक ओबामा भी, जहाँ भी उपयुक्त हो, अपनी

विनम्र पृष्ठभूमि का उल्लेख अवश्य करते हैं। विपक्ष की आलोचना करते समय, ओबामा, राष्ट्र के प्रति उनकी सेवाओं की पुष्टि करना नहीं भूलते। इससे उन्हें कीचड़ उछालने वाले व्यक्ति की छवि से बचे रहने में मदद मिलती है। मोदी भी विरोधियों की आलोचना करने से पहले उनके प्रति अपना सम्मान प्रकट करते हैं, हालांकि उसके बाद वह उनकी आलोचना करने में कोई कसर नहीं छोडते। मोदी और ओबामा, दोनों ही अपने बारे में यह धारणा बनाने में सफल रहे हैं कि उन पर भरोसा किया जा सकता है और वे बदलाव ला सकते हैं। मोदी की तरह ओबामा भी बाइबिल जैसी महान पुस्तकों में लिखी सच्चाइयों को संदर्भित करते हैं, और अपने दर्शकों से जुड़ने के लिए अपने सपनों और ऐतिहासिक तथ्यों को साझा करते हैं।

एक उल्लेखनीय गुण जो ओबामा और मोदी दोनों में समान रूप से पाया जाता है, वह यह है कि वे दोनों अपने हर भाषण में प्रामाणिक, वास्तविक और अच्छे नेता के रूप में सामने आते हैं। उदाहरण के तौर पर, यह साबित करने के लिए कि वह पुराने ढंग की राजनीति में विश्वास नहीं रखते, ओबामा कहते हैं, 'उदार अमेरिका और रूढ़िवादी अमेरिका दो नहीं है। यह एक ही संयुक्त राज्य अमेरिका है।' उसी प्रकार मोदी अक्सर कहते हैं, 'हमारे फैसले राष्ट्रनीति से निर्देशित होते हैं न कि राजनीति से।'

चर्चिल की तरह ओबामा का भी मानना है कि दर्शकों का ध्यान भाषण के प्रारम्भ में ही आकर्षित कर लिया जाना चाहिए। संयोग से, चर्चिल ने अपने भाषण की शुरुआत में कभी किसी की प्रशंसा नहीं की, क्योंकि उन्हें लगता था कि ऐसा करना दर्शकों द्वारा चापलूसी करना समझा जा सकता है और इसीलिए किसी की प्रशंसा और हास्य-पुट को वह प्राय भाषण के मध्य में ही रखते थे।

इसके विपरीत मोदी ऐसे किसी मानदंड का पालन नहीं करते। अरस्तू ने कहा है, 'हास्य का रहस्य आश्चर्य है।' और मोदी बयानबाजी के उस्ताद द्वारा दी गई इस सलाह का पालन पूरी तरह से करते हुए प्रतीत होते हैं। गंभीर मुद्दों पर बात करते हुए भी हास्य-रस को वह बड़ी चालाकी से अपने भाषण में जोड़ लेते हैं।

फ्रेंकलिन डी रूजवेल्ट और चर्चिल जैसे महान वक्ता काफी हद तक अपने भाषणों को पढ़कर बोलते थे। इस लिहाज से मोदी अपने बराबर के वक्ताओं से बिलकुल अलग और ऊपर हैं क्योंकि वह मुश्किल से ही कभी अपना भाषण लिखी-लिखाई पाण्डुलिपि पढ़कर बोलते हैं।

इसलिए इसमें कोई संदेह नहीं कि एक उत्कृष्ट वक्ता के रूप में मोदी बहुत ऊंचे खड़े हैं और उनके जैसा वक्ता भारत के समकालीन इतिहास में पहले कभी नहीं देखा गया।

एक शानदार वक्ता से वक्तृत्व व नेतृत्व के सबक

- दुनिया के महानतम वक्ताओं ने अपने भाषण कौशल से ही अपने श्रोताओं के दिलों में अपने लिए ठोस प्रतिष्ठा स्थापित की है और उनका सम्मान अर्जित किया है। इसके लिए उनमें से हरेक ने अपनी एक अनूठी शैली का निर्माण किया और स्वयं को बड़े असाधारण ढंग से प्रस्तुत किया।
- लगभग सभी प्रभावी वक्ता यह बात अच्छी तरह सीख लेते हैं कि कोरी दार्शनिकता और तथ्यों को हास्य और कटाक्ष के साथ विवेकपूर्ण ढंग से मिलाकर कैसे पेश किया जाए। इनमें से अधिकतर की स्मरण-शक्ति बहुत तेज रही है। भाषा पर उनकी पकड़ भी अच्छी रही है और उनके पास शब्दावली का समृद्ध भंडार रहा है।
- उच्च गुणवत्ता की सार्वजनिक भाषण कला के पीछे घंटों की तैयारी और कड़ी मेहनत होती है। विश्व के महानतम वक्ता इस तैयारी को काफी समय देते रहे हैं और भाषण तैयार करने में काफी प्रयास करते हैं। फिर भी उनमें ऐसी मानसिक चपलता और क्षमता रहती है कि वे बिना तैयारी के भी भाषण दे सकें।
- बहुत कम वक्ताओं में यह गुण पाया ज़ाता है कि वे नोट्स की सहायता के बिना बोल सकें। कई प्रभावी वक्ता नोट्स का उपयोग करते हैं और एक लिखित पांडुलिपि की सहायता लेते हैं, फिर भी वे नोट्स का इस्तेमाल बहुत कम और कभी-कभार ही करते हैं। हर वक्ता को इस कौशल को विकसित करने का प्रयास करना चाहिए।
- भाषण को प्रभावशाली बनाने के लिए जरूरी नहीं कि बड़े-बड़े और कठिन शब्दों का उपयोग किया जाए - भाषण जितना सरल हो उतना अच्छा। जटिल भावों और कठिन शब्दों के चयन की बजाय, भाषण की कथा-वस्तु को दर्शकों के अनुसार ढालना कहीं अधिक महत्वपूर्ण है।

- मोदी भाषा के बंधनों से मुक्त होकर केवल हिन्दी में बोलना पसंद करते हैं क्योंकि इस भाषा के साथ वह सबसे अधिक सहज महसूस करते हैं। एक अच्छा भाषण किसी भी भाषा में दिया जा सकता है; इसलिए अपने दर्शकों से केवल अंग्रेजी में बात करना आवश्यक नहीं है, जैसा कि भारत के कई वक्ताओं को भ्रम है।
- प्रभावी वक्ता आलोचना व व्यंग्य का इस्तेमाल बड़ी सावधानी से करते हैं। आम तौर पर वे अपने विरोधियों की आलोचना करने से पहले उनकी प्रशंसा करते हैं।
- एक वक्ता के लिए मंच पर खुद को स्थापित करने के लिए पहले 180 सेकंड बहुत महत्वपूर्ण होते हैं। ओबामा और चर्चिल जैसे कई वक्ता पहले तीन मिनट में ही अपनी धाक जमा लेते थे। फिर उसके बाद बाकी समय के लिए दर्शकों को अपने साथ लेकर चलना आसान हो जाता है।
- हास्य का रहस्य आश्चर्य में है। इसलिए, हास्य और गंभीर विषय-वस्तु का उचित रूप से मिश्रण करना ही महान वक्तृत्व का सार है।

10

बोले गए शब्द की शक्ति

लोगों को प्रभावित करने की कला

'Nothing is so unbelievable that oratory cannot make it acceptable.'

—Marcus Tullius Cicero

कुछ भी इतना अविश्वसनीय नहीं होता कि वाक्पटुता उसे स्वीकार्य न बना सके

-मार्कस टुल्लियस सिसरो

महान भाषण अनंत काल से श्रोताओं को प्रभावित करते रहे हैं, ऐतिहासिक घटनाओं के परिणामों को प्रभावित करते रहे हैं, लोगों को युद्ध छेड़ने के लिए प्रेरित करते रहे हैं, जनता-जनार्दन को अन्याय के खिलाफ लड़ने और उसके लिए अपनी जान तक बलिदान कर देने के लिए उकसाते रहे हैं। इसी प्रकार, महान भाषण आपदाओं और त्रासदियों के समय में लोगों को सांत्वना भी प्रदान करते रहे हैं, लोगों में देशभक्ति की भावना जगाते रहे हैं, देश की रक्षा के लिए सैनिकों और जोश से भरे दूसरे लोगों को अपना जीवन तक दाव पर लगाने के लिए प्रेरित करते रहे हैं। यहाँ तक कि कई महान भाषणों ने इतिहास की दिशा बदलने तक का काम भी किया है।

इस लिए यह कहा जा सकता है कि वाक्पटुता की कला मूलतः लोगों को प्रभावित करने की कला है, और जो व्यक्ति इस कौशल में महारत प्राप्त कर लेते हैं, वे ईश्वर के जैसी शक्तियों के स्वामी बन जाते हैं। बोले गए शब्द में बहुत शक्ति होती है और इस बात को सदियों पहले मान लिया गया था। लगभग 2500 वर्ष पूर्व, पेरिकॅलिस जैसे महान शब्दकारों ने वाक्पटुता की शक्ति का बड़ी खूबसूरती से प्रदर्शन किया। जिस युग में वह हुए उसे ग्रीस का स्वर्ण युग माना जाता है और पेरिकॅलिस को उस युग के प्रमुख ग्रीक राजनेता। उनके बाद में आने वाले एक और महान वक्ता, डेमोस्थनीज, को अब तक के सबसे महान वक्ता के रूप में याद किया जाता है।

प्राचीन ग्रीस में किसी भी व्यक्ति के सर्वांगी विकास के लिए उसका वाक्पटुता की कला में प्रवीण होना आवश्यक समझा जाता था। खासकर राजनेताओं के लिए क्योंकि वाक्पटुता सार्वजनिक जीवन का केंद्र-बिन्दु बन चुकी थी, लोकतान्त्रिक सरकार को सुचारू ढंग से चलाने का एक महत्त्वपूर्ण जरिया बन चुकी थी। राजनेताओं को कानूनी अदालत में विविध प्रकार के मामलों पर बहस करनी होती थी। इसलिए वाद-विवाद और चर्चाएं वाक्पटुता के इस स्वर्ण युग की पहचान बन चुके थे। उसी युग में, मार्कस टुलियस सिसेरो जैसे महान रोमन दार्शनिक व वक्ता भी हुए जिन्होंने आम जनता और उस समय के सम्राटों पर अपनी अच्छी-खासी छाप छोड़ी। उनके बाद भी हर युग में राजाओं, रईसों और बड़े-बड़े सलाहकारों ने इस कला को बढ़ावा दिया और इसके प्रयोग से इतिहास में अपना स्थान भी बनाया।

समकालीन इतिहास के, दो विश्व-युद्धों से प्रभावित, पिछले सौ वर्षों की काल-अवधि का बारीकी से आकलन किया जाए तो देखने में आएगा कि इस समय में भी सार्वजनिक जीवन में वाक्पटुता की कला की ही प्रधानता रही है। विश्व की महान घटनाओं ने जहाँ महान नेताओं को जन्म दिया है वहाँ शक्तिशाली वक्ता भी पैदा किए हैं। विंस्टन चर्चिल, फ्रैंकलिन रूजवेल्ट, चार्ल्स डी गॉल जैसे महान वक्ता उन्हीं घटनाओं के परिणाम-स्वरूप सामने आए, जिन्होंने दूसरे विश्व युद्ध को जन्म दिया और जो प्रथम विश्व-युद्ध के कारण ही पैदा हुईं। बीसवीं शताब्दी के

उत्तरार्ध में दुनिया ने जॉन एफ कैनेडी, रोनाल्ड रीगन, फ़िदेल कास्त्रो, मार्टिन लूथर किंग और नेल्सन मंडेला जैसे लोगों को अपने समय के महान प्रभावकों के रूप में देखा।

पब्लिक स्पीकिंग बनाम वक्तृत्व

In making a speech, one must study three points: first, the means of producing persuasions; second, the style or language; third, the proper arrangements of the various parts of the speech.'

—Aristotle

भाषण तैयार करते समय तीन बिंदुओं पर ध्यान देना जरूरी होता है: पहला, विश्वास पैदा करने के साधन; दूसरा, शैली अथवा भाषा; तीसरा, भाषण के विभिन्न भागों की उचित व्यवस्था।

-अरस्तू

वेबस्टर शब्दकोश में ओरेटरी (वाक्पटुता) को 'भावनाओं को प्रभावित करने वाली सुरुचिपूर्ण और प्रभावी ढंग से बोलने की कला' के रूप में परिभाषित किया गया है। इसकी तुलना में, पब्लिक-स्पीकिंग (सार्वजनिक-भाषण-कला) की परिभाषा में सुरुचिपूर्ण भावनात्मक अपील का संदर्भ नहीं मिलता। और वास्तव में दोनों में यही मूल अंतर है।

जबकि सार्वजनिक भाषण कला में केवल इस बात पर जोर दिया जाता है कि अपनी बात स्पष्टता से और संक्षिप्त रूप से व्यक्त की जाए, वहीं वाक्पटुता का उद्देश्य होता है श्रोताओं को अपनी बात का विश्वास जताकर प्रभावित करना। इसलिए वाक्पटुता में तर्क की प्रधानता होती है ताकि दर्शकों का ध्यान संदर्भ के भावनात्मक पहलू की ओर आकर्षित किया जा सके। वाक्पटुता दिमाग से अधिक दिल को प्रभावित करती

है। इसलिए, वाक्पटुता का विषय जो भी हो इसे सार्वजनिक-भाषण भी समझा जा सकता है जबकि हर प्रकार का सार्वजनिक-भाषण वाक्पटुता नहीं कहला सकता।

तकनीकी रूप से देखा जाए तो वक्ता दो प्रकार के होते हैं: एक वे जो अपने भाषण में तर्क को महत्त्व देते हैं और दूसरे वे जो केवल दिल से बात करते हैं। उनकी पहुँच भी दो प्रकार के दर्शकों तक होती है - एक वे जो बात को विवेक एवं तर्क के माध्यम से समझते हैं और दूसरे वे जो हर बात दिल से परखते हैं और दिल से ही स्वीकार करते हैं। जो वक्ता दिल से बात करते हैं उनकी बात आम लोगों के लिए होती है और जो विवेक एवं तर्क की सहायता से बोलते हैं उनकी बात प्राय: बोर्डरूम, सम्मेलनों और संसदों के लिए होती है।

निरे तर्क को प्रस्तुत करने के लिए तर्काधार, सांख्यिकी, तथ्यों और आंकड़ों की आवश्यकता होती है। जो व्यक्ति तर्क करता है उसके निष्कर्षों को न तो ललकारा जा सकता है और न ही आसानी से नकारा जा सकता है। इस प्रकार के प्रवचन शैक्षिक प्रकृति के होते हैं। दिल से बात करने वाले वक्ता भी तर्क का उपयोग कर सकते हैं, लेकिन केवल अपने भाषण को अधिक प्रभावशाली बनाने के लिए।

महान वक्ता बड़ी चतुराई व कुशलता से इन दोनों विधाओं को मिलाकर इस्तेमाल करते हैं। और इस तरह वे एक साधारण सार्वजनिक वक्ता से एक सुवक्ता बन जाते हैं। वे तर्क और लफ्फाजी के माहिर शिल्पकार होते हैं। उनमें यह विशेषता होती है कि अपनी सहज बुद्धि से ही वे इस बात का अनुमान लगा सकें कि कौनसी बात कहाँ, कैसे लोगों के सामने और किस हद तक कही जानी चाहिए। उसके लिए जरूरत पड़े तो वे सीधे-सादे भाषण में सरल तर्कों का तड़का भी लगा लेते हैं। वे ऐसे शब्दों का प्रयोग करते हैं जो उनके विचारों और उनकी भावनाओं के साथ पूरी तरह से मेल खाते हों। ऐसे लोग अपने दर्शकों की दबी-छिपी आकांक्षाओं को खूब भाँप लेते हैं। उनके प्रवचन शाहकार होते हैं। एक प्रकार से ऐसे वक्ता गिरगिट की तरह होते हैं, उन्हें पता होता है कि दिल से कब और कैसे बात करनी है और फिर जरूरत पड़ने पर कैसे बड़ी चतुराई से सटीक तर्कों पर वापस लौटना है।

याद रहे कि जो महान वक्ता अपने दर्शकों से जुड़े रहते हैं, वे न केवल रिपोर्टर या संदेशवाहक होते हैं, बल्कि ऐसे व्याख्याता और विश्लेषक होते हैं जो अपने दर्शकों के ज्ञान-बोध को इतना विस्तृत कर दें कि वे चीजों को बड़े संदर्भ में देखने योग्य हो जाएँ। ऐसा वे इस लिए कर पाते हैं क्योंकि वे दर्शकों के दिल और दिमाग दोनों तक पहुंचकर बात करते हैं।

वाक्पटुता की कला अन्य सभी विधाओं को अपने में समेटने की क्षमता रखती है और इसलिए श्रेष्ठ कला कहलाने के पूर्णतः योग्य होती है। इसमें साहित्य, ज्ञान, विषय-वस्तु, गद्य, नाटक, रंगमंच और यहाँ तक कि लय का एक विचित्र मिश्रण पाया जाता है। यदि सार्वजनिक भाषण कला एक कथा है तो वाक्पटुता को एक पटकथा कहा जा सकता है, जिसमें–ध्वनि, कैमरा, एक्शन, सब विद्यमान होते हैं। वाक्पटुता दर्शकों की गहन भावनाओं को छूती है, उनमें जुनून पैदा करती है और उन्हें कथानक के अनुसार कार्य करने के लिए प्रेरित ही नहीं अपितु, कभी-कभी बाध्य भी कर देती है।

वाक्पटुता का सर्वोत्तम उपयोग संकट के समय में, पस्त सार्वजनिक मनोबल के समय में, या संघर्ष के दौरान किया जा सकता है। इसका उपयोग, व्यापारिक सौदों को प्रभावित करने के लिए, राष्ट्रों के बीच संधियों की संरचना करने के लिए और आम जनता को किसी कार्य-विशेष के लिए प्रभावित अथवा प्रेरित करने के लिए भी प्रभावी ढंग से किया जा सकता है।

नेता, प्रबंधक और वक्ता

सफलता के लिए व्यक्ति के पास पर्सुएशन (अनुनय-कला) और दूसरों को प्रभावित करने अथवा समझाने की क्षमता का होना अति-आवश्यक होता है। नेतृत्व के उच्च स्तर पर तो ये कौशल और भी महत्वपूर्ण हो जाते हैं। उदाहरण के लिए, एक इंजीनियर अपने कैरियर के पहले कुछ वर्षों तक केवल एक इंजीनियर ही रहता है लेकिन समय के साथ उसकी तरक्की भी होती है और प्रगति भी। अब वह प्रबंधकीय भूमिका

भी निभा रहा होता है क्योंकि अब उसे बड़ी-बड़ी परियोजनाओं का, लोगों का, समयसीमा का, वित्त और संसाधनों का प्रबंधन करना होता है। ऐसे में वह एक नेता भी बन जाता है क्योंकि उसे उसके अधीन कार्य करने वाले अनेक लोगों को बार-बार संबोधित करना पड़ता है, अपने मालिकों से विचार-परामर्श करना पड़ता है, ग्राहकों को जुटाना पड़ता है और अपनी टीम को निरंतर प्रेरित करते रहना पड़ता है।

दूसरों को समझाने-बुझाने के लिए उसे प्रभावी ढंग से संवाद करने की आवश्यकता पड़ती है। यदि वह वाक्पटुता की शक्ति को समझने और उसका प्रभावी ढंग से प्रयोग करने में सक्षम हो तो वह अपनी प्रबंधकीय अथवा योग्य नेता की भूमिका में पहाड़ों तक को हिला सकने की क्षमता का मालिक बन सकता है।

वक्ता पैदा होते हैं या बनाए जाते हैं?

क्या वाक्पटुता की कला सीखी जा सकती है? क्या यह पैदायशी होती है या इसे ग्रहण किया जा सकता है? ऐसे भी लोग हैं जो जिनके पास यह गुण जन्मजात होता है और वे प्रकृति से ही उत्तम वक्ता होते हैं। लेकिन ऐसे भी बहुत लोग हैं जिन्होंने इस कला को सीखने के लिए कड़ी मेहनत की है और तब वे ऐसे व्यक्तित्व के मालिक बन पाए हैं जो लोगों को प्रभावित कर सके।

वे जो पैदायश से ही गुणी होते हैं, उनमें तर्क करने और अपने दृष्टिकोण को दूसरों तक पहुंचाने की बुनियादी क्षमता रहती है। वे अपने विचारों को बड़े तार्किक ढंग से व्यक्त कर सकते हैं। उनमें से कई एक तो उत्साह और ऊर्जा से लबालब भरे रहते हैं। ऐसे लोगों के विचार भी बड़े मजबूत और कट्टर होते हैं।

उदाहरण के लिए, मोदी में बचपन से ही अपनी बात को स्पष्ट और सटीक रूप से समझाने की क्षमता थी। हर विषय पर उनकी अपनी राय होती थी, अपने विचार होते थे जिन्हें वे बड़े आत्मविश्वास के साथ किसी के भी आगे पेश कर सकते थे। एक बार जब उन्होंने राजनीतिक क्षेत्र में कदम रखा तो उन्होंने धीरे-धीरे अपने भाषण कौशल को परिष्कृत

किया, अपने विचारों पर और भी ध्यान दिया और उन्हें महान भाषणों के रूप में लोगों तक पहुंचाया।

इसके विपरीत, जब उन्तीस वर्ष की अल्पायु में विंस्टन चर्चिल लोक सभा के नव-निर्वाचित सदस्य बने और पहली बार भाषण देने के लिए खड़े हुए तो लगभग तीन मिनट तक बुत से बने चुपचाप खड़े ही रह गए। और फिर चंद शब्द बोलकर अपने स्थान पर बैठ गए। उस समय, उन्होंने कसम खाई थी कि ऐसा फिर कभी नहीं होगा। इसके बाद कई वर्ष तक वे अपने भाषणों को सुधारने, उनका पूर्वाभ्यास करने और उन्हें फिर से परिष्कृत करने में लगे रहे। वह सही संदर्भ के लिए सही शब्दों और सही वाक्यांशों का चयन करने में बहुत समय बिताने लगे। वह अधिक-से-अधिक प्रभावशाली शब्दों की तलाश करते रहते। उन्होंने सैकड़ों भाषण दिए और हर बार अपने प्रदर्शन को और भी बेहतर बनाने के लिए सचेत प्रयास किए। उस पहले घातक भाषण के छत्तीस साल बाद, वह पैंसठ साल की उम्र में इंग्लैंड के प्रधानमंत्री बने और तब तक वे वाक्पटुता की कला में महारत हासिल कर चुके थे। वे पैदायशी अथवा स्वाभाविक वक्ता नहीं थे, बल्कि उन्होंने अभ्यास और परिश्रम से वाक्पटुता की कला में महारत हासिल कर ली थी।

अपने करियर (पेशे) की शुरुआत में स्टीव जॉब्स भी कैमरे के सामने जाते ही घबरा जाते थे। उस समय के कई भाषणों में वह भी बड़े चिड़चिड़े, व्यग्र व घबराए हुए दिखते थे। बोलते समय अक्सर पोडियम पकड़ने लगते थे। बार-बार नोट्स का सहारा लेते थे। लेकिन धीरे-धीरे, अभ्यास के साथ वे एक प्रभावशाली वक्ता के रूप में उभरे। इसलिए प्रतिभा हो या न हो, प्रयास और परिश्रम से भी आप महान वक्ता बन सकते हैं।

महान वक्ता कैसे बनें

यदि वाक्पटुता ऐसी कला है जिसे ग्रहण किया जा सकता है और समय के साथ सुधारा और सिद्ध भी किया जा सकता है, तो ऐसा करने के लिए वे कौन से बुनियादी कौशल हैं जिन पर ध्यान देने की आवश्यकता

है? सीधे शब्दों में कहें तो, क्या बोलना है, कब बोलना है, कैसे बोलना है और अपनी प्रस्तुति को सफाई और स्पष्टता से कैसे पेश करना है, यह सब समझने की कला ही वाक्पटुता है।

क्या बोलें

भाषण देते समय क्या बोलना है, यही वह सवाल है जिसमें अधिकतर लोग गलती कर बैठते हैं। आपके पास अच्छी आवाज हो सकती है, उच्च स्तरीय आत्मविश्वास हो सकता है, आपकी 'बॉडी लैंग्वेज' यानि शरीर के हाव-भाव एकदम सही हो सकते हैं, आप दिल से बोल रहे हो सकते हैं - लेकिन यदि आप जो बोल रहे हैं वह प्रासंगिक अथवा ठोस नहीं है, तो आपका सत्यानाश होना निश्चित है। आपको भाषण की तैयारी के लिए पर्याप्त होमवर्क (तैयारी) करना और तथ्यों व आंकड़ों पर अच्छा-खासा शोध करना अति-आवश्यक है।

अध्ययन और शोध: इस संबंध में कभी भी शॉर्टकट (संक्षिप्त-रस्ता) नहीं लेना चाहिए। भाषण की तैयारी अच्छी तरह से करनी चाहिए। मसौदे को अंतिम रूप देने से पहले सारी की सारी प्रासंगिक सामग्री को अच्छी तरह से पढ़ लेना चाहिए, तथ्यों को क्रॉस-चेक (प्रति-परीक्षण) कर लेना चाहिए। स्क्रिप्ट (मसौदा) लिखकर तैयार करने की आदत डालनी चाहिए। यदि संपूर्ण भाषण लिखा जाना न भी संभव हो तो कम-से-कम भाषण के प्रमुख बिंदुओं को और उनके संदर्भ में आप क्या कहने वाले हैं इसे तो अवश्य लिख लेना चाहिए।

दर्शकों की जरूरतें पूरी करें: भाषण की सामाग्री विकसित करते समय संदर्भ को अवश्य ध्यान में रखें। आपके दर्शक कौन हैं? आप किसे संबोधित कर रहे हैं? अवसर क्या है? आप वास्तव में क्या बताना और हासिल करना चाहते हैं? सामग्री पर निर्णय लेने से पहले ये कुछ ऐसे प्रश्न हैं जिनका उत्तर आपको अवश्य देना चाहिए। उदाहरण के लिए, यदि आप किसी महिला मंच को संबोधित कर रहे हैं, तो आपकी सामग्री उस भाषण से बहुत अलग होगी जो आप कॉलेज के छात्रों को उसी विषय पर दे सकते हैं।

रूपकों, उद्धरणों, और उपमाओं का उपयोग करें: यह अत्यंत शक्तिशाली सामग्री है जो आपके भाषण के मसौदे को काफी हद तक बढ़ा सकती है। महान लोगों के उद्धरण लगभग सभी विषयों पर उपलब्ध होते हैं। कला आपकी सामग्री के लिए सही लोगों को चुनने में निहित है। रूपक और उपमाएँ आपके विचारों और दर्शकों के बीच एक सेतु का काम करते हैं। रूपक कुछ बहुत ही जटिल मुद्दों को सरल और सीधे तरीके से प्रभावी ढंग से व्यक्त भी कर सकते हैं।

कहानीकार बनें: हार्वे कॉक्स का कहना है कि, 'लोगों को कहानियाँ सुनने, सुनाने और जीने के लिए किसी एक के सहारे की अन्तर्जात आवश्यकता होती है ... धर्म ने चाहे और जो कुछ भी और किया हो, मनुष्य को उसकी इस स्थायी आवश्यकता को पूरा करने का बड़ा महत्त्वपूर्ण जरिया भी प्रदान किया है।' हर व्यक्ति कोई कहानी सुनना चाहता है। हर व्यक्ति में एक बच्चा होता है। इसलिए आपकी सामग्री में कहानियों पर आधारित उदाहरण, इतिहास या पौराणिक कथाओं का कोई अंश आपके भाषण के प्रभाव की संवृद्धि के लिए एक बढ़िया तरीका हो सकता है। लोग इन कहानियों को बड़े चाव से सुनते हैं।

शैलियों को मिलाएँ और विचार उधार में लें: शाहरुख खान ने एक बार एक साक्षात्कार में कहा था कि अतीत के महान अभिनेताओं की अदाकारी की शैलियों से वह बहुत कुछ उठा सकते हैं और उसे खुद अपने तरीके से इस तरह पेश कर सकते हैं कि वे नया लगे - चतुराई इसी को कहते हैं।

दिल से बोलें: यह कहना आसान है लेकिन करना मुश्किल। इसके लिए वक्ता विषय के बारे में पूरी तरह से आश्वस्त होना चाहिए, तभी वह दिल से बात कर सकता है। जब आप दिल से बोलते हैं, तो आप वास्तविक लगते हैं और आप सीधे अपने दर्शकों से जुड़ने लगते हैं। आपकी अपील (अभ्यार्थना) वास्तविक होनी चाहिए और यह तभी हो सकता है जब इसमें आपकी भावनाएँ भरी हों।

भाषण के उद्देश्य को परिभाषित करें: वक्ता को शुरू से ही भाषण के उद्देश्य के बारे में स्पष्ट होना चाहिए। और पूरे भाषण में उसे इसी

उद्देश्य पर टिके रहना चाहिए। एक अच्छा वक्ता अपना ध्यान उस परिणाम पर केन्द्रित रखता है जो उसे प्राप्त करना है। उद्धरण, ऑडियो, वीडियो क्लिप और हास्य का उपयोग बुद्धिमानी से किया जाना चाहिए। हास्य के बिना भाषण शुष्क, उबाऊ और नीरस हो सकता है। एक उपयुक्त क्षण में हास्य का हल्का-सा पुट भी दर्शकों को तरो-ताजा कर सकता है। हमेशा साफ-सुथरे हास्य का प्रयोग करें; दूसरों की खिल्ली न उड़ाएँ। भाषण में ऐसे उद्धरण अथवा क्लिप न डालें जो संदर्भ से मेल न खाते हों। यह भी सुनिश्चित करें कि ये दर्शकों का ध्यान भंग तो नहीं कर रहे या फिर अनजाने में ही सही दर्शकों का ध्यान तो नहीं भटका रहे।

मुखर रहें: अपने विचारों को तार्किक और व्यवस्थित रूप से पेश करें ताकि आपके भाषण में एक निश्चित सहज प्रवाह बना रहे। एक विषय व्यवस्थित रूप से अगले की ओर बढ़ना चाहिए। जहाँ तक संभव हो वक्ता को एक विषय से दूसरे विषय पर कभी भी इस तरह से नहीं पहुँचना चाहिए कि वह आकस्मिक लगे। इससे दर्शक और स्वयं वक्ता दोनों भ्रमित हो सकते हैं। इसलिए अपने भाषण के मुख्य अंशों को ध्यान में रखें और उचित प्रवाह प्राप्त करने के लिए उन्हें सही तरीके से जोड़ते चलें।

तथ्यों और आंकड़ों का उपयोग करें: ये आपके भाषण को प्रभावी और प्रामाणिक बनाते हैं। सुनिश्चित करें कि आप उन आंकड़ों को उद्धृत नहीं कर रहे जिन्हें चुनौती दी जा सकती है या जो गलत हो सकते हैं; अपने तथ्यों को पहले-से तीन-तीन बार जांच लें। तथ्य और आंकड़े आपकी उंगलियों पर हों तो वे आपको बहुत सम्मान दिला सकते हैं।

कैसे बोलें:

वक्तृत्व का यह पहलू व्यक्ति के बोलने के ढंग से संबंध रखता है - शब्द-चयन एवं उच्चारण, आवाज का स्वर-परिवर्तन, शारीरिक-मुद्राएँ, इत्यादि। यह सब थियेट्रिक्स (नाट्य-कला) के बारे में है - आप दर्शकों पर कैसे प्रभाव डालते हैं और अपने-आप को उनके सामने कैसे पेश करते हैं। इसके लिए आपको निम्न-लिखित बातों पर ध्यान देने की आवश्यकता है:

जितना हो सके उतना अभ्यास करें: यह सबसे आवश्यक बात है। आप जितना अधिक पूर्वाभ्यास करेंगे उतने ही बेहतर बनेंगे। अपनी स्क्रिप्ट (सामाग्री) को लिखें, उसके महत्त्वपूर्ण बिंदुओं को स्मरण करें और आईने के सामने खड़े होकर बार-बार उनका अभ्यास करें।

आत्मविश्वास का निर्माण: यदि आपने अच्छा पूर्वाभ्यास किया है तो आप स्वतः ही आश्वस्त हो जाएँगे। आपका पहला सार्वजनिक संबोधन थोड़ा अस्थिर हो सकता है, आप थोड़े आशंकित और घबराए हुए लग सकते हैं। लेकिन यह स्वाभाविक है। अपनी असफलता के बारे में चिंता न करें, क्योंकि असफलता ही आपको सफलता की ओर ले जाती है।

अपनी रिकॉर्डिंग देखें: अपने रिहर्सल (पूर्वाभ्यास) और यहाँ तक कि अपने सार्वजनिक भाषणों को रिकॉर्ड करने के लिए अपने मोबाइल फोन या किसी अन्य उपकरण का उपयोग करें। जब आप अपना प्रदर्शन देखेंगे तो आप अपनी त्रुटियों को बेहतर ढंग से समझ पाएँगे। अपनी सभी रिकॉर्डिंग को बरकरार रखने की कोशिश करें और प्रत्येक प्रस्तुति के बाद अपनी प्रगति को ट्रैक करें (नजर रखें) - तीन कमजोर बिंदुओं और तीन मजबूत बिंदुओं पर ध्यान दें। यह सुनिश्चित करने के लिए कि आप उन्हें फिर नहीं दोहराएंगे, अपने कमजोर बिन्दुओं पर काम करें और अपने मजबूत बिंदुओं को बरकरार रखें।

आवाज मॉड्यूलेशन: एक ही स्वर में न बोलते रहें क्योंकि यह नीरस और उबाऊ हो सकता है - बोलते समय आवाज की फ्रीक्वेंसी (आवृत्ति) या पिच (क्षेपण) में बदलाव दर्शकों को सतर्क और अधिक ग्रहणशील बनाए रखते हैं। इतने जोर से बोलें कि अंतिम पंक्ति में बैठे आपके दर्शक भी आपको अच्छी तरह से सुन सकें। यदि वे आपको नहीं सुन पा रहे हैं तो अपने माइक को एडजस्ट (समायोजित) करें। याद रखें कि निचली पिच पर बोलना बेहतर होता है; जहाँ तक हो सके तीखी आवाज निकालने से बचें। यदि आप बहुत जोर से बोल रहे हैं तो अपने वॉल्यूम (आवाज की मात्रा) को मॉडरेट (संतुलित) करें। और अंत में, प्रत्येक शब्द स्पष्ट रूप से बोलें; बड़बड़ाएँ बिलकुल नहीं।

अपनी गति पर ध्यान दें: दर्शक आमतौर पर ऐसे व्यक्ति के साथ सहज महसूस करते हैं जो लगभग 125 शब्द प्रति मिनट की गति से बोलता है। इसलिए अपनी गति-सीमा 110 से 140 शब्द प्रति मिनट के बीच ही रखें। कुछ लोग बहुत तेज बोलते हैं और दर्शक समझ नहीं पाते कि वे क्या कह रहे हैं। दूसरी ओर, बहुत धीमी गति से बोलना दर्शकों को सुला भी सकता है और आपके भाषण को बहुत उबाऊ बना सकता है।

एक ही बात को सौ अलग-अलग तरीकों से कहें: यह काम आसान नहीं है। एक अच्छा वक्ता ही एक बात को कई अलग-अलग तरीकों से समझा सकता है। और यह हासिल करने लायक एक शानदार कला है। एक वक्ता शिक्षक होता है और श्रोता उसके छात्र। एक महान वक्ता एक ही बात अलग-अलग श्रोताओं के सामने अलग-अलग तरीकों से कह सकता है। जब वह स्कूली-बच्चों को संबोधित कर रहा होता है तो वह एक प्रकार के उदाहरणों का उपयोग करता है और कॉर्पोरेट (निगमित) जगत के वरिष्ठ अधिकारियों को संबोधित करते हुए वह उसी बात को व्यक्त करने के लिए दूसरे उदाहरणों का उपयोग करता है। सर्वोत्तम वक्ता एक ही बात दर्शकों के एक ही वर्ग के सामने भी अलग ढंग से कह सकता है।

बैसाखियों/प्रोपस का उपयोग करने से बचें: कभी ओबामा, मोदी, फिदेल कास्त्रो या ओपेरा विनफ्रे जैसे महान वक्ताओं को पावर-पॉइंट का उपयोग करते हुए देखा है? वे दिल से भी उतना ही बोलते हैं जितना कि कंठस्थ की गई सामग्री से। वे माइक में बोलते हैं और कैमरे में देखते हैं। वे ऑडियो-विजुअल-इनपुट्स (दृश्य-श्रव्य-उपकरण) का भी ज्यादा उपयोग नहीं करते हैं। फिर भी उन्होंने इतिहास बदले हैं और लाखों लोगों को प्रेरित किया है। वक्तृत्व के संबंध में, एक साधारण सी सूक्ति में सब कुछ कह दिया गया है: यदि आपको पावरपॉइंट का उपयोग करने की आवश्यकता है, तो आपकी बात में कोई दम नहीं है।

एक विराम की शक्ति: भाषण में पॉज (विराम) का उपयोग दो प्रकार से किया जा सकता है। जब तालियां बजती हैं या जब दर्शक किसी

मजाक पर हँसते हैं, तो वक्ता को रुकना चाहिए और तालियों अथवा हँसी के खत्म होने की प्रतीक्षा करनी चाहिए। एक वक्ता किसी बात पर जोर देने के लिए भी विराम का प्रभावी ढंग से उपयोग कर सकता है। भारतीय दिग्गज अभिनेता दिलीप कुमार ने एक साक्षात्कार में कहा था कि उन्होंने 'मौन' की शक्ति अपने अभिनय-करियर के दौरान धीरे-धीरे सीखी। उन दिनों में जब दो वाक्यों के बीच बहुत कम समय के लिए चुप रहना एक कला थी, उन्होंने अपने अभिनय में उस कला को बड़े प्रभावी ढंग से सम्मिलित किया।

रेडियो सुनें और टीवी देखें: यह देखने के लिए कि विभिन्न एंकर (प्रस्तुतकर्ता), डिबेटर्स (विवादकर्ता) और पैनलिस्ट (प्रतिभागी) किस प्रकार बोलते हैं अच्छे रेडियो चैनल सुनें और टेलीविजन प्रोग्राम देखें। उनकी विभिन्न शैलियों, उनके विराम-चिह्नों, उनके विचारों की स्पष्टता, उनके शब्द-चयन व उनके उच्चारण पर खास ध्यान दें। अच्छे टीवी चैनल अपने प्रस्तुतकर्ता और समाचार-वाचकों का चयन बड़ी सावधानी से करते हैं। इसलिए वे न केवल उचित रूप से बल्कि सही ढंग और उच्चारण से बोलते हैं।

वाद-विवाद में भाग लें: यदि वाद-विवाद के लिए आपका कोई साथी हो तो उनके साथ अभ्यास करें। स्कूल और कॉलेज की वाद-विवाद प्रतियोगिताओं में भी बढ़-चढ़कर हिस्सा लें। जब आप वाकई प्रभावी ढंग से बहस करने में सक्षम हो जाएँगे तो उससे आपके आत्मविश्वास को भी बढ़ावा मिलेगा। वाद-विवाद मंच पर आप लिखित भाषण नहीं ले जा सकते, आपको मौके पर ही बोलना अथवा जवाब देना होता है; इसलिए अच्छे वाद-विवाद करने वाले साथी के साथ अभ्यास करने से आपके बोलने के कौशल में सुधार होगा और आप बिना तैयारी के बोलने में सक्षम हो जाएँगे।

रंगमंच और नाटक की ललित कला: हममें से कितने लोग बोलने से एक दिन पहले मंच की जांच करते हैं? बहुत कम। महान और प्रभावी वक्ता उसकी ध्वनिकी, रंग-योजना, बोलने के लिए सर्वोत्तम स्थान, प्रवेश

और निकास, दरवाजे और खिड़कियों की जानकारी के लिए वेन्यु (स्थान) का पूरा अध्ययन करते हैं। वे दर्शकों को पूरी तरह चार्जड (उत्तेजित) रखने की कला भी सीखते हैं। वे उचित जगहों पर उन्हें आश्चर्यचकित भी करते हैं।

कैसा भी नेतृत्व हो वह विफल हो जाता है जब नेता संवेदना के स्थान पर सहानुभूति दिखाने लगते हैं। यह कहना कि, 'मुझे पता है कि आप कैसा महसूस करते हैं' सहानुभूति है, जबकि यह कहना कि 'मैं महसूस कर सकता हूँ जो आप महसूस करते हैं' संवेदना प्रकट करता है। कई बार अच्छे वक्ता बयानबाजी का उपयोग श्रोताओं को यह समझाने के लिए करते हैं कि वे उनके साथ संवेदना रखते हैं केवल सहानुभूति नहीं।

अप्रत्याशित मुद्दों को सुचारू रूप से संभालें: आप कितने ही पूर्वाभ्यास और आत्म-विश्वास के साथ बोल रहे हों, अप्रत्याशित रुकावटें अथवा बाधाएँ आपके सामने भी आ सकती हैं। उदाहरण के तौर पर, अचानक बिजली जा सकती है। आपको घबराना नहीं है। बिजली जल्दी वापस आ जाती है, तो आप अपना भाषण वहीं से आगे बढ़ा सकते हैं जहाँ आपने छोड़ा था। यदि ऐसा लगता है कि इसमें लंबा समय लग सकता है तो आप एक विराम की घोषणा कर सकते हैं। पते की बात यह है कि ऐसी परिस्थितियों में आपको शांत रहना है।

पढ़ने का महत्व

एक अच्छा वक्ता बनने के सबसे प्रभावी तरीकों में से एक तरीका है ज्ञान प्राप्त करना और अभिव्यक्ति की विभिन्न शैलियों को अच्छी तरह से समझना। यह दोनों काम अलग-अलग लेखकों की किताबें पढ़कर और अलग-अलग विषयों में प्रयोग करके सीखे जा सकते हैं। नरेंद्र मोदी एक उत्साही पाठक हैं और अपने खाली समय के दौरान पढ़ना पसंद करते हैं। उन्होंने यह आदत अपने स्कूली दिनों में ही विकसित कर ली थी।

कई लेखकों की किताबें पढ़ना: अलग-अलग लेखकों की किताबें पढ़ने से हमें अलग-अलग लेखन-शैलियों का ज्ञान होता है और अच्छी अभिव्यक्ति

के लिए बुद्धिमान लोगों द्वारा अपनाई गई विधियों के बारे में जानकारी मिलती है।

कई विधाओं की किताबें पढ़ना: अलग-अलग विधाओं - जैसे कविता, कहानी, जीवनी लेख इत्यादि - की किताबें पढ़ने से हमारा मानसिक-क्षितिज विस्तृत होता है, हर प्रकार के मामलों में हम अपडेटेड (अद्यतन) रहते हैं और इस प्रकार हमारी बुद्धि का भी विकास होता है। ऐसी किताबों से हमें तथ्य और आंकड़े भी मिलते हैं जो हमारी भाषण-सामग्री को समृद्ध बना सकते हैं।

उपन्यास पढ़ना: यह विशेष महत्व रखता है, क्योंकि इस से हमारी कल्पना-शक्ति व हमारे मानसिक संकायों को बढ़ावा मिलता है। जैसे-ही पढ़ने का स्वाद विकसित होता है व्यक्ति दर्शनशास्त्र और इतिहास भी पढ़ने लगता है।

समाचार पत्र पढ़ना: यह आदत हमें नवीनतम रुझानों और समाचारों से अपडेट करती है। समसामयिक मामलों के क्षेत्र में सामग्री-निर्माण में भी समाचार पत्र बहुत प्रभावी सिद्ध हो सकते हैं। यदि कोई संपादकीय-लेखों पर ध्यान केंद्रित करे तो वे हमें समाज के महत्वपूर्ण लोगों के विचारों और विचारों की सराहना करने के लिए एक समृद्ध संसाधन प्रदान कर सकते हैं।

पत्रिकाएँ पढ़ना: यह भी जानकारी बढ़ाने के लिए एक महत्त्वपूर्ण स्रोत हैं। इनमें लिखे गए लेख आम तौर पर समाचार-पत्रों की तुलना में अधिक विस्तृत और शोधित लेख होते हैं।

इंटरनेट का प्रयोग करें: आज पठन सामग्री की कोई कमी नहीं है और यदि हम इंटरनेट को समझदारी से इस्तेमाल करें तो यह हमारे लिए एक 'निर्बाध पुस्तकालय' साबित हो सकता है। इसमें हर उस विषय की जानकारी रहती है जिसके बारे में आप सोच सकते हैं। हमें खुद को भाग्यशाली समझना चाहिए कि आज हम सूचना-युग में रहते हैं और वह सब जो हमें चाहिए एक माउस के क्लिक पर उपलब्ध हो सकता है।

इसलिए हमें पढ़ना भी चाहिए और उस पढ़ाई से जितना भी संभव हो उसका संचय भी करना चाहिए। पुस्तकों, पत्रिकाओं, समाचार पत्रों या इंटरनेट से प्राप्त होने वाली जानकारी हमारे किसी काम की नहीं है यदि हम उसे या उसमें से कुछ अंश अपने दिमाग में सहेजकर नहीं रख सकते हैं और उनका उचित उपयोग नहीं कर सकते हैं। क्योंकि उसमें से आपने जो एब्जोर्ब (अवशोषित) किया है वह आपके वक्तृत्व-कौशल के निर्माण में कभी-न-कभी जरूर काम आएगा।

रेहट्रिक (बयानबाजी) और पर्सुएशन (अनुनय की कला)

यदि हम समय में 2,500 वर्ष पीछे जाएँ तो हम देखेंगे कि प्राय: हर सदी में सत्ता में बैठे लोगों ने बयानबाजी / वाक्पटुता का इस्तेमाल बड़े प्रभावी ढंग से किया है। ग्रीक और रोमन विद्वानों और वक्ताओं ने तो इसे वक्तृत्व (एलोक्वेंस) व दर्शन (फिलोसोफी) की श्रेणी में ला खड़ा किया था।

अरस्तू ने बयानबाजी को यूँ परिभाषित किया, 'किसी भी मामले में अनुनय के उपलब्ध साधनों को देखने की क्षमता।' उनका कहना था कि लोगों को मनाने और समझाने के तीन तरीके होते हैं: (i) वक्ता का खुद अपना चरित्र; (ii) लोगों को भावनात्मक स्तर पर प्रभावित करके; और, (iii) उन्हें यह साबित करके कि आप जो कह रहे हैं सच कह रहे हैं। कुछ दार्शनिकों का मानना था कि आक्रामक अनुनय के सभी तरीके, जैसे कि बयानबाजी, दर्शकों को बरगलाने के लिए गढ़े गए झूठ के अलावा कुछ नहीं होते। इसलिए, कई बार बयानबाजी को लोग नकारात्मक दृष्टि से देखते हैं।

यदि मुझे बयानबाजी और प्रभाव को, जो कि एक दूसरे के बिना बेकार हैं, तीन शब्दों में बयान करना हो तो वे होंगे (i) शैली; (ii) सार/ सामाग्री; और (iii) प्रभाव। दुनिया के सबसे महान वक्ताओं–जिन्होंने लोगों को प्रभावित और प्रेरित किया–के पास ये तीनों गुण रहते थे। चूंकि प्रत्येक वक्ता दर्शन का अध्ययन करने में असमर्थ होता है, इसलिए वक्तृत्व अपना कुछ महत्त्व खो बैठा है। जब वक्तृत्व को दर्शन से अलग कर दिया जाए तो यह खाली बयानबाजी बन जाती है।

एक अच्छे वक्ता का मुख्य उद्देश्य होता है अपने श्रोताओं को विशिष्ट परिस्थितियों में विशिष्ट विचारों के बारे में समझाना। यदि वक्ता लोगों को अपनी बात का विश्वास नहीं दिला सकता तो सार्वजनिक-भाषण-कला का क्या फायदा है। वक्तृत्व अथवा बयानबाजी एक कला है, जो लेखकों और खासकर वक्ताओं की उस योग्यता को बढ़ाती है जिससे वे दर्शकों को प्रेरित कर सकते हैं और उनसे अपनी बात मनवा सकते हैं। ऐसे वक्ता जो तथ्यों को विकृत नहीं करते, वे अपनी प्रतिष्ठा को नुकसान पहुँचाए बिना बयानबाजी का उपयोग बड़े प्रभावी ढंग से कर सकते हैं।

आज के युग में वाक्पटुता, वक्तृत्व अथवा बयानबाजी का बहुत महत्त्व है क्योंकि आज के सूचना-युग में दर्शक बहुत समझदार और अधिक जानकार हो चुके हैं और उनकी प्रतिक्रियाएं अप्रत्याशित, मनमानी व एकपक्षीय हो सकती हैं।

बयानबाजी के पांच सिद्धांत

आविष्कार: सही तर्क खोजने की कला - भाषण के लिए किसी भी स्थिति पर लागू होने वाली अच्छी तरह से शोध की गई सामग्री ढूँढना।

व्यवस्था: इसका संबंध तर्क की अभिव्यक्ति, संरचना और अनुक्रमण से होता है। यह भाषण के प्रवाह को निर्धारित करती है।

शैली: इसका संबंध सही शब्दों का चयन, सही वाक्यों के निर्माण और उपयुक्त शब्दावली के उपयोग से है।

मेमोरी: अपने भाषण को कैसे याद रखें, और नोट्स अथवा अन्य उपकरणों पर यथासंभव कम निर्भर कैसे रहें।

वितरण: बयानबाजी का यह घटक शारीरिक-मुद्राओं, आवाज के प्रबंधन और हावभाव से संबंध रखता है। सिसेरो ने कहा है, 'इस एकमात्र सर्वोच्च शक्ति के बिना, उच्चतम मानसिक क्षमता वाले वक्ता भी सम्मान के पात्र नहीं होते जबकि यदि वक्ता के पास यह शक्ति हो तो वह

मध्यम-मानसिक-क्षमता रखते हुए भी उच्चतम प्रतिभा वाले वक्ता से आगे निकल सकता है।'

अंत में, इस चर्चा को सारांशित करने के लिए मैं जॉर्ज जे थॉम्पसन के कथन से बेहतर कुछ भी उद्धृत नहीं कर सकता: 'अनुनय (पर्सुएशन) का लक्ष्य स्वैच्छिक अनुपालन उत्पन्न करना है ..... महान संचारकों / वक्ताओं में यह कला मौजूद होती है। वे किसी-न-किसी तरह लोगों को स्वैच्छा से वह सब करने के लिए राजी कर लेते हैं जो वे (संचारक / वक्ता) उनसे करवाना चाहते हैं। स्वैच्छिक अनुपालन उत्पन्न करने के और क्या-क्या विकल्प हो सकते हैं? बड़ी अजीब बात है कि उनमें से सबसे पहला विकल्प है आपकी उपस्थिति: आप कैसे दिखते हैं, मौके पर कैसे पधारते हैं, वहाँ अपने-आपको कैसे पेश कराते हैं, कैसा व्यवहार करते हैं, कैसे अपने इर्द-गिर्द के माहौल का जायजा लेते हैं, यहाँ तक कि अपने चेहरे पर अपनी भावनाओं को आप कैसे प्रदर्शित करते हैं।'

वक्ताओं के प्रकार

सेलिब्रिटी (प्रतिष्ठित) वक्ता

ये ऐसे वक्ता होते हैं जिन्हें बहुत ज्यादा पारितोषिक दिया जाता है, लेकिन उनकी शैली, विषय-वस्तु अथवा प्रभाव के लिए नहीं बल्कि इसलिए कि उनके नाम पर सेलिब्रिटी टैग (प्रसिद्धि-का-ठप्पा) लगा होता है और कइयों को तो केवल इसलिए भी कि जीवन में कुछ बड़ा करने के कारण उन्होंने प्रसिद्धि प्राप्त की होती है। उनके अनुभव और उनका रुतबा ही उन्हें ख्याति दिलाता है।

यदि दुनिया के कुछ उच्च-पारितोषिक प्राप्त करने वाले वक्ताओं की बात करें तो देखने में आता है कि डोनाल्ड ट्रम्प ने एक घंटे के भाषण के लिए 1.5 मिलियन डॉलर और रोनाल्ड रीगन ने प्रत्येक उपस्थिति के लिए 1 मिलियन डॉलर का शुल्क लिया। बिल क्लिंटन जैसे सेवानिवृत्त राष्ट्रपतियों को भी बड़ी फीस दी जाती है क्योंकि वे अमेरिका के पूर्व राष्ट्रपतियों के रूप में अपने अनुभव साझा कर सकते हैं। अल गोर, एक

पूर्व- अमेरिकी-उपराष्ट्रपति, ग्लोबल वार्मिंग के खिलाफ अपने धर्मयुद्ध के लिए प्रसिद्ध थे और इसलिए वक्ताओं की सूची में उनकी बहुत माँग थी। पूर्व ब्रिटिश-प्रीमियर टोनी ब्लेयर, और अलास्का के पूर्व गवर्नर सारा पॉलिन भी सेलिब्रिटी स्पीकरों में शुमार होते हैं।

बिल गेट्स और रिचर्ड ब्रैनसन तो पहले शक्तिशाली-उद्योगपति हैं और बाद में वक्ता। स्टीवन कोवी और दीपक चोपड़ा ने पहले लोगों को अपनी पुस्तकों द्वारा प्रभावित किया और फिर उन्हें भाषण देने के लिए बुलाया जाने लगा और वे सेलेब्रिटी (मशहूर) लेखक भी बन गए। हालांकि अधिकांश सेलिब्रिटी वक्ताओं की वक्तृत्व शैली अच्छी होती है लेकिन उनका सेलिब्रिटी स्टेटस (रुतबा) अच्छे वक्ता होने के कारण नहीं होता बल्कि वे अपनी अन्य व्यावसायिक उपलब्धियों के कारण अच्छे वक्ता बने होते हैं।

विचार, विषय-वस्तु और सपने बेचने वाले दार्शनिक वक्ता

ये वे लोग हैं जो मौलिक रूप से भिन्न विचार प्रस्तुत करने की वजह से सिद्ध-पुरुष (कल्ट-फिगर) बने हैं। इनके पास बहुत सारा ज्ञान था और एक ऐसा दर्शन था जो लोगों को भा गया।

भगवान रजनीश, जिन्हें ओशो के नाम से भी जाना जाता है अपने विचारों और वाणी की अप्रतिम प्रतिभा से दर्शकों को मंत्रमुग्ध कर देते थे। उनके विचार इतने स्पष्ट, नए व आकर्षक होते थे कि श्रोतागण उनकी उपेक्षा कर ही नहीं सकते थे। इसके अलावा भाषा पर उनका अद्‌भुत प्रभुत्व रहता था और उनकी विचारों-की-अभिव्यक्ति लाजवाब होती थी। ऐसा लगता था कि उनके पास हर सवाल का जवाब है। शिष्यों के हर संदेह का स्पष्टीकरण वह अत्यंत कृपालुता एवं सहजता से कर दिया करते थे। यहाँ तक कि उनका हर प्रवचन ताजा और मौलिक लगता था और उनके सब प्रवचन और विचार पुस्तकों के रूप में प्रकाशित हुआ करते थे। उनके प्रवचनों के 600 से अधिक संग्रह निकल चुके हैं। वह ऐसे वक्ता थे जो लेखक बन गए, क्योंकि उनके विचारों को पुस्तकों में स्थान मिला।

महान वक्ता और बयानबाजी के उस्ताद; शैली की शक्ति

ओपरा विनफ्रे, जो अपने वक्तृत्व-कौशल के कारण समृद्ध और प्रसिद्ध हुई, केवल अच्छा बोल सकने की क्षमता से सफलता की सीढ़ी चढ़ी। गाँव की गरीबी में जन्मी-पली, बत्तीस वर्ष की अल्पायु में ही वह अमेरिका में उसके टॉक-शो (बतकही-प्रदर्शन) के राष्ट्रीय-स्तर पर ख्याति प्राप्त कर लेने के कारण करोड़पति बन गई।

उनके लोकप्रिय टॉक-शो, 'द ओपरा विनफ्रे शो' ने उन्हें अंतरराष्ट्रीय मंच पर ला खड़ा किया। 2004 में, वह दुनिया की एकमात्र अश्वेत अरबपति थीं और 2.7 बिलियन डॉलर की संपत्ति के साथ दुनिया के इतिहास में पहली अश्वेत महिला अरबपति थीं। लेकिन वह पहले स्पीकर (वक्ता) थीं और बाद में अरबपति। वह अपने वक्तृत्व-कौशल और श्रोताओं से जुड़ने की अद्भुत शक्ति के कारण समृद्ध और प्रसिद्ध हुईं। वह एक ऐसी वक्ता हैं जो एक सेलिब्रिटी बन गईं।

ऐतिहासिक भाषणों से प्रभावित करने वाले वक्ता; विषय-वस्तु की शक्ति

कुछ ऐसे ऐतिहासिक भाषण भी हैं जो उन लोगों द्वारा दिये गए जो उनके समय में हो रहे परिवर्तन का महत्त्वपूर्ण हिस्सा थे—अपने समय के इतिहास के निर्माण का हिस्सा। उनमें से कुछेक को तो मुझे भी सूचीबद्ध करना चाहिए क्योंकि उनके भाषण, सही अर्थों में, उस समय के संदर्भ में लिखे गए कोंटेंट (विषय-वस्तु) की उत्कृष्ट कृतियाँ थे।

1940 में हाउस ऑफ कॉमन्स में विंस्टन चर्चिल का ऐतिहासिक भाषण, 'हम उनसे समुद्र-तटों पर लड़ेंगे ...' उस समय दिया गया जब द्वितीय विश्व युद्ध के दौरान ब्रिटिश सशस्त्र बल और सहयोगी-दल बड़ी कठिन परस्थितियों से गुजर रहे थे। इसी युद्ध के दौरान फ्रांस के पतन के बाद चार्ल्स डी गॉल ने एक महान भाषण दिया जो '18 जून की अपील' के नाम से प्रसिद्ध हुआ।

कुछ अमेरिकी राष्ट्रपतियों ने भी अपने समय के अनुकूल बड़े

महत्वपूर्ण भाषण दिए हैं। जॉन एफ कैनेडी का राष्ट्र के नाम उद्घाटन-भाषण, रोनाल्ड रीगन का 'चुनौतियों पर राष्ट्र को संबोधन', और जॉर्ज वाशिंगटन का 'त्यागपत्र-भाषण' आज तक लोगों द्वारा उद्धृत किये जाते हैं। महात्मा गांधी का 'भारत छोड़ो' भाषण भी बहुत उपयुक्त और जोरदार था।

इसलिए मोटे तौर पर वक्ता दो प्रकार के होते हैं। एक तो वे जिन्होंने अपने जीवन में कुछ बड़ा हासिल किया होता है और इसलिए वह 'अत्यंत लोकप्रिय' वक्ताओं में शुमार होने लगते हैं जैसे कि कामयाब-बिजनेसमेन (सफल-व्यवसायी), लेखक, खिलाड़ी या राजनीतिक हस्तियाँ। दूसरे वे जिन्होंने अपने दर्शन, दृष्टिकोण या फिर केवल बोलने की क्षमता के बलबूते पर सफलता प्राप्त की होती है।

'The object of oratory alone is not truth, but persuasion'

—William Bernbach

'वक्तृत्व का उद्देश्य केवल सत्य नहीं है, बल्कि अनुनय है'

-विलियम बर्नबैक

एक शानदार नेता और वक्ता से सबक

- प्राचीन रोम और यूनान के महान वक्ताओं ने - जो दार्शनिक और राजनेता भी थे - बोले गए शब्दों की शक्ति को प्रमाणित किया और वाक्पटुता के स्वर्णिम युग का आवाहन किया जिसमें दर्शन और वक्तृत्व का अभिसरण हुआ। उन दिनों एक सर्वांगीण व्यक्ति माने जाने के लिए वक्तृत्व कला में महारत हासिल करना आवश्यक हुआ करता था।
- सार्वजनिक भाषण-कला (पब्लिक स्पीकिंग) बात की स्पष्ट और संक्षिप्त अभिव्यक्ति पर केन्द्रित होती है जबकि वक्तृत्व (ओरेट्री) मूल रूप से अधिक प्रेरक होती है और इसका उद्देश्य लोगों में विश्वास पैदा करना होता है। इसमें प्रसंग के भावनात्मक पहलुओं पर भी जोर दिया जाता है।
- अनुनय (पर्सुएशन) की शक्ति नेताओं और प्रबंधकों की आवश्यक योग्यताओं में प्रमुख स्थान रखती है। उनका व्यक्तित्व प्रभावशाली होना चाहिए और वे बोर्ड-मीटिंगों, टाउन-हॉल की बैठकों और अन्य विचार-मंथन-सत्रों में पूरी तरह से आश्वस्त दिखने चाहिए। राजनेताओं के लिए प्रवर्तक होना भी अनिवार्य होता है क्योंकि यह खूबी उन्हें बना या मिटा सकती है।
- श्रोताओं तक दो तरह से पहुँचा जा सकता है: पहला उनकी बुद्धि को प्रभावित करके और दूसरा, उनकी भावनाओं को प्रभावित करके। तर्क का लक्ष्य दिमाग होता है जबकि भावनात्मक आग्रह दिलों को छूता है। शानदार वक्ता, लक्षित दर्शकों के अनुसार, इन दोनों को सही अनुपात में मिलाना जानते हैं। वे महज रिपोर्टर नहीं होते हैं बल्कि दुभाषिए और विश्लेषक भी होते हैं जो दर्शकों को हर चीज इनके अपने नजरिए से दिखला सकते हैं।
- कई वक्ता ऐसे भी होते हैं जिनके पास मजाक अथवा डींग मारने की कला हो; उनमें शानदार ढंग से बोलने की स्वाभाविक क्षमता होती है। लेकिन कई ऐसे भी होते हैं जिनमें प्रतिभा नहीं

होती लेकिन वे अपने भाषण-कौशल को सुधारने के लिए कड़ी मेहनत करते हैं। लगातार प्रयास के कारण उनमें से कई महान वक्ता भी बने हैं।

- एक महान वक्ता बनने के लिए व्यक्ति के पास शैली, विषय-वस्तु और अच्छी अभिव्यक्ति की क्षमता होनी चाहिए। अभ्यास से इन तीनों में महारत हासिल की जा सकती है।
- बयानबाजी (रेहट्रिक) अनुनय-विनय (पर्सुएशन) की कला है, जो लेखकों और वक्ताओं की लोगों को प्रभावित करने की क्षमता को बढ़ा सकती है। इसे चरित्र की महानता, भावनाओं के प्रदर्शन और दर्शकों को यह महसूस करवाकर कि आप सच कह रहे हैं हासिल किया जाता है।
- महान वक्ता अपने वक्तृत्व की शक्ति से पूज्यनीय होने का दर्जा प्राप्त कर सकते हैं और सेलिब्रिटी (मशहूर-हस्ती) बन सकते हैं। इसका उल्टा भी सत्य है। कई मशहूर हस्तियाँ भी अपने-अपने क्षेत्र में हासिल किये गए उनके मुकाम के कारण लोक-प्रिय वक्ता बन जाते हैं।